大学からの外国語

多文化世界を生きるための複言語学習

田口紀子 編

京都大学学術出版会

はじめに

してその道に踏み出してみたいと感じていただくことが，私たちの願いです。そのために，留学のための情報や，学習のためのサイトなども，巻末にまとめて掲載しました。

　英語については他の言語とは事情が違いますので，学術研究の場での英語の使われ方を紹介することとしました。執筆者たちの専門分野である「哲学」の領域で，学術活動において英語という言語がどのような意味を持ち，どのように使われているのかを，哲学の二つの分野について報告しています。アメリカ合衆国という多文化社会の有り様を反映した，英語による哲学的アプローチと，文化的背景を捨象した国際共通ツールとしての英語が可能にする新たな多文化的哲学研究。研究の基盤言語である「英語」が，その多文化性に積極的な価値を見いだし，新しいアプローチを創造する過程をご紹介します。またコラムでは，イギリスの大学に哲学の博士論文を出した執筆者が，博士論文が書ける英語力をどのようにして獲得したかを，具体的アドバイスとともに語っています。これまで皆さんが身につけられた英語をどのように深化させ，また広げていくのかについての，ヒントになるのではないかと考えます。

●多文化世界を生きるために

　今のグローバル化を背景に，書店には様々な工夫を凝らし，多種多様な目的を掲げた外国語の学習書が，それこそ無数といって良いほど並んでいます。このような中でこの小さな書物が独自性を主張することができるとすれば，それは複数の言語の紹介を一冊の本にしたことです。この一冊の書物を開くことで，8つの外国語の敷居を越えることができる。外国語学習でもっとも難しいのが，最初の一歩を踏み出すことであることを考えれば，これは大変野心的な試みと言えるのかもしれません。

　読者の方々には，まず自分の興味のある外国語のセクションを読んでいただきたいのですが，もし通読された場合には，外国語学習についての全く別のコンセプトが開けてきます。すなわち，同時に複数の外国語を（完璧にではなくとも）使うことに積極的な意味を見いだす，いわゆる「複言語主義 plurilingualism」

iii

です。実はこれがこの本のもう一つのねらいです。

「複言語主義」という考え方は，それまで支配的だった「多言語主義 multilingualism」に代わるものとして EU の言語教育政策の根幹をなすもので，欧州評議会の言語政策部局が 2001 年に公表した「欧州言語共通参照枠 CEFR (英) CECR (仏)」には以下のように説明されています。

「(「複言語主義」は) いくつかの言語を知っていること，あるいはある社会で異なった複数の言語が共存していることを意味する「多言語主義」からは区別される。多言語主義は，単に小学校や教育機関で学習できる外国語の数を増やしたり，生徒に一つ以上の外国語を学習することを奨励したり，または国際的なコミュニケーションの場で支配的な英語の地位を縮小したりすることによって到達することができる。複言語主義的アプローチは，それを超えて，以下の点に重要性を置く。すなわち，個人の言語経験が，その文化的コンテクストの中で，家族間の言葉から自らの社会共同体の言葉，さらには (学校教育によってにせよ，実地の体験によってにせよ) 他の社会共同体の言葉へと広がるにつれて，その個人は経験したこれら複数の言語と複数の文化を別々の引き出しにしまうのではなく，むしろこれらの言語に関する全ての知識と全ての経験を注ぎ込んで一つのコミュニケーション能力を構築し，これらの言語はそこで関連し，相互に作用し合う。」(フランス語版 p. 11)

このように構築された言語能力は，その場で使われていない言語についての断片的な知識をも臨機応変に援用し，例えば全く知らない言葉の意味を推測することを可能にする，というのです。確かに，たとえ初級の知識であれ複数の外国語を知っていることは，思わぬところで私たちの言語活動を豊かなものにし，ひいては社会活動をより実り多いものにしてくれるはずです。

EU にはスペイン，フランス，ベルギーをはじめ，自国に複数の言語を抱える国が多くあります。それらの国々では言語政策は高度に政治的なイシューです。特定の言語に特権的な地位を与え，他の言語を「方言」として保存する立場も，EU で特定のいくつかの言語を「公用語」として全ての公文書や議論をそれらの言語で行うことも，個人の柔軟な言語能力の疎外につながりかねない，という問題意識がそこにはあるように思われます。

はじめに

　「国」という囲みを一旦括弧に入れて，加盟国の国民を「EU 市民」と位置づけ，EU 内のどの国や地域へも留学や移住ができることを前提とする EU の理念に照らせば，「複言語主義」は EU の哲学そのものと言っても言い過ぎではないでしょう。

　以上のような理由で，様々な学問分野の入り口にいる将来の専門家達のために編まれた小冊子から出発していながら，本書は現在のグローバル化した複雑な国際社会で活躍しようとする日本の一般読者の方々にも役に立つのではないか，と我々は考えました。執筆者共々，この小さな本が，思いもかけない発見と新しい興味の対象を読者の方々にもたらすことができることを願っています。

田口紀子

目　次

はじめに [田口紀子]　　　　　　　　　　　　　　　　　　　　　　　　　　　　i

I.　グローバルに学ぶ，ローカルに学ぶ

第 1 章　ギリシャとギリシア ── 少数言語が拓く世界 [高田良太]　　　3

第 2 章　学問を変えるグローバル言語，英語 [海田大輔，周藤多紀]　　25

　　　　コラム 「学術論文を書くための英語力を身につけよう」[早瀬篤]　　36

II.　「鏡」にうつす，「鏡」と溶け合う

第 3 章　中国語から，広がる世界 [二宮美那子]　　　　　　　　　　　45

第 4 章　韓国文化への招待 ── ことばの日韓比較 [金京愛，鄭賢珠]　　71

III.　見果てぬ「他者」を求めて

第 5 章　フランス語とともに生きる
　　　　── オルタナティヴな学術を求めて [沢﨑壮宏，橋本知子]　　93

第 6 章　ドイツ語ノススメ ── 入門から留学まで [山下和也]　　　　117

第 7 章　外国語は命綱
　　　　── イタリア語をめぐる冒険 [内田健一]　　　　　　　　　　137

第8章 「文法」から世界を透視する
　　　　── ロシア語とロシア文化［エブセエバ・エレナ，前田広幸］　　163

IV. 教材・留学情報

ギリシャ語　/　英語　/　中国語　/　韓国語　/　フランス語　/
ドイツ語　/　イタリア語　/　ロシア語　　　　　　　　　　　　193

おわりに　　　　　　　　　　　　　　　　　　　　　　　　　　251
執筆者一覧　　　　　　　　　　　　　　　　　　　　　　　　　252

I. グローバルに学ぶ，ローカルに学ぶ

　学問の領域でも，英語はグローバルな共通言語です。世界各国の研究者が英語という共通語を使って様々なテーマについて協力し合い，競い合っています。このことで，英語はその生まれ出た英国の文化や社会からある意味で切り離された普遍的共通語としての性格を獲得したと言えます。そのような状況を受けて，「英語さえできれば世界で活躍できる」というような，英語で一元化されたクローバリゼーション（「英語帝国主義」と呼ぶ人もいます）が，当然のものとして受け入れられているようです。

　他方，その対極にあるのが，ローカルな歴史と文化に根ざし，固有の価値観を体現する言語です。第1章では，いわば古代の「グローバル言語」でありながら，その後の歴史的経緯の中でローカルな文化的複層性をもつに至った現代ギリシャ語を例に，言語の有り様と固有の文化について考えていただきたいと思います。

　しかし翻って考えてみると，英語はアメリカ合衆国という移民社会を統合した多文化国家の言語でもあります。まさに異質な複数の文化を包摂しうる性格そのものが，現代の英語の固有性となっていることを見逃してはならないと思います。この多文化の公約数としての機能は独自の創造性へと繋がり，それまでになかった研究のアプローチを生み出すこともあるのです。続く第2章では人文学の分野で英語という「国際語」が可能にした新しい研究の視点についてご紹介します。

1 ギリシャとギリシア
── 少数言語が拓く世界

高田良太

「少数言語」からしか見えないもの

　本書の目次を見て，そこにギリシャ語があることに不思議な印象をもった方も多いのではないでしょうか。それもそのはず，本書に登場する言語のほとんどはポピュラーな外国語ですが，ギリシャ語はそうではありません。（たとえば，本書に出てくる言語のなかで，NHKの語学講座で学習できないのはギリシャ語だけです）。ギリシャ語を勉強することに，果たして意味があるのだろうか，そのような感想を抱くことは無理もないことです。

　世界には多くの言語があり，一説にはその数は一万を超えると言います。そのなかでごくごく限られた言語について，勉強できる環境が整っているのには理由があります。一つは，基礎的文献を読解するために必要な言語であるということで，今一つには，国際会議のような大きな場から友達の間のメールに至るまで，コミュニケーションに必須の言語だということです。このように「読む・書く・話す」ことに大きな価値があると日本で考えられているのは，英語以外では，本書で紹介されている言葉にスペイン語を加えた，7言語くらいでしょうか。一部の外国語教育に特化した大学などで，その他の言語を学習することも可能ですが，やはりそのハードルはぐっと高くなります。

　こうした，日本の大学で勉強するためのハードルの高い言語のことを，ここでは少数言語と呼んでおきましょう。ただし少数言語だからといっても，ここでお話ししますのは，話者数が数百，数千人といった絶対的に少数の言語ではありません。ここではヨーロッパ，とくにEU（ヨーロッパ連合）における少数言語の

Ⅰ．グローバルに学ぶ，ローカルに学ぶ

例に即して説明しておきたいと思います。2013年秋，EU内で公用語とされている言語がいくつあるかご存知ですか。なんと24カ国語もあるのです。そのなかにはマルタ語のように話者数が100万人に満たない言語や，ラトビア語，エストニア語のように100万人強の言語もあるものの，公用語とされる言語は概ね500万人以上の話者をもっています。こうした複雑な言語状況を反映して，現在のEUでは教育や学術分野など様々な領域において，複言語主義が採られています。そのよい例がEUのサイトのトップページ http://europa.eu です。ここでは言語を選べるようになっており，公用語であればどの言語の使用者でも"同じ"情報が手に入る工夫がなされています。

　そして，こうした複言語主義を支えているのは，逆説的な言い方になりますが，グローバルな言語としての英語だということになります。例えば，私が初めてギリシャを訪れた20年前には，ギリシャ語しか話せない，あるいはドイツ語やフランス語はある程度分かるけれども英語は分からないという方はかなり多かったですが，最近のギリシャを訪れて，まったく英語が通じないという経験をすることはほとんどなくなりました。この変化はおそらくEUの多くの地域で生じていることと思われます。しかし，あくまでギリシャ語のようなローカルな言語と，グローバルな言語としての英語は補完しあう関係にあるわけで，後者が前者に全くとってかわってしまうことは考えにくいことです。なぜなら，ギリシャ人の話す英語にはいわゆるギリシャ人訛りやギリシャ人らしいものの考え方が反映されています。たとえば，ギリシャ人に"Thank you."と英語でお礼をいうと，よく"Nothing."という答えが返ってくるのですが，これはまさにギリシャ語の発想が英語に持ち込まれている例でしょう。そうした地域，文化の差異は相当に容認されているように思われますし，そうした「違い」が相手の母語への関心と学習意欲をかきたてる大事なモチベーションとなりうることは，いうまでもないことでしょう。EUの場合，コミュニケーションの前提を整えるグローバルな言語と，話者の背後の文化的基盤の多様性を認める複言語主義とは，どちらもEUの枠組みを支える柱になっているわけで，決して二者択一の問題にはなっていないのです。

第 1 章　ギリシャとギリシア

　もちろん，ヨーロッパが直面している複言語・多文化の問題は，日本の現状とはかけ離れている面もありますので，ここで単純に「EU にならって多言語学習を推進しなさい」などと言うつもりはありません。ただ，そうした現状を踏まえた上で，それでも少数言語を学ぶことに，どのような価値と意味があるのかを，私の長年にわたるギリシャ語学習の経験に即してお話ししてみたいと思います。

1. ギリシャとギリシア

●ギリシャという国

　ギリシャ語の話に先立って，まずはギリシャという国について説明しておきましょう。現在ギリシャ語が話されている地域は，ギリシャおよびキプロス，トルコ，グルジアなどに及びます。そのなかでも，ギリシャにおいて多くの話者が住んでいることは言うまでもありません。

　現在わたしたちが「ギリシャ」とよぶギリシャ共和国は，面積約 13 万 2000 平方キロメートル余り，北海道と九州を合わせたほどの国土に約 1106 万人の人口を擁する国家です。面積としても，また人口規模からしても，EU のなかでは一小国にすぎないといえるでしょう。にもかかわらず，私たちはこの国に対してある種の特別なイメージを抱いているように思います。

　ギリシャといって普通にイメージされるのは，写真 1 の写真のような神殿ではないでしょうか。「神話の国」や「古代文明発祥の地」といった古代文明こそがギリシャの魅力である，と私たちは思ってしまいます。近年，ユーロの経済危機の際に，「優れた古代文明の子孫が，今では公共経済に強く依存する働かない人たちになってしまった」という言葉がメディアでささやかれていたことを憶えている方も多いのではないでしょうか。わたしたちがギリシャをイメージするとき，そこには必ずといっていいほど，「古代の」という言葉がつきまといます。しかし，そうしたイメージでギリシャという国を理解してしまうことには大きな落とし穴があります。

Ⅰ．グローバルに学ぶ，ローカルに学ぶ

写真1　アテネのヘファイストス神殿（筆者撮影）
テセウス神殿とも呼ばれ，古代アテナイのアゴラの西北に紀元前5世紀に建てられた，いわゆるギリシャらしさをよく感じさせる建築物。

●ギリシャとギリシアのパラドックス

　ここまで私は「ギリシャ」という言い方をしてきましたが，「ギリシア」という呼び方もあります。この二つは，実は全然違うのです。私がまだ大学の4年生だった時，ゼミの発表でタイトルに「ギリシャ」という言葉を使ってしまい，先生に「ギリシアという言葉を使って下さい」と叱られた記憶があります。私がなぜ怒られたのか。その原因をさぐっていくと，一つの事実に行きつきます。それは，日本の大学で研究対象となってきたり，あるいは中学から大学までの教育のなかで教える対象となってきたのが，常に古代の「ギリシア」であったことです。皆さんは，ギリシアが世界史上はじめて生み出した「民主主義」や，ギリシア語で思想を書き残した多くの哲学者・科学者についてご存じのことと思います。また，神々や英雄たちの偉業を伝える文学作品，神殿や劇場といった建築物

第 1 章　ギリシャとギリシア

は，私たちの心を捉えて離しません。こうした古代の世界に関することは，「ギリシア」と呼ぶことになっているのです。

　その一方で，現在ある国家は「ギリシャ」と呼ばれます。大使館や観光局のホームページを見ると，そこにははっきりと「ギリシャ共和国 Hellenic Republic」と記されています。現代世界に存在するのは，あくまで「ギリシャ」なのです。

　「ギリシア」と「ギリシャ」の違いはどういうところにあるのでしょうか。「ギリシャ」を考える上でまず重要なのは，キリスト教の伝統と文化です。中世には，ビザンツ帝国というローマ帝国の後継を自認する国家があり，その首都のコンスタンティノープル（現在のイスタンブル）は数多くの壮麗な教会と，端正なイコン美術によって彩られた街でした。キリスト教帝国としてのビザンツの影響は現代にまで及んでおり，「ギリシャ」を理解するための重要な柱となるものです。

　ビザンツ帝国の命運は，1453 年にオスマン帝国がコンスタンティノープルを攻略したときに終わりを迎えました。ここで，「オスマン帝国の支配」の歴史としてのギリシャ史がはじまることになります。トルコ人の支配を嫌って西欧諸国に亡命した人々もいましたが，多くの人々がキリスト教徒としての信仰を認められてオスマン帝国内にとどまり続け，トルコ人の支配に協力して成功する者も少なくありませんでした。こうした人々の衣食住の中に，トルコ人の言語や文化は深く浸透していきましたので，「ギリシャ」と切っても切れないものとなりました。こうしたキリスト教や，トルコ人支配の影響については，後ほど詳しく紹介しますが，ともかくも「ギリシャ」と「ギリシア」のあいだには大きな断層があって，両者を単純に同一視することはできないのです。

　よく，ギリシャで勉強していたと説明すると，古代文明の勉強をしていたんですか，と聞かれることがあります。質問される方が念頭においているのは，ギリシャに行けば「ギリシア」についても勉強できるということなのでしょうが，ここまで述べたことからも分かるように，実際には「ギリシア」についての見識を深めるために，ギリシャに留学することは，必ずしもメリットが大きいとはいえません。古典ギリシア語や古代ギリシア史について勉強するために留学したい，

1　ギリシャ語

7

という方にはやはり，英語・フランス語・ドイツ語といった主要言語で教育が受けられる環境に身をおくことをお勧めします。また，中世のビザンツ帝国や，オスマン帝国の支配について勉強する場合でも，アメリカやイギリスといった英語圏の研究水準が高いという現状があります。

● **パラドックスを超えて**

　だからといって，ギリシャ語を学ぶ意義や，ギリシャで勉強をする意義がないわけではありません。ギリシャという国の今を理解するということ自体に意義があるのです。

　少し具体的に考えてみましょう。私たちがギリシャという国についてのイメージを抱くとき，その源泉となる情報について考えると，奇妙なことに行き当たります。それは，ギリシャ人自身の言葉によって語られることがあまりに少ないということです。ギリシャ関連のニュースにせよ，またギリシャという国に関する文化・歴史に関することにせよ，私たちと彼の国とをつなぐ「情報」のほとんどはギリシャで使われているギリシャ語以外の言語，すなわち英語をはじめとする欧米言語によってもたらされているのです。

　このことから，私たちが得るギリシャの情報は，少なからず誤解に覆われたものになりがちです。そのことを示すエピソードを一つ，紹介しておきたいと思います。2013年現在，ギリシャの財政と経済はどん底の状態にあり，その原因として「ギリシャ人怠け者説」がまことしやかに語られています。ギリシャ研究に携わる一人として，ギリシャ人がしばしばキリギリスになぞらえられて，ばかにされる状況には耐えられないものがあります。一度，その苦しい胸の内をギリシャ人の友人に話してみたことがありました。すると，その友人からは「それは誤解だ」という返事が返ってきました。その理由としては，「ギリシャ人はここ100年ほど経済的理由から国外への移民を余儀なくされている状態が続いている。しかし，ギリシャ人が移住先した先，たとえばドイツなどでギリシャ人が怠け者扱いされているという話は全く聞かない。ギリシャ人はむしろ勤勉であるという評価を得て，移住した先でまっとうな仕事を得て暮らしているのだから」と

いうものでした。

　ギリシャ人が怠け者であるのか，働き者であるのか，この問題について詳しく考えていくと当初の目的から外れてしまうことになりますので，ここでは異論がある，というにとどめておきます。ただ，強調しておきたいのは，少数言語から得られた情報は，しばしば主要言語とは異なる主張を含んでいる，という事実です。この点にこそ，ギリシャで学んだり，ギリシャ語を学んだりすることの意味が集約されているのです。

2. ギリシャで学べること

　ギリシャ語を少数言語として見たときの，学習することの意味，またギリシャという国で勉強することの意味について，私のギリシャ留学の経験や，ギリシャで出逢った他の留学生の事例に即してお話ししていきたいと思います。

●筆者のギリシャ留学
(1) 動機

　まずは，私の経験からお話ししていきましょう。実のところをいえば，私は必ずしももともとギリシャ留学を考えていた訳ではありませんでしたし，ギリシャ語を学びはじめるまでにも紆余曲折がありました。私が専門としているのは，クレタ，キプロス，ザキュントス，コルフといった地中海の島々の歴史です。これらの島は，中世から近世にかけて海上交易で繁栄した，イタリアの都市国家ヴェネツィアの支配下にありました。そのため，日本で研究を進めていた時に史資料を読むために使っていた言語は，ラテン語やイタリア語でした。そのために，自然な流れとして，まずはイタリア留学を考えることになりました。とくに，ドクター・コースに入ってからはイタリア史やイタリア語の勉強を続けていました。念願かなって，一年の予定でイタリアに留学したのが，2006年のことです。受け入れ先となってもらったのは，ヴェネツィアにあるビザンツ・ポストビザンツ

Ⅰ．グローバルに学ぶ，ローカルに学ぶ

写真2　聖ゲオルギオス・トン・エリノン教会（筆者撮影）
地中海交易の中心であったヴェネツィアには14世紀頃よりギリシャ人が移住し，コミュニティをつくっていました。ヴェネツィアの中心にほど近いこの教会はそうしたギリシャ人の歴史を象徴しています。

研究所でした。この研究所は少し変わっていて，ギリシャ正教会の聖ゲオルギオス・トン・エリノン教会（イタリア語ではサン・ジョルジョ・デイ・グレーチ教会，写真2）の中にあります。研究所では，研究会の開催，論集の発行，ギリシャ人学生の奨学生としての受け入れなどが行われていました。留学当初，イタリアでの下宿先を見つけていなかった私は，研究所の付属のゲスト・ハウスで1か月程やっかいになることになりました。

こうした環境に身をおいたことで，大きなショックを受けることになりました。自分の研究を進めるために，ギリシャ語を勉強せざるをえないことを，痛感したのです。研究所の図書館には，ギリシャ語で書かれた図書や雑誌が多く所蔵されていました。とくに，いわゆるビザンツ帝国やオスマン帝国の本流の歴史ではない，地方史に関わる文献の蔵書量において，研究所は世界有数のコレクショ

ンを誇ります。日本にいたときは，研究に必要な文献が少なすぎて困っていた私でしたが，実は文献が膨大にあって，しかもその文献が自分には読めない言語で書かれていると知って，今まで自分のやってきた研究は何だったのだろう，と打ちひしがれたことをよく覚えています。

　ゲスト・ハウス内での生活にもびっくりしました。他の住民は，ギリシャ人の学生や研究者ですので，自然と会話はギリシャ語になります。もちろん彼らもイタリア語は話しましたし，直接コミュニケーションをとる上での問題はありませんでしたが，ギリシャ人同士でギリシャ語で話しているとき，その輪のなかに入っていくことは，とても難しいことでした。あとでも述べるように，ギリシャ人はとにかく話好き，議論好きな人たちで，話しはじめると熱っぽく延々と話し続けることが常でした。そうした輪のなかに入れないということもまた，研究をこのまま続けていけるのかという，大きな不安に私をおとしいれることになったのです。

　このようにギリシャ語書籍が読めず，またギリシャ語での会話ができないというコンプレックスをイタリアで経験したことで，少数言語を学ぶ必要性が身にしみて分かったように思います。少数言語を理解することではじめてアクセスできる知的な営みがあるのだと実感したことが，私がギリシャという国で，ギリシャのことを勉強しようと思うことになった大きなきっかけでした。その後，ギリシャにはのべ1年半ほど滞在していました。以下，もう少し私の留学経験についてお話ししておこうと思います。

(2) 語学留学
　ギリシャ語を学ぶために，私が訪れたのはギリシャ第二の都市テサロニキ (写真3) でした。テサロニキはギリシャのなかでもアテネとならぶ学術都市として知られています。また，行政機関や産業機構が集中して巨大な人口を集めるアテネとは異なり，テサロニキは大学町といってよく，街の中心からほど近い場所にあるメインキャンパスには，ギリシャ国内外から多くの学生が集まり，学んでいます。そうしたアカデミツクな雰囲気を持つ町であったことが，私がテサロニキ

Ⅰ．グローバルに学ぶ，ローカルに学ぶ

写真3　テサロニキ市街（筆者撮影）。
古くからの教会を多く残すテサロニキは，ギリシャの中でもとりわけ中世を感じさせる場所の一つです。写真は聖ソフィア教会で，現存する建築物は8世紀に建造されたものと伝えられます。

を留学先として選ぶ理由となりました。私はテサロニキのアリストテレス大学付属の語学学校に在籍しましたが，そこでは充実した留学生用のギリシャ語教育プログラムを受けることができました。

(3) 政府奨学金給付生として

　ギリシャ語の授業と平行して，ギリシャ政府奨学金の応募のための受け入れ教官捜しと書類の準備を進め，審査に合格して晴れて，アリストテレス大学哲学部の中世・ビザンツ史学科に籍を置くことになりました。このアリストテレス大学の歴史学科は，ギリシア北部にあるという地の利を生かして，バルカンやトルコといった周辺世界との関わりに力を入れており，イタリアとの関わりのなかでギリシャを捉えたいと考えていた私にはうってつけの場所であったと言えるでしょ

う。奨学生としての生活をはじめて間もない頃，自分の抱えているテーマについて指導教員と面談する機会を与えられましたが，そこでひとしきり話したあとで「あなたがやりたいことは，ごくごく当たり前のことではないのですか。ことさらに強調する必要があるのですか」と不思議そうな顔をして尋ねられたことを，はっきりと記憶しています。日本の研究者の集まりのなかで研究していた時には，同じことを言ってもなかなか理解を得られない状況が続いていましたから，自分のやりたいことを分かってくれる人がいたことに，素直な喜びを覚えました。同時に，ギリシャ人にとっての当たり前が，日本人のそれとは大きく異なっていて，そうした常識のようなものについての経験値が，自分の研究にも役に立つ日が来るはずだと，実感した瞬間でもあったのです。

　ギリシャの大学生としての生活ですが，授業にバリバリ出ていたということでもなく，個人の研究にその多くを費やしました。月に一回程度は指導教官と作業の進捗についてのミーティングをもち，また，ギリシャ語に馴れるために，学部生向けのゼミを聴講することもありました。資料の原文を読んで，ギリシャ語で討論するということについていくのは容易ではありませんでしたが，新しく研究が進められつつあるテーマや方法論についても学ぶことができたのはよかったと考えています。

(4)　私がギリシャで学んだこと
　歴史研究者として，私がギリシャで学ぶことができたのは，日本のギリシア学には組み込まれてこなかった地方史や郷土史に類する知識と研究方法でした。アテネやコンスタンティノープルといった，一部の視点からとらえたのではない，多様性こそがギリシャ史の特色の一つであると，私は考えます。そうしたギリシャ史についての議論はいまだにギリシャ国内でギリシャ語で交わされるに留まっているのですが，そうしたイロハに触れることで，私は研究者として大きな気づきを得ることができました。その気づきは，今も私の研究生活を支える基礎となっています。

　とはいえ，ギリシャ留学を志す留学生のなかでは，私のようなケースは少数で

Ⅰ．グローバルに学ぶ，ローカルに学ぶ

しょう。もう少し話題を広げて，ギリシャ留学をすることでメリットがあると思われる分野（モノ，感性）について取り上げてお話していきたいと思います。

● **モノを見る，モノに触れる**

　ギリシャとギリシアが重なりをもちつつも，学問的関心の対象としては全く別の領域であることはすでに述べた通りですが，それでもギリシアを学ぶうえでギリシャにいることが有利になる場合もあります。それは，具体的なモノを扱ってギリシアを理解する分野です。たとえば，考古学，建築史，美術史などを挙げることができるでしょう。人文学を専攻する学生に限っていえば，日本人留学生にせよ，ヨーロッパ出身の留学生にせよ，私がギリシャで出会った学生の多くはギリシャ各地に残る古代遺跡や教会建築を研究の対象とする考古学者，建築学者，美術史家の卵でした。ギリシャ国内で催されるプロジェクトに参加して，文化財保護の担当者とのコネをつくったり，実際のモノを見たり触れたりすることは，膨大な遺跡と中世美術を擁するギリシャに留学することで得られる豊かな果実であると言えます。

● **ギリシャ人の感性を理解する**

　一方で，「ディアスポラ」や「ヘレニズム」といった言葉で表現されるギリシャ人のメンタリティについての理解は，必ずしも日本では進んでいないようです。しかし，たとえば池澤夏樹氏の字幕翻訳・紹介によって日本でも知られるTh・アンゲロプロスの映像作品の重厚さと歴史性が如実に示しているように，ギリシャには古代ギリシアには還元できない，豊かな感性が存在していることは，疑いようのないところです。たとえば，ギリシャの芸術のなかでもひときわ高い位置を与えられている文学ジャンルである詩について，少し説明しておきましょう。韻文を重視するのは現代にはじまったことではなく，古代の時代から続く伝統があります。そしてとりわけ，近代以降の韻文文学は，古代からの文学の伝統を踏襲しながらも，そこに現代的な問題や，ギリシャ語の語彙とリズム，民俗的な話題を盛り込むことで，私たちにも訴えるところの大きい，生きた芸術と

第 1 章　ギリシャとギリシア

写真 4　アリストテレス大学中央図書館　　　写真 5　中央図書館の閲覧室
地上二階，地下一階の巨大な図書館には，いつも学生が集う学びの場です。
(いずれもコスタス・キリアズゥディス氏撮影)

なっています。20 世紀の偉大な詩人として，K・カヴァフィス，G・セフェリス，O・エリティスらの名前を挙げることができるでしょう（セフェリスとエリティスはノーベル文学賞の受賞者です）。また，こうした韻文学を読む事は，私たちにギリシャとは何かという問題を考える上でも様々なヒントを与えてくれるのです。こうした，豊かな魅力をもつギリシャ文学ですが，日本では池澤夏樹氏や中井久夫氏らの紹介によって，ようやく知られるようになってきました。

　実は，こうした，ギリシャ人の感性に触れる，ということが私の留学生活のなかで最も印象深かったことでした。それも，韻文や文学作品を読むというような高尚なお勉強ではなく，日常生活に根ざす場面での経験が大きかったと指摘しておきましょう。私の場合，鍵となったのは図書館とコーヒーでした。留学していたとき，所属していた哲学部の図書館は余り広くはなかったので，私は，哲学部の建物から歩いて 5 分ほどの場所にある中央図書館 (写真 4・写真 5) で勉強することを常にしていました。そこには，千人以上の学生が勉強することのできる巨大な読書室があり，授業期間中であれば朝 8 時から夜 12 時まで開いているために，勉強に集中するには理想的な空間でした。席はとくに決まっていませんので，アトランダムに座るわけですが，いつのまにか席を囲む仲間たちができていました。勉強にあきたら，連れ立ってカフェに行き，ギリシャ・コーヒー (写真 6) やフラッペ (インスタントコーヒーに砂糖と水を加えて泡立て，牛乳を加えた飲

I．グローバルに学ぶ，ローカルに学ぶ

写真6　ギリシャ・コーヒーを鍋で煮出している風景（筆者撮影）。
ギリシャ人は一般的におしゃべりとコーヒーが大好きで，家庭でもこうしてコーヒーを淹れて，時に何時間にも及ぶ会話を楽しみます。

料）を飲みながら，とりとめもない話をしました。このカフェでのおしゃべりこそが，私にとってのもう一つの学校であったと言えるでしょう。ギリシャ語のコミュニケーションを訓練する場であっただけではなく，私の研究のインスピレーションや生き方を支えるバックボーンのようなものは，この図書館とカフェにおいて培われたと言っても過言ではありません。

3．ギリシャ語のはなし

　ここまでの話から，ギリシャに留学することの大きな意味が，ギリシャ語を勉強してギリシャ人と話すことにあるのだということがなんとなく分かってきたのではないかと思います。そこで，次にギリシャ語という言葉自体の特徴についてお話ししていきたいと思います。

(1) 略史
　ギリシャ語はインド・ヨーロッパ語族の一つではあるものの，文法的に見て近

第 1 章　ギリシャとギリシア

縁の言語はありません。どの程度孤立しているかということを理解してもらうためにヨーロッパと言語の話をしておきましょう。現在ヨーロッパで公用語とされている言語は，インド・ヨーロッパ語族の言葉に限ってみると文法や語彙上の近縁性からゲルマン語派（ドイツ語・英語・北欧諸語），イタリック語派（フランス語・イタリア語・ルーマニア語），スラブ語派（ロシア，東欧諸語），ケルト語派（ウェールズ語，ゲール語）に大別されます。これらの分類には当てはまらない言語として挙げられるのが，アルバニア語，アルメニア語，バルト諸語，そして本章で取り上げているギリシャ語なのです。

さらに，ギリシア語とギリシャ語も全くの別の言語なのですが，それでもギリシャ語はギリシア語から生まれてきた言語であるので，これらの二つの言葉は文法でも語彙でも近い関係にあると言えるでしょう。いつギリシャ語がギリシア語から分かれて生まれたのか，という問題については多くの議論がありますが，12 世紀初頭に書かれた文学作品のいくつかの作品では，口語の影響を受けて綴りの簡略化や文法の変化といった，ギリシャ語につながる変化を認めることができます。

こうした口語化にいっそうの拍車をかけたのが，1453 年のオスマン帝国によるコンスタンティノープルの攻略と，それに伴うビザンツ帝国の滅亡でした。オスマン帝国の支配下では，口語文法が優勢となるとともに，アラビア語やトルコ語の多くの語彙が混入したと考えられます。一例をあげれば，靴（παπούτσι, トルコ語の pabuç に由来），ペンキ（μπόγια, トルコ語の boyamak に由来），といった単語は，オスマン帝国がギリシャを支配した時代にギリシャ語のなかに取り入れられることになりました。分けても食文化におけるトルコ化は顕著でしたから，食習慣に関する語彙はトルコ語起源のものが多いと言えるでしょう。一例として，メゼ（オードブルのこと），ドルマダキア（挽肉を葡萄の皮で包んだ料理），チプロ（干し葡萄を原料とする蒸留酒）などが挙げられます。

一方で，学者や教会人をはじめとする知識人は，中世以来の文法の変化は受け入れつつも，古典的な雅文を重視した文語を使い続けました。したがって，ギリシャ語はカサレブサ（純正化されたギリシャ語の意味）と言われる擬古文とディ

17

モティキ（民衆の言葉）と言われる口語に分かれてしまうことになったのです。1833年，ギリシャがオスマン帝国からの独立を果たした時には前者が「国語」として採用されました。しかし，民衆の言語である口語を国語とするべきとする議論は早くから提起されており，ギリシャを二分する長い国語論争の結果，ようやく 1974 年に，ディモティキが「国語」とされるに至ったのです。ギリシャ語を勉強していますと言うと，ずいぶん古い言葉を勉強しているんですね，という感想をよくいただくのですが，実はギリシャ語というのはまだ国語となったばかりの，若い言葉であると言えます。

●アルファベット，綴り字，発音

とはいえ，長い時間を経ても変化していないものもあります。その最たるものは文字でしょう。いわゆるラテン・アルファベットとは異なり，ギリシア語・ギリシャ語で用いられるアルファベットは 24 種類しかありません（図 7）。そのなかには π や θ といった，数学ではお馴染みの文字もあります。

一方，母音と子音は大きく変わりました。その変化を大きくまとめれば，母音の発音が簡略化されたこと，従来のアルファベット表記では表記できない子音を表記する必要が生じてきたこと，この 2 点にまとめられるでしょう。

古典のギリシア語における複雑な母音の規則が大幅に簡略化され，[a] [e] [i] [o] [u] の 5 音に整理されています。日本人にとってギリシャ語は実はとても発音しやすい言語なのですが，ただし綴りと発音の関係はやや複雑です（図 8）。

子音については，古典ギリシア語にはなかった摩擦音や，気息記号（'）によって表現されていた気息音が表記されました。たとえば β（ヴィータ）の示す音価は古典古代の [b] から変化し，ギリシャ語では [v] を表します。それに伴って，ギリシャ語では μ（ミー）+ π（ピー）の子音の組み合わせによって，[b] を表すようになりました。また，古典古代では δ（デルタ）が [d] の音価を表していましたが，ギリシャ語では δ は，気息を含んだ [dh] を表します。そのため，[d] を表すために ν（ニー）+ τ（タフ）の複合子音が用いられます。こうした摩擦音と気息音の多用はアラビア語などの影響によるものとも言われ，欧米の他の言語にはあまり見られない特徴です。とくに他の欧米言語の話

18

第 1 章　ギリシャとギリシア

図7　ギリシア語／ギリシャ語のアルファベットとその発音

記号	Αα	Ββ	Γγ	Δδ	Εε	Ζζ	Ηη
ギリシア語	アルファ	ベータ	ガンマ	デルタ	エプシロン	ゼータ	イータ
ギリシャ語	アルファ	ヴィタ	ガマ	デ※ルタ	エプシロン	ズィタ	イタ

記号	Θθ	Ιι	Κκ	Λλ	Μμ	Νν	Ξξ
ギリシア語	シータ	イオタ	カッパ	ラムダ	ミュー	ニュー	クシー
ギリシャ語	シ※※タ	イョタ	カパ	ラムダ	ミ	ニ	クシ

記号	Οο	Ππ	Ρρ	Σσ,ς	Ττ	Υυ	Φφ
ギリシア語	オミクロン	パイ	ロー	シグマ	タウ	ユプシロン	ファイ
ギリシャ語	オミクロン	ピ	ロ	シグマ	タフ	イプシロン	フィ

記号	Χχ	Ψψ	Ωω
ギリシア語	キー	プシー	オメガ
ギリシャ語	ヒ	プシ	オメガ

※　英語の that の [dh] のように気息音となる
※※　英語の through の [th] のように気息音となる

図8　ギリシャ語の母音の綴りと発音の対応関係

綴り	発音	綴り	発音	綴り	発音	綴り	発音	綴り	発音
α	[a]	αι ε	[e]	ι ει οι υ (υι) η	[i]	ο ω	[o]	ου	[u]

者にとって，ギリシャ語というのは，エキゾチックな響きをもつ言語なのです。

●**文法について**

　よくギリシャ語は難しいと言われます。これは，日本人に限った話ではなく，ギリシャ語を母語としない人がギリシャ語を勉強する時，そうした感想をもつようです。語彙，アクセント，名詞・形容詞の格変化なども独特なのですが，とくに挫折する人が多いのは動詞変化でしょう。

　ギリシア語・ギリシャ語に共通した文法上の大きな特徴の一つとして，動詞に

19

Ⅰ．グローバルに学ぶ，ローカルに学ぶ

図 9 「見る」βλέπω における語根と時勢・法との関係

活用名	現在形	語根	瞬時過去	継続過去	接続法現在形
活用（語根以外は一人称単数）	βλέπω	δ	είδα	έβλεπα	δω

おける語根の概念があることが挙げられます。語根とは何でしょうか。英語にせよフランス語にせよ，ヨーロッパの言語の辞書を開いていただくと，ヨーロッパの言語の多くは，不定形や現在形が変化の起点になっていることが分かります。そのために，動詞の意味を調べる場合，たいていは不定形や現在形一人称単数で辞書を引く事になっています。ギリシア語／ギリシャ語の動詞の意味を調べる時にも，やはり現在形の一人称単数で引くことになるのですが，この現在形という形はギリシア語の変化の起点の一つにすぎません。むしろ，動詞変化の全体を見ると，語根が変化している場合が多いのです。例として，ここでは「見る」βλέπω という動詞の例を挙げておきましょう（図 9）。

「見る」という動詞では，現在形を除けば実は変化の起点となるのは語根 δ であり，そこに接頭辞の ε や人称語尾をつけて瞬時過去や接続法を作っていることが分かると思います。こうした現在形と語根との乖離は，「言う」λεω・「行く」παω・「与える」δίνω といった基本動詞において顕著にあらわれます。

動詞の変化がこのような独特な変化をするので，初学者にとっては現在形の活用を学習する第一ステップから，過去形，不定形，未来形などの第二ステップの学習に移るのが大きなハードルになってきます。私がギリシャ語を勉強しはじめたときにまずつまずいたのが，この語根に基づく変化でしたし，ギリシャ語を教えたときにも生徒の方がつまづいたのはやはりこの語根の問題でした。

このハードルを越えるには，結局は暗記と慣れが大事だ，ということになるのですが，ここではとくに頭で暗記するよりもギリシャ語を聞くことの重要性を強調しておきます。私は，現地で初級文法を体系的に教えてもらう機会が 2 回ありましたが，1 回目はこの語根のところで見事に挫折し，テストでもよい点はもらえませんでした。しかし 2 回目になると，不思議と基本動詞における現在形

第1章　ギリシャとギリシア

と語根の対応関係が頭に入っていったことを覚えています。1回目と2回目の違いは，ギリシャ語に触れている時間の長さだと思います。テレビやラジオの音声のように日々，街中で聞こえる人々の会話に触れていたことで，動詞の仕組みが感覚的に頭に入ったのでしょう。すでにギリシャ人の友達もできており，ぎこちないながらもおしゃべりをするようになっていたことが大きかったようにも思います。

　私が学生さんに教えるときでも，音声教材を併用するようにしています。その理由のひとつは，他の言語と同様に，耳で慣れることが大事だからなのですが，いまひとつの理由は音声教材の作り方が，いかにもギリシャ的だと筆者が感じているためです。対話形式のテキストは，劇のシナリオのように与えられた役割がはっきりしている場合が多く，そのCDなどを聞くと日本人にはとてもオーバーアクションに聞こえます。ギリシャ人はこうした与えられた役割に応じて，あたかも古代演劇において仮面を取り替えると別人格になってしまうように，（日本人からみればしばしば過剰なほどに）演技することが上手い人たちなのだ，そして，動詞の変化もまたそうした心性と対応しているんだよ，と解説したときに生徒さんも私も，腑に落ちた経験があります。今思い返すと，ちょっとこじつけすぎのような気もするのですけれども，音声を通じて生のギリシャに触れた経験があるかどうかで，動詞学習のハードルの高さは変わってきます。

●ギリシャ語学習から見えるギリシャのかたち
　ここまでの説明で，ギリシャ語が他のヨーロッパの言語と違った文法の特徴をもつ言葉であることが分かったと思います。そして，こうした言語の特徴はまた，ギリシャという国やそこに暮らすギリシャ人たちの意識と行動を映します。ここでは，ギリシャ語を学ぶことで浮かび上がってくるギリシャのお国柄について話しておくことにしましょう。ギリシャ人と話していると，θα δούμε（サ ドゥーメ）（また見よう），あるいは θα τα πούμε（サ タ プーメ）（そのことについては別の機会に話そう）という表現をよく使います。英語に直せば，"See you later" といったところでしょうか。会話が一区切りついて別れるとき，あるいは電話を切る際の挨拶として使われます。

Ⅰ．グローバルに学ぶ，ローカルに学ぶ

このように，「見る（会う）」という表現は，多くの言語において挨拶となりますが，ギリシャ語の面白いところは，「話す」ということも挨拶の言葉になっているところだと思います。

ギリシャ人は自分の言語が少数言語であり，しかも難しいという自覚をもっています。そんな彼らにとって，ギリシャ語でコミュニケーションを取ることの意味は小さくないのです。私自身の経験を思い出しても，「なぜ，ギリシャ語なんかを勉強するのか」とか「勉強に骨の折れるギリシャ語を勉強して何の役に立つのか」という問いかけは，ギリシャ人と知り合うと必ずといってよいほど投げかけられる質問でした。こうした洗礼を経て，段々と同じギリシャ語を話す「仲間」と認識されていくのです。この仲間，という言葉を取ってもそこにはギリシャらしさというものが見出されます。

仲間を意味する言葉は，ギリシャ語では παρέα（パレア）といいます。この言葉はもともとは夫婦やカップルを意味するスペイン語の pareja という単語を語源としており，ギリシャへはスペイン系ユダヤ人の話すラディン語の語彙である parea という形で伝えられました[1]。

この παρέα という単語は，ギリシャ語に取り入れられてから広い意味をもたされるようになりました。親友のグループ全体を指すこともあれば，親友個人を指すこともあり，さらには知り合いや場にいる全体を指して παρέα ということもあります。さらに παρέα を使った慣用句もたくさん派生しました。ここではそのなかでも κάνω παρέα（カノ パレア）という表現について紹介しておきたいと思います。この慣用句を日本語に直訳すると「交友をする」となりますが，実際には①親密になる②仲間内で話したり遊びにいく，という二つの意味をもっています。以下に，それぞれの例文を示しておきましょう。

例文1　Ο Σταυρος πάντα έκανα παρέα με τα πεδια.（オ スタヴロス パンダ エカナ パレア メタ ペディア）
　　　　スタブロス君はいつも，あの若者たちと仲良くしていた。

---

1) 以上の語源情報については，バビニョティス大希希事典の παρέα の項目を参照した。

22

第 1 章　ギリシャとギリシア

例文 2　Απόψε εμείς κάνουμε παρέα στη πλατεία.
　　　　アポプセ エミス カ ヌ　メ パレ ア スティ プラティア
　　　　今夜，私たちは広場に集まって遊ぶ。

　「仲良くする」ことも「遊ぶ」ことも，その基本に「話す」つまりコミュニケーションがあるということはいうまでもないでしょう。例文 2 で登場するπαρέα は，具体的には勉強や仕事が終わって 8 時頃に集まることを指します。多くの場合おしゃべりは午前を回り，深夜 1 時から 2 時頃にようやく散会となります。時には，夜通し話し込んでしまうことも珍しくありません（こうしたナイトライフを終えて帰るライフスタイルのために，しばしばギリシャでは真夜中の渋滞というものが発生します）。

　そして，ギリシャ語という少数言語の「仲間内の話」のなかに，主要言語にはない情報が含まれているということは，先ほど述べた「ギリシャ人怠け者説」についてのエピソードが如実に示しているといえるでしょう。やはり，ギリシャ語を学び，ギリシャ人の輪の中に入って話すことではじめて見えてくるギリシャという国ないし文化圏のかたちがあるのです。

ギリシャ語は「沸き立つ水面」

　少数言語とはどのような言語で，何故学ぶ必要があるのか，ということについて私が主に勉強してきたギリシャ語という言葉に即してお話ししてきました。

　ギリシャ語には常に古代のギリシア語やギリシア文明のイメージがつきまとっているのですが，結論として私が言いたいのは，ギリシャで学ぶことができるのはそうした古代の世界のことではなく，むしろギリシャ語でありギリシャ文化である，ということです。ギリシャ語は古典古代の時代が終わって以来の二千年以上にわたる様々な言語や文化との接触を受けて大きく変容しており，その変化は現在も続いています。留学先となったテサロニキで，私がギリシャ語を私的に教えてもらっていた先生はギリシア語も相当にできる方だったのですが，ギリシャ語のほうがギリシア語よりもずっと難しいのだ，ということを常々おっしゃって

Ⅰ．グローバルに学ぶ，ローカルに学ぶ

いました。文法的にはギリシア語のほうがはるかに難しいのですけれども，結局のところギリシア語は死語ですので，文法をきちんとおさえさえすれば読める，のだそうです。それに比べ，ギリシャ語はいまだに混沌としており，言語の専門家をも悩ませると言うのです。このことはギリシア文化とギリシャ文化の関係にも当てはまるのではないかと強く感じます。なぜなら，ギリシャ文化もまたギリシア文化だけではなくローマ，イスラーム，トルコ，スラブ，近代西欧からの様々な影響を受けて，相当に変質してしまっています。さらには，ギリシャ人に植え付けられてきた亡国の記憶が，その混沌をさらにかきたてるのです。

　言ってみれば，ギリシャとは今まさに沸き立つ水面であり，ギリシアを鮮やかに映し出す鏡の用を果たすことはありません。しかし，そのような躍動のなかにこそ，私たちが知る価値のある情報が眠っているようにも思われるのです。こうしたことは，ギリシャ語学習のみにあてはまることではないでしょう。主要言語から得られる情報が必ずしも常に正確であるわけではありません。さらにいえば，主要言語の話者にとっては「正確」であっても少数言語の話者にとっては「正確」ではない，という場合があることは，先ほどの「ギリシャ人怠け者説」をめぐるエピソードが示す通りです。

　英語をはじめとする主要言語で手に入る情報が飛躍的に増加した現代において，わたしたちは少数言語話者の多い地域を含んだ世界中で今起こっていることや，その背景について多くのことを知ることができるようになってきました。しかし，情報自体が一方的な立場から発せられているという危険は常にあり，だからこそ，少数言語を勉強する意味は見出されるのではないでしょうか。少数言語を話す人々のコミュニケーションの輪のなかにはいって会話するなかで，主要言語を話すことでは得られない「気づき」が隠されています。少数言語の学習を通じて，そうした「気づき」の瞬間が皆さんにも訪れることを願いつつ，私からの話を終えることにいたしましょう。

2 学問を変えるグローバル言語，英語

海田大輔，周藤多紀

グローバル言語が新しい人文学を拓く

　第1章で述べられているように，グローバル言語としての英語とローカル言語は，互いに衝突するものではなく，実際の社会においては相互補完的にそれぞれの役割を果たしています。それぞれの文化の独自性をはぐくみつつ相互理解を進めるためには，そのどちらもが不可欠です。現代社会においては，そのどちらかを選択し，どちらかを棄て去ることは現実的ではありません。

　さらに言えば，固有の文化を創出するのはローカル言語だけに限られているのではありません。一つの言語はその言語固有の文脈の中で独自の文化・社会を形成していくのですが，グローバル言語となった英語もその例外ではないのです。以下「哲学」という学問分野を例に，グローバル世界における英語を介した学問の新しいあり方について，二つの視点から紹介したいと思います。

　第一は，英語のグローバル性が哲学史研究の地図をどのように更新したのか，という視点です（周藤）。第二の点は，その英語のグローバリズムが「地域性」を抑圧するばかりではなく，ローカルな思想を英語で語り直すことで改めて生じる創発性がある，という視点です（海田）。

　ローカル言語とグローバル言語という二項対立を乗り超えたところにある人文学の可能性を感じ取っていただければ幸いです。

Ⅰ．グローバルに学ぶ，ローカルに学ぶ

1. 西洋哲学史の研究と英語

　西洋中世の哲学の専門家である私は，研究を進展させるために，アメリカ合衆国の大学院に5年間留学し，帰国後に博士号を取得した ── と言うと，不思議に思われるかもしれません。実際，ときおり「なぜアメリカに留学したのですか」と聞かれます。
　私が研究対象としている思想家は，アメリカで活躍したわけでもなく，英語で執筆したわけでもありません。ヨーロッパで活躍し，ラテン語で著作を残した人たちです。そしてもちろん，西洋中世の哲学の優れた研究機関はヨーロッパにもあります。だから，「なぜ，ヨーロッパではなくて，アメリカに？」と言われるのは，当然だと思います。私自身，ヨーロッパに留学することも考えましたし，そうすべきだったと思うこともあります。でも，そうではない部分も確かにあるのです。以下では，いささか弁解めきますが，「なぜ北米を留学先に選んだのか」，「北米を留学先に選んでよかったこと」を述べてみたいと思います。この話を通じて，ひょっとすると「英語」について，皆さんが今まで見聞きしてきたのとは違うイメージを紹介できるかもしれません。
　そもそも，他の外国語に比べ学習年数が長い「英語」が使用されている地域を留学先として選ぶことは，語学準備の負担が少なくてすむという利点があります。しかしそれ以上に，私が北米に留学したのは，西洋中世哲学に対する，とあるアプローチ法を学びたかったからです。それは「分析的アプローチ (analytical approach)」と呼ばれるものです。少し遠回りになりますが，まずこのアプローチについて説明しておきましょう。
　「分析的アプローチ」は，簡単に言うと，昔の哲学者の議論に対して，現代の分析哲学の手法もまじえながら批判的に考察するという方法です。例えば，皆さんもトマス・アクィナスという名前には，見覚えがあるのではないでしょうか。世界史の教科書で，「13世紀のキリスト教神学者」，「スコラ哲学の大成者」として紹介されている人物です。そんな彼に「分析的アプローチ」で迫るとどうな

第 2 章　学問を変えるグローバル言語，英語

るでしょうか？　西洋中世哲学の分野での分析的アプローチの主唱者であるノーマン・クレッツマン (Norman Kretzmann) によれば，トマス・アクィナスが書いたものの中には，「信頼性主義 (reliabilism)」に相当する考え方 ―― われわれの信念を正当化するのは，われわれの認知過程の信頼性であるという考え方 ―― が認められるということになります。認知過程の信頼性が信念を正当化するという考え方は，しばしば「温度計」の例を使って説明されます。ある温度計が「摂氏 20 度」を示しているときに，この値が正しいと考えられるのはどういう場合でしょうか？　それは，その温度計が壊れていない場合，つまり温度計の測定・表示機能が正常な場合でしょう。温度計の示す値にあたるのが「信念」であり，温度計の測定・表示機能にあたるのが「認知過程」だと言えば，「信頼性主義」のイメージをお伝えできるでしょうか。

　まず断わっておきたいことは，トマス・アクィナスの著作のどこを探しても「信頼性主義」という言葉など見当たらないということです。当たり前とも言えます。1274 年に亡くなった彼が，20 世紀の哲学用語を知るはずはないでしょうから。

　ここに「分析的アプローチ」の大きな特徴が現われています。留学中に私が耳にした表現で言うと，「分析的アプローチ」とは，いわば「(博物館に収蔵されている昔の資料を) 博物館の外に持ちだす (bring it out of the museum)」ことです。トマス・アクィナスなどの中世の思想家を歴史上の人物と見ずに，あたかも今生きている人物であるように彼らの著作を読むのです。その結果，「知識 (正当化された信念) とは何か」という哲学の問いに対する答えの一つ (「信頼性主義」) を示すものとして，トマス・アクィナスの著作を読むことができるようになるのです。

　このような，著作を書かれた背景・文脈から切り離して，純粋に哲学的に評価しようとするアプローチは，まず西洋古代哲学の研究にはじまり，1970 年代頃からは西洋中世哲学の研究にも波及していきました。その中心地となったのが，アメリカ合衆国の名門大学の一つとして知られるコーネル大学でした。先述のクレッツマンがいたのもコーネル大学哲学科です。クレッツマンと北米各地の大学

Ⅰ．グローバルに学ぶ，ローカルに学ぶ

に散らばったクレッツマンの弟子（最近ではその孫弟子）たちの活動によって，「分析的アプローチ」は，世界各地の中世哲学研究のスタイルに大きな影響を及ぼし続けています。現在では，ヨーロッパで活躍する西洋中世哲学史研究者であっても，何らかの仕方で「分析的アプローチ」にコミットしていることが少なくありません。

　「分析的アプローチ」がなぜ北米を中心に興隆しているのでしょうか？　もちろん，たまたまクレッツマンらが活動の本拠としたのがアメリカ合衆国であったということもありますが，ここでは「移民」「多文化社会」をキーワードに考えてみたいと思います。「分析的アプローチ」は，北米が「移民」によって構成される「多文化社会」であるということと，かなり関係があるように感じられるのです。

　ヨーロッパから北アメリカ大陸に移住した人々は，自分や子孫の社会的成功のために，ときには出身地での習慣を捨ててきました。私のアメリカ留学時の友人には，ポーランドからの移民の子孫が何人かいました。そのうちの一人は，自分の両親が，自分にポーランド語を学ばせようとは決してしなかったこと，家でもポーランド語を話そうとはしなかったことを語ってくれました。自分の起源を捨てて「アメリカ人」になろうとする姿に，ヨーロッパで書かれた哲学的文献を，ヨーロッパ哲学の歴史から切り離して読もうとする「分析的アプローチ」は重なって見えます。このアプローチが，西洋中世哲学の「原典」をもたない「英語」で育まれてきたことは，偶然ではないように思えるのです。

　もちろん，歴史上の人物から歴史性を排除することは，それ相応のリスクをともないます。とくに初期の分析的アプローチには，現代分析哲学の道具立てをそのまま中世の議論に持ち込もうとする傾向が見られました。近年の研究は，こうした問題にも注意しているのですが，それでも，現代の観点から中世の議論を解釈するという作業には，中世には実質的に存在していなかった事柄を「存在していた」と言ってしまう危険性がつきまといます。実際，クレッツマンの「信頼性主義解釈」は，「不精確」との批判を受けています。そして，「分析的アプローチ」によってはすくいあげることができない部分があるのも事実です。こうした文献

については，まず写本からテキストを作りあげるという文献学的作業が必要とされます。また，ある文献は，それ以前に書かれた文献や同時代の他の思想家の見解に対する応答として書かれたものです。さらに，中世の哲学的文献にみられる特徴は，それらの文献の生産の場であった修道院や大学といった制度に負うところも大きいのです。

こうした「分析的アプローチ」の欠陥を次第に認識するようになったものの，私が「分析的アプローチ」を否定するに至らなかったのは，英語を覚えてアメリカの社会システムの中で必死に生きていこうとする移民を嘲笑できないことに似ているかもしれません。実際，そうした移民はアメリカという国家の発展に貢献してきました。「分析的アプローチ」はそれ自体真剣な試みであり，西洋哲学史の理解に貢献してきたと思うのです。

ここで重要なのは，北米には「分析的アプローチ」しか無いわけではないということです。それは今日の北米が，異なる文化が共存する「多文化社会 (multicultural society)」と呼ばれるのに似ています。話は，コーネル大学で中世哲学研究が隆盛する前にさかのぼります。トロント大学（カナダ）の中世研究所（現：教皇庁中世研究所）を設立したのは，フランスの著名な中世哲学史研究家エティエンヌ・ジルソン (Étienne Gilson, 1884～1978) でした。デカルト研究に始まったジルソンの研究は，西洋の中世哲学の特質を，古代ギリシア哲学にはじまる西洋哲学の歴史の流れの中で理解しようとする，オーソドックスなものです。コーネル大学が脚光を浴びるようになる以前は，トロント大学の中世研究所が西洋中世哲学研究を志す学生を北米各地から集め，研究者として北米各地の大学に送り出していました。原典や写本読解の技術を身に着けた卒業生たちは，ヨーロッパ流の「歴史的アプローチ」による中世哲学史研究を北米に広めていきました。1980年代以降はコーネル大学を中心とする「分析的アプローチ」に押されぎみではあるものの，北米の西洋中世哲学史研究において「歴史的アプローチ」もその存在感を失ってはいないのです。

ジルソンがフランス人であるように，北米の中世哲学研究活動に貢献してきたのはアメリカ人やカナダ人だけではありません。私が知るかぎり，イギリス，イ

タリア，スイス，ドイツ，ハンガリー，フィンランド国籍者が，北米の主要な西洋中世哲学の研究教育機関で定職を得て，研究教育活動にあたっています。ヨーロッパ諸国で教育を受けた優秀な人材が研究と教育の現場で主要な役割を果たしているというのは，移民国家であるアメリカやカナダらしい現象だと思います。

このように，北米では異なるアプローチの西洋中世哲学研究が共存していると言えます。ちょうど異なる宗教・宗派が宗教戦争を引き起こしてきたように，異なるアプローチはときには対立してきました。しかし，研究者や研究機関によっては共存共栄がないわけではありません。

このような構図の底にも，「英語」があります。「英語」は，イギリスに起源を有していますが，「移民の言葉」になることで，西洋の伝統から距離をとることになりました。そこに，新たな分析の視点が発展する契機があったわけです。と同時に，ご存じのとおり，現在最も流通しているグローバル言語です。実際，北米では，英語を母国語としない人たちが研究共同体の一翼を担っています。グローバル化がすすむ現在，異なるアプローチや異なる民族の共存は，多かれ少なかれ世界の各地で見られる現象ですが，西洋中世哲学研究の領域では北米に顕著に認められます。こうした多様性を目にしながら，英語を母国語とせず，基本的な専門教育は日本で受けた私も，英語を使って研究の共同体に参画できる，参画したいと思うようになりました。皆さんにも，英語を通して，多様な文化やものごとの考え方を知り，日本の文化や自分の考え方を発信していって欲しいと思います。

(周藤多紀)

2. 日本人が英語で哲学をするということ

私の専門分野は，英語圏の現代哲学です。ふだんの研究では英文を読んだり書いたりすることが多く，また国際学会で英語による研究発表や質疑応答を行うこともしばしばあります。

第2章　学問を変えるグローバル言語，英語

　「哲学」と聞くと，皆さんは，カントやヘーゲルのような大哲学者が生涯をかけて壮大な世界観を構築し，独自の文体で難解な大著をものする，という研究スタイルをイメージするかもしれません。しかし，現代の英語圏では，これとはかなり異なるスタイルで哲学の研究が行われています。もちろん現代英語圏の哲学者も「本当に存在するのは何か」のような由緒正しい哲学的難問におおいに興味を持っていますが，こうした大きな難問にそのまま取り組むのではなく，それを小さな問題に分割し，集団で探求している，というのが実際のイメージに近いです。そのさいには，20世紀初頭に整備された記号論理学を積極的に用い，曖昧な問いをできる限り客観的かつ明確に定式化し直そうとする努力が払われます。たとえば，「心と身体はどのように関係しているのか」という由緒正しい難問（いわゆる心身問題）は，「心的出来事と物理的出来事はどのように関係しているのか」のように定式化され，「心的出来事のもつ心的性質は因果的効力をもちうるのか」のようにもうすこし取り組みやすい形に分割されます。こうした手法が「分析的手法」と呼ばれるのは，前節で周藤さんが説明されたとおりです。分析的手法を用いることによって，一人の哲学者の提出した学説を他の哲学者たちが批判し，その批判に答えてもとの哲学説が修正され……というように，一つの問題に集団で取り組むことが可能になるわけです。最近では哲学の世界でも共著論文が登場するようになりました。専門分化と集団的探求が進んでいるという意味で，哲学研究がかなり科学研究に近づいてきていると言えるかもしれません。研究成果は，まずは比較的短めの（10～30頁程度の）論文で発表され，そうした論文がある程度たまった段階で，論文集のような形で書籍として出版される，というのが一般的です。哲学者が一冊の大著を書き下ろすということは（無いわけではありませんが）かなり少なくなりました。

　こうした英語圏の現代哲学においては，英語の文体はシンプルで明解なものが好まれ，凝った表現はあまり使われません。たとえば，イギリスの代表的哲学者ティム・クレイン（ケンブリッジ大学哲学科教授）のある論文の冒頭パラグラフは，以下のとおりです。

31

I．グローバルに学ぶ，ローカルに学ぶ

This paper is about a puzzle which lies at the heart of contemporary physicalist theories of mind. On the one hand, the original motivation for physicalism was the need to explain the place of mental causation in the physical world. On the other hand, physicalists have recently come to see the explanation of mental causation as one of their major problems. But how can this be? How can it be that physicalist theories still have a problem explaining something which their physicalism was intended to explain in the first place? If physicalism is meant to be an explanation of mental causation, then why should it still face the problem of mental causation? (Tim Crane, "The Mental Causation Debates", *Proceedings of the Aristotelian Society Supplementary Volume LXIX* 1995)

この論文は，現代の物理主義者が提出する心の諸理論の核心にある，一つのパズルを扱う。一方で，物理主義を採るもともとの動機は，物理的な世界における心的因果の位置を説明したいというものだった。他方で，最近，物理主義者は，心的因果を説明することを自分たちの抱える主要な問題の一つとみなすようになっている。しかし，どうしてこのようなことが起こりうるのか。どうして，物理主義者の理論が，彼らの物理主義がそもそも説明しようと意図していた何かを説明することに関していまだに問題を抱える，ということが起こりうるのか。もし物理主義が心的因果の説明であることが意図されているのであれば，なぜそれはいまだに心的因果の問題に直面しなければならないのか。

physicalism, physicalist というテクニカルタームを除けば，文法的にも語彙的にも，高校の英語教科書のレベルと大差ないことがお分かりいただけると思います。（ティム・クレインの文章は，私が個人的に，シンプルで明解な英文の「お手本」と考えているものです。留学中にレポート等を書くさいには，彼の文章のマネをしながら多くを学びました。ただし，英語圏の哲学者のすべてが，クレインほど明解に書いてくれるわけではない，ということも申し添えておきます。なかにはかなり凝った，複雑な英文を書く哲学者もおり，そうした英文に出会ったときは，それらを正確に読解できなければなりません。くれぐれも英文読解の訓練は怠りなきよう！）

このように，英語圏の現代哲学は，英語のネイティブスピーカーであっても，

第 2 章　学問を変えるグローバル言語，英語

できるだけ地域的，歴史的特色をはぎとって，ニュートラルな形で哲学的問題を考察しようとしています。そのため，英語を母語としない者でも，英語を「道具」として使いこなしながら，英語圏の哲学者たちと「ある程度」（「完全」でないことについてはすぐ後で述べます）対等に議論をすることができます。

　一方でアジアに目を転じると，台湾，韓国，中国，フィリピン，シンガポールといった国々では，英語圏の大学院で教育を受け，その後帰国して母国の大学で職を得る若手・中堅世代の哲学者が次々と現れています。そして，こうした国々の哲学者と日本の哲学者との間で，英語を用いた研究交流が，特に 2010 年ごろから活発になっています。このようにして，アジアの哲学者が，英語圏で学んだ哲学を母国で展開させているわけです。

　ここまで読んでこられた読書は，英語圏の現代哲学では，共通言語としての英語を介した平等で開放的な学問世界が広がっている，という印象を受けたかもしれません。しかし，思考活動は言語活動と不可分ですから，母語でない言語で哲学をするさいにはある程度のハンディが避けられない，ということは見過ごすことはできません。英語圏の大学院に留学し，英語の読み書きや英語によるディスカッションの訓練を積むことにより，このハンディをかなり小さくすることはできますが，文章を読み書きするスピード，使える表現の幅などについて，ネイティブスピーカーの一流研究者と比べてかなわない部分はどうしても残ります。英語でディスカッションをしていて「日本語ならうまく言い返せるのに」と悔しい思いをすることは，ほとんどの日本人留学生が経験するところですが，こうしたストレスは，少なくなりこそすれ，消えることはないでしょう。

　英語力のハンディは，日本を含むアジアの哲学者に共通するものです。アジアの哲学者が英語圏の哲学者と同じ方向の研究を発表しても，英語圏ではなかなか注目されにくく，大きなムーブメントを起こすのは難しいでしょう。もちろん，英語圏と共通の問題に取り組むことは大切です。また私自身は，最終的には，哲学の問題に西洋も東洋もないと考えています。しかし，現状のままでは，アジアの哲学者が英語圏の哲学者の後追いを続けるという状況を脱するのは難しいでしょう。私たちは当面，英語圏の哲学者の持つ圧倒的な言語的アドバンテージを

前に，周回遅れを続けるしかないのでしょうか。

　こうした中で，アジアの哲学者が言語上のハンディを克服し，アメリカ・イギリス・オーストラリア等の哲学界にインパクトを与えうる方法が最近注目を集めています。それは，アジア圏の思想的蓄積を活用するというものです。たとえば，仏教，道教，儒教などの思想を分析的手法を用いて定式化しなおし，英語圏の哲学的議論状況の中に位置づけるという試み（「分析アジア哲学」と呼ばれます）は大いに期待されます。2012年に台湾で第1回の『東アジア哲学会議』が開催され，アジアの若手・中堅世代を中心に活発な議論が行われました。そのプログラムの中に，従来の（英語圏でおなじみの）題目に混じって，次のような題目が含まれています（カッコ内は研究発表者の在住地）。

A Possible Buddhist Response to Putnam's Critique of Brain in a Vat
（台湾）

Going Back to the Ordinary: The Case of the Happy Fish in the Zhuangzi
（台湾）

Doing East Asian Philosophy Analytically: From Zhu Xi and Yulgok
（韓国）

　最初の発表は，ヒラリー・パトナムという現代アメリカ哲学者の有名な議論（「水槽の中の脳 (brain in a vat)」という思考実験を用いた議論）に対して仏教的な解答を試みるという内容です。具体的には，パトナムの議論と同型のもの，またその議論への解決のヒントを，古代インド唯識思想のテキスト（仏教僧ヴァスバンドゥ（世親）の『三性論』）の中に見いだし，分析的手法で定式化しなおす，というものです。二番目の発表題目にある「Happy Fish」は荘子の小編「知魚楽（魚の楽しみを知る）」に出てくる魚を指し，最後の発表の「Zhu Xi」は朱子，「Yulgok」は李珥（李氏朝鮮の儒学者）を指します。詳しく立ち入ることはでき

ませんが，それぞれの発表が，仏教，道教，儒教の思想を分析哲学の手法でとらえ直し，論じようとしていることが題名からもうかがえるでしょう。

　アジアの思想と英語圏の分析哲学の出会いから，新しい発見・貢献があるかもしれません。私はこの方向に，日本人そしてアジア人が英語で哲学を行ううえでの新たな可能性を感じています。

（海田大輔）

Ⅰ．グローバルに学ぶ，ローカルに学ぶ

Column 「学術論文を書くための英語力を身につけよう」

早瀬篤

　学部生時代の私は，勉強に明け暮れてはいたのだけれども，英語を書く能力について言えば，単純でごく当たり前の文を日本語から英語に訳すことさえ満足にできなかった。英語で何かを書くことはまったくしなかったから，英作文の能力は受験生時代よりも劣っていたかもしれない。しかし大学院に進学して，研究という仕事の現実を少しずつ把握するようになると，英語で論文を書くことの必要性を痛切に感じるようになった。そこで 22 歳のある日，英語で本や論文を書くことを目標として定め，そのために必要な英語力を身につけるために勉強を始めた。それから約五年間，自分の専門研究のかたわらで試行錯誤を重ねた結果，イギリスに留学して最初に書いたものについて，指導教官から「君はエレガントな英語を書くね」と言ってもらえるまで成長したのである。この章では，私の大学院時代の試行錯誤にもとづきながら，学術論文を書く英語力を身につけるための実践的な方法を紹介したい。

　私が試行錯誤の末にたどり着いたのは，毎日の大学・大学院生活において，次の三つの鉄則を心がけることが英語で論文を書く能力を身につけるために重要だということである。

鉄則一：英文を読む量の増大に努める。
鉄則二：日常的に英文を書く習慣を身につける。
鉄則三：専門の英語論文から使えそうな表現を拾い集める。

　これから詳しく説明していくが，予め全体像を素描しておこう。まず，根幹となるライティング能力は鉄則一と鉄則二によって相補的に養われる。出発点は，いきなり書き始めることではなくて，英文をとにかくたくさん読むことである。そうすれば，英文ライティングの土台となる感覚が身につき，書くことに対する抵抗感がおのずと減少する。次に，私が一番重視する段階，すなわち「たくさん書くこと」に移行する。このとき重要なことは，楽しんで続けられるような方法を見つけて，英語で書くことを習慣化することだ。ただしそうしている間も，鉄則一を忘れてはならない。他人の書いたものを読むことは，自分の書いたものを反省し，英文感覚をいっそう研ぎ澄ますために重要だからだ。さらにこのようにして獲得したライティング能力を，実際の論文作成に活かすために，鉄則三がある。学術英語によって書かれる論文には多くの独特な表現があり，そうした表現のなかには専門分野によって大きく異なっているものがある。だから英語で論文を書こうとする者は，自分の専門分野に相応しい表現を学ばなくてはならない。とはいえ，基本的な能力を身につけていれば，学術論文としての体裁を整えた文章を書くことはそれほど難しいことではない。英語で書かれた専門論文から使えそうな表現を集めて，それを模倣すればよいので

第 2 章　学問を変えるグローバル言語，英語

ある。

　私の提案する三つの鉄則は「本物の英文ライティング能力」を形作る助けとなるだろう。私が本物の英文ライティング能力と呼ぶものは，言葉の表現レベルにおいて読者に訴える能力である。別の言い方をすれば，読者を説得するために状況に応じたレトリックを使う能力である。そのような能力を身につけるためには，遠回りになるとしても，毎日の生活のなかで地道にたくさん読み，書くことを実践することが有効である。

　それでは，以下に続く三つの節で鉄則をひとつずつ取り上げながら，具体的に何を実行すればよいのかを詳しく説明していくことにしよう。

鉄則一：英文を読む量の増大に努める

　まずは私自身の体験から語り起こしたい。私は最初，和英辞典を片手に英文ライティングの参考書に取り組んだのだが，この試みは退屈なばかりか，効果もなくて，早々に中断してしまった。一つ目の鉄則に思い当たったのは，ライティングの勉強を中断していたこの時期である。つまり，英文をたくさん読むことがライティングにとって重要だと気づいたのだ。その頃の私は，勉強というよりもむしろ趣味として，英語の小説やポピュラーサイエンスの本をたくさん読んでいた。研究が一段落したときなど，一週間ほど部屋に引き籠もって小説を読み続けることもあった。そんなふうにして二年ほど過ごすと，英文にどっぷり浸かっていたせいか，あるとき夢の中で英文を読んでいくという体験をしたのである。夢の中の英語は自分で作文しているに違いないと考え，久しぶりに英文を書いてみると，以前よりずっと英語らしい文章を書くことができることに気づいた。しかも，和英辞典を片手に日本語から翻訳していたときと違って，直接英文を書くことができたのである。

　さて，たくさん読むためには，夢中になれる本を見つけるのが望ましいが，そうした本を見つけるための（人文系の学生向けの）アドバイスを一つだけ提示したい。英語で書かれた同時代の小説を読んでみるのはどうだろうか。自分好みの小説を見つけるためにはある程度の試行錯誤が必要だと思うが，ミステリーなどのベストセラーなら the New York Times Bestsellers のリストから選び，良質な文学小説なら有名な文学賞（例えば英連邦とアイルランドにおける Man Booker Prize あるいはアメリカの Pulitzer Prize）の受賞作から選ぶというのが，有効な手段のひとつである。ちなみに私自身は，Man Booker Prize の受賞作をいくつか読んで，とくに感銘を受けた作家の他の作品を読んでいくという形で，たくさん小説を読んだ。

　しかし，英語で書かれた小説がそう簡単に読めるか，疑問に思う人はいるだろう。研究のために英語論文を読む機会がある人文系の学生なら，ある程度の小説なら読みこなせると信じるが，もし問題があるとすれば，それは語彙力が不足していることだろう。そこで，小説などを読み始める前に，語彙力の増強をしておくことをお勧めしたい。そのためには，市販の上級レベルの単語集を使えばよいだろう。私は，英語で小説を読み始めた頃，自分

がとくに形容詞に疎いことに気づいた。多彩な形容詞は文学作品では多用されるが，英語論文ではほとんど目にすることがないからだ。そこで，書店でいくつかの単語集を較べたあとで，当時出版されていた，植田一三 (2008)『発信型英語 10000 語レベルスーパーボキャブラリービルディング』(ベレ出版) の旧版を選び，その形容詞の部分だけを集中的に覚えることを試みた。その本では，例えば「a (volatile/unstable/precarious) situation (不安定な状況)」といった仕方で，類似の形容詞をまとめてコロケーション（連語）として覚えるようになっている。覚え方としては，頭に残るまでひたすら音読を繰り返した。この語彙力増強トレーニングの結果，小説がずっと読みやすくなったと感じた。しかし，この本の語彙量だけでは十分ではなく，十冊目の小説を読み終えるまでは，小説を読みながら知らない単語に色鉛筆でチェックを入れておいて，読み終わったあとで，チェックした単語からコロケーションをつくり，上述の単語集と同じ要領で覚えることを試みた。例えば，A. S. Byatt の *Possession* という小説を読んだあとで，"voluble salesman; bowery garden; swarthy skin …" のような仕方で 170 個ほどのコロケーションからなる単語集を作っている。コロケーションを作るときには Oxford Advanced Learner's Dictionary を参考にしていた。この辞書は，収録語彙数にやや不安があるものの，珍しい単語でもコロケーションを用例として挙げている点が便利である。しかし，現在であれば，Google で該当単語を検索することによって，自分にとって覚えやすいコロケーションを簡単に見つけることが可能だと思う。いずれにしても，このような努力をしばらく継続すれば，語彙力も十分になり，文学作品を読んでいても知らない単語が気にならなくなるだろう。

　語彙力を補強しながら，たくさんの本を夢中になって読むことが，ライティング能力の向上にそのまま繋がる。これが一つ目の鉄則のポイントである。またある程度自由に英文を書けるようになったあとでも，多読を継続することによって，より英語らしい英語を書くためのセンスを身につけることができると思う。

鉄則二：日常的に英文を書く習慣を身につける
　続いて，私が一番強調したい二つ目の鉄則に移ろう。最初に断っておくと，ライティング力向上において大切なのは，(1) 時間をかけてできるかぎり正確で美しい英文を書くよう試みることと (2) 多少ぎこちなくても意味が分かる英文をたくさん書くことの両方を合わせて行うことである。しかし日本人の学生は，正確で美しい英文を書くように試みることを比較的当然のこととして実行しているように思われる。事実，研究者を目指す学生なら，論文の欧文要旨を書いたり，あるいは国際学会や海外留学の応募書類を書いたりする機会があり，辞書やオンラインにおける用例を調べたり，ネイティブスピーカーによるチェックを受けたりして，文法的に誤りのない英語を書く訓練をするはずである。私の見るところでは，日本人学生に決定的に不足しているのは「たくさん書くこと」のほうだ。そこで，日常的に英文を書く習慣を身につけることが鉄則となるのである。

第2章　学問を変えるグローバル言語，英語

　それでは，習慣的に英文を書くために私が用いた二つの方法を紹介したい。一つ目は，国際交流あるいは言語学習を目的としたソーシャルネットワーキングサービス（以下 SNS と略す）を使って海外の人とメッセージ交換あるいはメール交換をすることであり，二つ目は，英語で日記をつけることである。私が学習していた頃は，インターネットが現在のように普及していなかったので，最初は英語で日記をつけていたが，やがてオンラインでの英語学習コミュニティーの存在を知るようになり，それ以降はメールのやりとりを通じて英文をたくさん書くようになった。個人的には SNS での英語学習の方がずっと続けやすく，効果的だと思うが，人とのコミュニケーションが中心となるので，気の合う仲間を見つけられるかどうかに成功がかかっている。その点，英語で日記を付けるのは，刺激に乏しいけれども，気楽であると言える。

　まず国際交流あるいは言語学習を目的とした SNS から話を始めよう。SNS と言うと，これを執筆している 2012 年時点では Facebook や twitter や mixi といったコミュニティー・サービスが最初に思い浮かぶかもしれないが，オンライン上にはさまざまな分野ごとの SNS も存在する。そのなかで，外国語学習あるいは外国文化理解を目的として作られているのが，今話題にしている SNS である。大きいサイトであれば会員数は数十万人，あるいは百万人を超えているところもある。

　言語学習者向けの SNS の多くは言語交換の促進を目的としている。例えば，日本語を学習したい英語ネイティブと英語を学習したい日本人との交流の場を設けて，互いに母国語を教える機会を作るのである。私が勧めたいのは，英語を母国語としない外国人で，自分と同じかそれ以上の水準の英語を書く人とメール交換をすることだ。世界には日本に関心を持つ人はたくさんいるので，そのような相手を見つけるのはそれほど難しいことではない。ただし，自分と気の合う人とメッセージ交換をするのが重要なので，そのような人を見つけるまで少し辛抱が必要かもしれない。

　具体的にどのサイトを利用すべきかについては，残念ながらあまりよいアドバイスができそうにない。おそらく，優良な国際交流サイトを見つける最も確実な方法は，ネット上の大手の掲示板や質問サイトなどで，その時点で活性化している国際交流・言語学習サイトを教えてもらうことだと思われる。そのような断り書きの上で，執筆時点で比較的使いやすいと思ったサイトを二つだけ紹介したい。一つ目は，InterPals (http://www.interpals.net/index.php) というサイトである。このサイトは，いわゆるペンパルを見つけるためのサイトである。アカウント登録して自分のページをつくると，そこで友達登録やメッセージ交換ができるようになっている。会員数が多いので，いろいろな背景の人を見つけることができるだろう。二つ目は，Lang-8 (http://lang-8.com/) というサイトである。このサイトの基本スタンスは，参加者が外国語で自分の日記をつけながら，他の人の日記を読み，相互に間違った表現を訂正し合うというものだ。例えば，日本人が英語で日記をつけながら，日本語で日記をつけている英語ネイティブの文章を直してあげると，

お返しに自分の英語日記の誤りを訂正してもらえる（はず）。どちらの SNS も，サイト上のメッセージ交換を通じて相手とある程度親しくなったら，メールでのメッセージ交換に移るのが，長く付き合うために必要かもしれない[1]。

次に，英語でたくさん書くための二つ目の手段としての，日記をつけることに話を移そう。とはいえ，こちらはあまりコメントをする必要はないだろう。日本語で日記をつけるのと同じ要領で，その日に起こったこと，考えたことなどをノートやパソコン上で記述していけばよい。注意すべき点があるとすれば，できる限り独力で書ける表現を使うということだ。

この二つ目の鉄則は，論文を書くための勉強とはずいぶんと趣が違って見えるかもしれない。しかし私は，日本人学生の英語力に欠落している部分を補うという意味で，一番重要だと思うのである。SNS での交流などで時折見る光景だが，外国人のなかには，文法的に滅茶苦茶な英文でも，恥ずかしがらずにメッセージを送る人が存在し，そして大抵の場合，何が言いたいのかという肝心のところはきちんと理解してもらっている。留学して実感したことだが，このような人は，とにかく英語を使うことによって英語をマスターしていくのである。こうした人の「恥ずかしさ」を棚上げする態度は見習うべきだと思う。とくに日本人の場合，文法的な知識が豊富なので，もともと何を言いたいのかが伝わりやすいし，また正しい方向に伸びやすいという利点があるのだから。

鉄則三：専門の英語論文から使えそうな表現を拾い集める

最後の鉄則は，ライティング能力を身につけるためと言うよりはむしろ，はじめの二つの鉄則で培った能力を論文作成に活かすためのものである。最初の二つの鉄則よりも重要性は劣るが，日常的に継続することによって効果を発揮するものだから，三つ目の鉄則として加えてみたものだ。それはつまり，日々の研究のなかで読む英語論文から，内容を交換すれば自分でも利用できるような形式的表現を集めることである。例えば，論文を読んでいて次のような文を見つけたとする。

It should be noted in this connection that the proposals offered by Badham and Susemihl were originally intended to ease the interpretation of this sentence.
この関連で注意すべきは，バダムとズゼミールによる提案は，もともとこの文の解釈を容易にするように意図されたということだ。

---

[1] しかし当然のことだが，オンラインで見知らぬ人と交流するさいには，悪質な利用者に注意しなくてはならない。例えば，親密さを装ってメールアドレスを聞き出したあとで，迷惑メールやウィルスに汚染されたメールを送りつける人が必ず存在している。だから求められたからといって，安易にメールアドレスを教えるのは危険であることを心に留めておいて欲しい。あるいはペンパルとの交流用に新しいメールアドレスを作ることを考えてみてもいいかもしれない。

第2章　学問を変えるグローバル言語，英語

　太字部分にした箇所を残して他の部分を取り替えれば，自分でも使えそうだと思ったら，この文全体をノートでもパソコンのファイルでもいいから，メモしておくのである。上の例では太字部分は汎用性があって，どんな分野でも使えそうだが，とりわけ自分の分野で独特の例文，例えばテクニカルタームに関する言い回しなどは，是非とも記録しておくべきである。使えそうな例文を集めておけば，論文を書くときに大いに利用できる。時折読み返すことによって，自然と使いこなせるようになればなおのことよい。

　実際，こうした表現を集めたものは，たくさんのものがすでに出版されているので，それを一冊手元に置いておけば十分だと思うかもしれない。書籍を扱っているウェブサイト，例えばamazon.co.jpで，「英語・論文・表現」という三つのキーワードで検索してみれば，関連する数十冊の本が見つかる。しかも大抵の場合，そうした本は「論文の導入部分で使う表現」「提示された命題を例示するときに使う表現」などのカテゴリーごとに表現を分類していて，どの文脈でどの例文が役に立つのかを教えてくれる。これは確かに英語論文を書き始めたばかりの学生には有用で，目を通しておく価値はあると思う。しかしながら，市販の表現集のほとんどは理系の研究者向けに書かれており，長年専門の研究に携わっていても見たことがない表現が収められている反面，しばしば目にする表現が収録されていないこともある。もちろん将来的には，哲学や歴史学を学ぶ人のための英語表現集が出版されるかもしれないが，それまでは親しみやすい例文を自分で集めて使ってみるという試行錯誤が必要だろう。自分で集めた例文の方が愛着が湧きやすく，使いこなしやすいという利点もある。

　論文で使える表現を集めることは，ライティング力向上に直接役立つのではなく，論文を清書するときに役に立つものである。そしておそらくそれは将来的に役に立つということになるだろう。私自身は，論文で使える表現を集め始めたのは留学する直前であり，日常的にはそれほど利用する機会がなかった。例えば，留学先で指導教官と議論をするために大雑把な草稿を書くときなどには，集めた例文を読み返したりはしていない。それが大いに役立ったのは，博士論文を清書するときである。そのときに，表現集を読み直して，使える表現を取り込みながら論文を書き上げ，また推敲するときに再び表現集から置き換えられる文はないかと考えた。議論の内容そのものは変わらないが，形式を整えることによって，より説得力のあるものに仕上げることができたと思う。

　以上で，私が試行錯誤の末にたどり着いた三つの鉄則を説明した。実際には他にもさまざまなことを試みているが，はっきりと効果があったと思うのは，ここで述べた三点である。鉄則一と二とは，結局のところ「自分で楽しめる仕方で，たくさん読んで，たくさん書くこと」ということになる。やはり学習は楽しんで行えるものが効果的である。私は英語で書かれた小説を読むことに夢中になっていたし，それからコミュニティーサイトで知り合った匿名の人たちと，日常の出来事から悩み事まで，さまざまな話題を英語で話し合った。ハンドルネームしか知らないが，私と英語でメッセージ交換をしてくれた人たちに今

でも感謝している。

　そして学習の継続には，動機付けがしっかりしていることも重要である。私が英語で論文を書く必要性を痛切に感じたのは，日本語で論文を書いても自分の分野の研究の発展・展開にあまり貢献しないと理解したからである。私の専門分野（西洋古代哲学史）では，研究をリードする欧米の学者たちの文献を出発点として，彼らが提示するテクスト解釈を批判した上で，自分の解釈を提示することが一般的である。しかし，これを日本語で行っても，批判の対象となる欧米の学者からのリアクションは期待できない。しかも，他の日本人研究者も欧米文献を出発点とするので，そこで言及されることのない日本語論文は，日本人研究者にもほとんど読まれない。だから，もし自分の研究を未来の研究のために役立てたいと考えるなら，英語で論文を書くことが必須事項だと思うのである。日本の学生にとって，英語論文を書くことは確かに難しい。しかし，野心的な若い学生なら，きっとそのようなハードルを乗り越えて，世界的な研究に貢献することの重要性を自らのモチベーションとすることができるに違いないと思うのである。

　最後になるが，私の鉄則はあくまで指針であることを忘れないで欲しい。そしてこれから英語で論文を書こうとする学生は，ここに書かれたことのうち，自分に合った点を取り入れて，合わない点は修正するなどして，自分流の学習法を確立するよう心がけて欲しい。そうした試みにおいて私の経験が参考になるならば，それで本章の目的は達成されるだろう。

II. 「鏡」にうつす，「鏡」と溶け合う

　東アジアの東端に位置する日本は，古くから中国大陸，朝鮮半島の諸国と深いつながりを持ってきました。近い隣人である彼らは，我々がはじめて出会う「他者」であると同時に，その時々の日本を映し出す鏡でもあったのです。
　日本で長い受容の歴史をもつこれらの国々の言語と文化についてご紹介するとともに，中国文学を学び中国に留学した日本人と，韓国から日本に留学して韓国文化と日本文化との差違に向き合った韓国人の，双方向の視線の中に浮かび上がる我々自身の姿を感じていただきたいと思います。

3 中国語から，広がる世界

二宮美那子

ますます近くなる中国を知るために

　中国語と関わりを持ってはや十数年。学生から見ると大層長く，ベテランの先生から見るとまだヒヨッコといったところでしょうが，そんな私でも，ここ数年の中国語をめぐる状況の変化には，目を見張る思いでいます。

　その変化とは，まずは単純に「中国語を見聞きすることが増えた」とまとめられるでしょう。大学都市・観光都市である京都では，意識せずとも中国語が耳に飛びこんでくることが格段に増えました。観光客や留学生の各地のなまりを帯びたにぎやかなお喋り，大型商業施設でのかっちりとした標準語の中国語アナウンス，聞こえてくる音声もバラエティに富んでいます。街中の標識では，英語と並んで中国語・韓国語表示が当たり前になっています。中国語を学ぶ人の裾野は広がり，昨今の情報機器の普及も手伝って，教材や教授法にも大きな変化が見られます。「何を目的に，どのように学ぶか」の選択肢が，見えやすい形で増えつつあると感じます。

　一方で，教えるシステムが発達し，整備されればされるほど，言語は「目的のための道具」としての性質を強めがちです。もちろんこれは，不可避な流れでもありましょう。しかし，せっかく語学を学ぶ以上は，言葉が生まれて育ってきた背景や，背負っている文化にも，広く目を向けてもらいたいと願います。ましてや，日本と中国との付き合いには格別な長さと深さがあるのですから。

　発展著しい中国の，変貌と伝統。日本文化や社会との，複雑で多面的な関係。これら全てをひっくるめて，混沌として豊かなのが中国語・中国文化の世界です。

Ⅱ．「鏡」にうつす，「鏡」と溶け合う

十数年付き合ってきても，その多様性にはっとさせられてばかり，変化に富んだ社会情勢とあいまって，中国語をめぐる諸々に対する興味は尽きません。そんな中国語の魅力に，みなさんもぜひ触れてみませんか？

●中国語との縁結び ── 自己紹介を兼ねて

　筆者と現代中国語との付き合いは，恐らく多くの方と同様に，大学の第二外国語として選択した時から始まります。筆者は大学では中国古典文学研究を専門としており，ならば中国語は当然の選択と思われるかもしれません。しかし，将来何を勉強するかも決めていない新入生の頃 ── 好奇心は旺盛でしたが，それは呑気なものでした ── 今思い返しても，選んだきっかけは漠然としていました。将来は日本語に多く触れられるような，国文学方面に進もうと考えていたのもあって，東洋的なものに親しみを感じていたのが大きいかもしれません。

　そんな自分がまず引きつけられたのは，中国語の流れるような響きでした。一つの音節の中で，音素一つ一つを滑らかにつなげ，さらにそれに高低を加える。それが単語になり，センテンスになり，文章になり……初めて意識的に聞く中国語は，いくら聞いていても飽きない，音楽的なものに思えました。老若男女，それぞれの音声による趣の違いも興味深く，こんな風に読めれば良いなと，夏休みに音節表を傍らに発音練習をしたものです。

　こうして始まった中国語との付き合いは，専門として中国文学を選んだ時に変化を見せました。専門の授業では，古典・現代文学を問わず，始めから中国語音で音読することが求められました。他の外国語文学ならば，その国の発音で読むのはしごく当然のことと受け止められるでしょう。しかし，日本における中国古典には「訓読」という読解方法が定着しています。みなさんも，中学・高校の国語の授業で，「訓読」によって中国古典（漢文）を読んだことと思います。授業では，この訓読と並行して「中国語音での音読」の習熟が求められたのです。新しいテキストに向き合う時は，まずは普段お目にかからないような難しい漢字の読み方を，辞書と首っ引きで調べる日々が始まりました。

　中国語音での音読と訓読，二つとも大切にするのには大きな意味があります。

第3章　中国語から，広がる世界

　まず，中国語音での音読を通して，詩文の響きやリズム，文章の勢いや息づかいを捉えること。難解な文の解釈を決めかねる時，音読してみると手がかりが掴めることも往々にしてあるものです。より専門的には，特に詩などの韻文において，押韻や平仄など作品の音律を把握するのは，欠かせない作業です。また訓読は，中国の文献を理解するために日本人が営々と積み重ねてきた，知識と技術の結晶です。外国人ならではの，一字一句をおろそかにしない読み方は，文の構造を緻密に捉える時の助けとなります。この二つを助けにして，古典文学と向き合うこと。中学，高校で学んだ「漢文」ではなく，外国語文学としての中国古典に出会ったのは，この頃と言えるでしょう。

　自己紹介にかこつけてもうひとこと，これから新たに外国語を学ぼうとするみなさんへ。中国は，地理的にも歴史的にも，日本にもっとも近い隣国のひとつです。しかし現在，その最も近しい国が「分からない」と距離を感じている方もおられるかと思います。外国語を学ぶというのは，「分からない」相手との距離を縮める大いなる一歩です。初心者には気軽に踏み出しやすい中国語への「最初の一歩」を，ぜひ自由な気持ちで歩み出して頂きたいと思います。

　言い添えておきますと，中国語は大変魅力的な言語です。音楽的な響き・曖昧なようで規則のありようを教えられるとぱっと視界が開ける文法・漢字の強靭で自在な新語造語力・歴史と広大な国土を背景にした呆れるほどの多様性 —— 挙げていくときりがありません。

　さて，私の経験談はこのくらいにして，次に中国語の大まかな姿を解説していきましょう。

1．中国語の広がり ── "普通話"・漢文

● "普通話" と方言

　街中やテレビのニュース，映画などで，「中国語」を耳にしたことがあるという方も多いと思います。「中国語」は，広大な国土と長い歴史を背景に持ちます。

Ⅱ．「鏡」にうつす，「鏡」と溶け合う

「中国語」（中国語では"汉语 hànyǔ"・"中文 zhōngwén"）は，中華人民共和国や中華民国（台湾），シンガポール，さらに世界各地の華人たちによって用いられる言語です。現在の使用人口は13億を越え，世界でもっとも使用者が多い言語です。

「中国語」の中には，多くの方言が含まれます。代表的な七大方言として，北方方言・呉方言・湘方言・贛方言・客家方言・粤方言・閩方言があります。香港映画や歌謡曲などで耳にする「広東語（广东话 Guǎngdōng huà）」は粤方言の一種です。広大な中国における方言間の差異は，日本人が一般に「方言」と聞いて思い描くものよりも隔たりが大きく，その違いは発音・語彙，時には文法にまで及びます。地域によっては，隣接した都市であっても全く異なる方言を話す場合もあります。

私たちが大学の一般教養で学ぶのは，"普通话（pǔtōng huà，プゥトンホワ）"と呼ばれる全国共通語です。"普通话"は，中華民国成立後，「北京官話（官話は役人の用いる共通語のこと）」をベースに人工的に整備されてきたものです。これさえ学んでおけば，基本的にはほとんどの中国語圏でコミュニケーションを取ることができます。特に，学生など若い世代同士の交流では，困ることは少ないでしょう。

共通語の知識では対処しきれない方言は，外国人にとってなかなか越えられない高い壁ではあります。しかし，なじんでみると味わい深く愛すべきものに思えてくるから不思議です（聞き取れるか否かはしばらく措くとして…）。私は江蘇省の南京で2年間暮らしましたが，しばらく当地を離れた後に地元っ子の南京語を耳にすると懐かしく嬉しかったものですし，南京のテレビ局が放映する南京語の番組（"听我韶韶"，訳すと「ちょっと聞いてよ」，くらいの意味でしょうか。字幕付き）を好んで見ていたものです。

中国人同士ではどのように方言に相対しているのでしょうか。ほんの一例ですが，私の知り合いの日本在住・天津出身の方は，「始めは普通話で会話し，同郷と分かって親しくなったら方言に切り替える」と仰っていました。余談ですが，今まで"普通话"で会話していた中国の友人が，地元の友人といきなりお国言葉

で話し始めた時は，急に別人になってしまったようで驚いたものです。

● **中国語と漢文**

　ところで，この現代中国語（"普通話"）と，中学や高校で習った中国の古典（「漢文」）。どちらも同じ「中国の言葉」ですが，この二つのどこが違うのか，ご存知でしょうか？

　「漢文」と言うと，「学びて時に之を習う，亦た説ばしからずや」（『論語』学而）だとか，「夫れ天地は万物の逆旅にして，光陰は百代の過客なり」（李白「春夜宴桃李園序」）だとか，リズム良く書き下されたものを読んだこともあるのでは，と思います。「漢文」とは，中国の古い書き言葉＝「文言」の，日本における呼称です。日本人は，長年にわたって訓読を用いてこの文言を理解し，中国から知識を吸収してきました。

　上に挙げた『論語』は，孔子とその弟子との対話を記録した書物とされています。書物が書かれた春秋戦国時代には，『論語』の中に記されているような言葉で会話していた，とも言われていますが，その後，話し言葉と書き言葉の差はどんどん広がっていきました。書き言葉はその性質上，時代を経ても大きく変化することがなく，綿々と受け継がれていきました。紀元前の『論語』も唐詩（7〜10世紀，孟浩然「春暁」や白居易「長恨歌」などが有名）も，高校の授業で学ぶ「漢文句法」の基礎知識によって対応できてしまうことを，思い起こしても良いかもしれません。

　「中国語」は紀元前から続く大変長い歴史を持っていますが，現在，史料として残っており，我々が目にすることができるのは，ほとんどがこの「文言」（＝漢文）によるものです。「文言」は，知識階級だけが用いる特権的な言葉として，高度な修辞的発達を遂げました。一般的に，言語にとって「耳で聞いた時の分かりやすさ」は大切な要素のはずです。しかし「書くための言葉」である文言は，音の響きの美しさを追求することはあっても，耳で聞いた時の分かりやすさを追求することは，基本的にありませんでした。

　「文言」に対して，話し言葉を取り入れて書かれたものを「白話」と呼びます

Ⅱ．「鏡」にうつす，「鏡」と溶け合う

(実際には，他の多くの分類と同じように「文言」と「白話」の境界をはっきり区切ることは難しいですし，両者が入り交じった形で書かれたテキストも多いです)。白話のテキストも少数ながら存在はしており，例えば唐代頃には，民衆に分かりやすく語りかける作品（仏教の禅の語録や，今世紀に入って敦煌で発見された写本に残される，大衆向けの作品など）の中に，白話で書かれたものが見られます。民衆文化が発達するにつれ，白話で書かれた作品＝白話文学も，一定の広がりを見せました。日本人にもなじみのある『三国志演義』『水滸伝』や『西遊記』は，白話で書かれた代表的な長編小説です。話し言葉である「白話」は，「文言」とは異なり，時代によって大きな変化を遂げます。

　この「白話」は，創作者・享受者が増え，優れた作品が生まれても，文学・言葉の正道とは見なされませんでした。これを文学や書き言葉の中心に据えよう（いわゆる言文一致），全ての人が読み書きできる簡便さを追求しようという動きは，20世紀初頭，民族の自覚の高まりと共に，ようやく盛んになります。ほぼ同時期に，方言が入り乱れる中国語において，統一された「国語」を作ろうという動きが起こります。さらに，全ての人に分かりやすい文字をという観点から漢字廃止論の隆盛という局面をも迎えつつ，最終的にはそれが，語音の統一（北京音を基準とする）・文字の簡略化（「簡体字」）・発音記号（"拼音 (pīn yīn)"＝ピンイン）の整備などに繋がっていくのです。20世紀初頭から中盤にかけての中国語は，まことに激動の時代を経たと言うべきでしょう。

　このように，今一般に「中国語」といって想起される，統一された国語としての現代中国語の歴史は，それまでの文言の歴史に比べて，ごくごく短いと言えます。

　中国語の地域的な広がり，歴史的な広がりを，少しは感じて頂けたでしょうか。学習を進めれば進めるほどに，この「広がり」を実感していくことになります。

第 3 章　中国語から，広がる世界

> **Column**
>
> **現代中国語と漢文**
>
> 日本における現代中国語教育の草創期に携わった人物の一人として，倉石武四郎がいます。彼の著作『中国語五十年』（岩波新書，1973）は，初期の中国語教育の苦節を記すと共に，現代中国語が曲折を経ながら整備されていく過程を間近で見た記録としても貴重です。また，吉川幸次郎『漢文の話』（ちくま学芸文庫，2006）は，日本人にとっての「漢文」のあり方や，「文言」の性質を，分かりやすく鮮やかに分析するものです。いずれも文庫や新書になっていますので，興味がある方は，これらの著者の書籍を，ぜひ手に取ってみて下さい。

2. 中国語から，広がる世界

　日中国交正常化 40 周年を過ぎた現在，日本と隣国中国との関係は，衝突・摩擦を経ながらも深化しています。ここでは，「中国語が出来る」ことがどのような世界に繋がっていくか，筆者が専門とする中国古典文学の話も交えながら，簡単に紹介してみたいと思います。

●異文化の海に飛び込む

　中国に関する ── とひと言で言っても，その分野は多岐にわたりますが ── 情報を手に入れるためのチャンネルは，恐らく他国のそれに比べて比較的豊富なのではないかと思います。それは，これまでの中国と日本との関わりの長さと，隣国という距離の近さのたまものです。歴史や古いことに興味がある人，今の中国の文化や流行が知りたい人，いずれも書籍やインターネットから一定の情報を得ることが出来ます。しかし，特に現代における文化の交流は，十分とは言いがたい状況があります。

　そんな状況でも道は色々と残されています。輸入書店・DVD などを扱ったインターネット書店がありますし（代表的で初心者にも見やすいサイトとして，「東

方書店」や後述の「書虫」があります），何より中国は飛行機で 2 時間の距離，乱暴なお勧めではありますが，いっそ現地に赴くという手もあります。また，最近刊行が始まった「コレクション中国同時代小説」（勉誠社，2012 年。中国で今現在成熟期を迎えた人気作家の小説を選訳）や，邦訳もある『チャイニーズカルチャーレビュー』（残念ながら 2007 年までで刊行中止となっています）など，日本語訳が出ているものを入り口にして，気になる作家や作品を見つけ，原書にチャレンジしてみるというのも面白いのではないでしょうか。ニュースや新聞などで語られる中国だけではなく，小説や映画，音楽を通しての中国に，是非とも触れてみて下さい。

Column　80 后 —— 中国の「新人類」

　　中国では，1980 年代生まれの若者を"80 后 (bālínghòu)"と呼びます。「一人っ子政策」が施行されてから生まれた彼らは，新しい文化を創造する世代として注目されています。そんな中国の"80 后"が中心となって 2011 年に創刊された，日本を知るための雑誌（ムック）があります。『知日』というこの本は，"It is Japan　这就是日本（これが日本だ）"を合言葉に，日本文化を独自の視点で伝えています。「奈良美智」「森ガール」「藤子不二雄」「妖怪」「明治維新」「日本の禅」など毎号一つのテーマで特集が組まれ，カラー写真を多数用いた，楽しい読み物になっています。中国の若者のこのような動きは，日中交流の新局面を示すものです。本は「東方書店」などで購入することが出来ます。2015 年には，日訳ダイジェスト版も出版されました（潮出版社）。

● **学術分野の中国語**

　さて，学術分野で直接的に中国語を必要とするのは，中国文学・語学，中国哲学，東洋史など，中国関連の分野です。特に古い文献を扱う分野では，その正確な読解力はもとより，論文読解や学会発表のために，高度な現代中国語の運用能力を求められます。古典を読みこなすには長い訓練が必要ですが，それと並行して現代中国語への意識も高く持ち続ける必要があります。難しいことではありま

第3章　中国語から，広がる世界

杭州の雷峰塔。中国の遺跡の保全方法は，日本と感覚が異なり驚くことも多い。この雷峰塔も，階段の真ん中にエスカレーターを作るなど，内外に近代的な改装が施されている。

すが，中国語を広いスパンから眺める視点が，とても大切になってきます。

　また，ここ数年は社会の趨勢に呼応するように，学術の分野でも中国語圏に対する関心や中国語の必要性が増しています。私が見聞した範囲のことですが，考古学や社会学の研究者が，実地調査のために実践的中国語能力を求めたり，日本史や現代史の研究者が，研究の範囲を広げるために中国語資料を扱う能力を求めたりと，研究に使用する第二第三の外国語として，改めて中国語を学ぶ方が増えています。

　中国語圏との学術交流の機会も，ここ数年増加しています。近年，博士課程の学生やポスドクなど若手研究者を対象とした，中国語圏での国際シンポジウムやワークショップ・学会が盛んに開かれるようになってきました。また，中国文学・語学研究では，分野によっては中国語で論文を発表するのが当たり前になっています。さらに，中国学の研究を志す者にとっては，中国語圏への研究留学が，常識のようになってきてもいます。

Ⅱ．「鏡」にうつす，「鏡」と溶け合う

3. 中国語，いかに学ぶか？

　日本人にとって，中国語の門戸は大きく開かれているように思えます。なんとなくとっつきやすそうだから。漢字を使っているから。欧米の言語は苦手だから。あるいは，就職に有利そうだから —— 始めは，消極的動機でも良いと思います。願わくはみなさんが，一つでも自分で中国語の面白さを見つけられますよう。そして，みなさんの中国語の道が，刺激的で奥深いものに発展していきますよう。ここでは，文字・文法・発音とリスニングに分けてそれぞれの大まかな特徴を，そして拙いですが私なりの学習のポイントも紹介いたします。

●**近くて遠い漢字**
　中国大陸では，簡略化した漢字である「簡体字」を用います。台湾や香港などでは，清朝に作られた字書『康煕字典』に基づいた，簡略されていないままの文字である「繁体字」（呼称は国によって異なる）を用います。日本で用いられる漢字の「常用字体」と，上記の二種とは，同じ字体／全く異なる字体があるので，注意が必要です。
　中国語は日本語と同じ漢字を使っている，とは言え，同表記の語でも字体によって印象が全く変わってしまうこともあります。
簡体字・繁体字・常用字体（日本）の順で見てみると……

　　简体字／簡體字／簡体字　　　游戏／遊戲／遊戯　　　头发／頭髮／頭髪
自分の名前を簡体字／繁体字で書くとどうなるか？　人によっては，名前の印象が全く変わってしまいます。
　中国大陸と台湾とでは，文字だけではなく語彙の違いもしばしば見られます。自転車は，中国大陸では「自行车」，台湾では「脚踏車」。同じくタクシーは「出租车」と「計程車」，パイナップルは「菠萝」と「鳳梨」など。時にはピンインまで異なることがあるとのことで，注意が必要です。もちろん，両者の交流によりこれらの語彙もまた互いに影響を与え，変化を続けています。

第3章　中国語から，広がる世界

写真1　コンビニの看板の簡体字。常用字で書くと「羅森」となる。

写真2　上海図書館のセルフサービスの図書返却所。常用字では「24 小時図書自助借還亭」(24 時間図書セルフサービス貸出返却所)。

漢字を知っているとは言え，字体には一定の注意・練習が必須です。もとの形が予測できぬものや，"骨"や"宮"などよく見ないと違いが分からないものもあります（写真1，写真2）。

● **中国語の文法**

ごく大まかに言うと，SVO の語順が基本的骨格となります。以下に，日本語あるいは英語と比べ，顕著な特徴をいくつか挙げていきます。

蛇足ながら，新たな言語を学ぶ時は，自身が親しんできた言語とどうしても比較してしまうものです。「比較」は有用な視点ですが，今までの知識と「同化」させるのは危険です。例えば，「中国語文法のおおざっぱな骨格は SVO」ということから，英語と似ている！　と押し通してしまうのは，言うまでもなく大変危険なことです。

(1) 日本語の「てにをは」のような助詞を持ちません。助詞に代わる役割は，語順が果たします。そのため，語順は文法的に重要な意味を持ちます（しか

し，必ずしも固定的ではありません）。

　例えば日本語では，
「彼は私を叩く」「私を彼は叩く」「彼は叩く私を」「私を叩く彼は」
のように，「彼」「私」「叩く」の位置を入れ替えても，助詞を使い分けることによって，（多少の不自然さはあっても）「誰が何をどうする」を明確に表すことができます。一方中国語は……（「彼」＝他，「私」＝我，「叩く」＝打）

　　　他打我（彼は私を叩く）

　　　我打他（私は彼を叩く）

　　　他我打（不成立）

　　　我他打（不成立）

語順を変えると，文章の意味が全く変わってしまいます。

(2) 中国語の動詞や形容詞（フレーズ）は，述語・主語・目的語など役割を変えても，語形が変化しません。つまり，英語の不定詞・動名詞に相当するものがありません。

　"教汉语"という動詞フレーズを例に取ってみましょう（教＝「教える」，汉语＝「中国語」，他＝「彼」）。

　例文1　他 { 教汉语 }。
　　　　　彼は中国語を教える。
　例文2　{ 教汉语 } 不容易。
　　　　　中国語を教えることは難しい。
　例文3　他喜欢 { 教汉语 }
　　　　　彼は中国を教えることが好きだ。

　"教汉语"という同じ語が，①では述語，②では主語，③では目的語になっています。このように，いずれの役割・位置においても，"教汉语"の形に全く変化はありません。

第３章　中国語から，広がる世界

(3) 時間的な区別（時制）を，動詞の変化や文法的な手段では表しません。
　　例えば，「父は北京で働く」というフレーズを，現在・過去・未来で表してみましょう（「父」＝爸爸，「働く」＝工作）。

例文４　父は来年北京で働く（未来）
　　　　爸爸明年在北京工作。
例文５　父は今北京で働いている（現在）
　　　　爸爸现在在北京工作。
例文６　父は以前北京で働いていた（過去）
　　　　爸爸以前在北京工作。

　いずれの文章でも二重傍線部"爸爸在北京工作"は変化しません。時制は，"明年（来年）""现在（いま）""以前（以前）"という単語を加えることによって表されます。

　以上の記述は，巻末の学習案内に挙げた相原茂・木村英樹・池田巧各氏の著書も参考にしています。興味のある方は，是非参考文献を手に取ってみて下さい。
　ざっとした説明でしたが，いかがでしょうか？　簡単そうに思えましたか？　それとも，つかみどころが無さそうで，難しい印象を受けたでしょうか？　どの外国語にも固有の問題があり，それが面白さでもあり難しさでもあるわけですが，中国語に語学的興味がわいたという方は，本書に挙げる参考文献の他にも，『文法講義 ── 朱徳熙教授の中国語文法要説』（朱徳熙著，杉村博文・木村英樹訳，白帝社，1995 年）や『文法のはなし ── 朱徳熙教授の文法問答』（朱徳熙著，中川正之訳，光生館，1986 年）などの，言語学者の著作を読んでみてください。中国語文法の奥深い魅力に触れることができます。

● 「何となく」から脱出するために
　格変化や時制変化など，単純暗記を強いる要素が少ない中国語。初級文法に限っ

Ⅱ.「鏡」にうつす,「鏡」と溶け合う

て言えば、その習得に多大な時間がかかるというものではありません。文法や読解に関しては、現在出版されている要領よくまとめられた初級文法書を一通り読み終えたら、あとは辞書を片手に様々な文章にあたると良いのではと思います。

……とこう書くとスマートなのですが、高校までの文法偏重の英語教育に慣れた者にとっては、中国語文法はつかみどころが無く、始めて一、二年は大げさに言うと暗中模索だったことを思い出します。今から思い返すと、外国語と言えば英語しか知らなかった当時は、英文法の知識や英語教育のあり方が一種の縛りとなって、中国語文法を感覚的につかむ妨げになっていたのかもしれません。その上、私が勉強を始めた当時は「中国語には文法なんて無い」なんて言葉もまだ耳にしたものです。教学文法（教えるための文法）が発達した今から見ると、笑い話のようですが……。

何となく読める、意味は分かる、でも作文を書いてみるとデタラメというありさまから一念発起して、分厚い中国語文法書を夏休みに読み通し、ようやく自分の誤解も解けてスッキリ……と言いたい所ですが、品詞の区別が語学研究の一大問題となる中国語に対しては、やはり曖昧な印象がなかなか抜けませんでした（朱徳熙『語法答問』、商務印書館、1985 は、この品詞問題を扱った基礎的書物です。邦訳は前頁で触れた『文法のはなし』光生館、1986）。いずれの外国語でもそうなのでしょうが、文法・語彙の感覚的な機微、その難しさ面白さを掴むのには、やはり一定の時間がかかります。そのような意味では、生活の中で生きた中国語を毎日聞ける留学は、私にとって大きな転機となりました。

さて、読解力を上げるためには既に言ったように辞書を片手に様々な文献に当たることをお勧めします。中国語は、内容が高度になるにつれ文法も難易度を増す、と言った傾向はありません。学術論文の方が小説よりずっと読みやすい、と言うのも良くあることです。初級文法を把握したら実践あるのみ、と言うゆえんです。しかし、最初はやはり先生について、語彙や言い回しのニュアンスを丁寧に学んだ方が良いでしょう。言い添えておくと、読解に大きな壁がないとは言え、長大な歴史を背景にした「現代中国語」は語彙・言い回し・文体も多種多様であって、読みこなすにはかなりの体力が必要となります。

第 3 章　中国語から，広がる世界

●中国語の発音

　漢字一文字につき，一音節となります。音節は，「韻母（母音に相当）」と「声母（子音に相当）」から成り，韻母は 21 種，声母は 36 種。よく用いられる音節の数は，約 400。文字によっては複数の発音を持ちます。例えば"朝"と言う文字。名詞「あさ」の意味では"zhāo"，前置詞「～に向かう」の意味では"cháo"と読みます。

　中国語（"普通话"）には，高低の変化による四種類の音の調子＝「声調」（四声）があり，「発音の調子で意味が変わる」ことが大きなポイントです。例えば，同じ音節"ma"でも，高く平坦に読むか（第一声，"mā"＝妈「お母さん」），低いところから上り調子に読むか（第二声，"má"＝麻「麻・しびれる」），低く抑えて最後に力を抜くか（第三声，"mǎ"＝马「馬」），高いところから一気に下がるか（第四声，"mà"＝骂「罵る」）によって，それぞれ意味するものが異なります。

　中国語の発音記号「ピンイン」は，「一音節に，声調記号を加えた形」で表記されます。声調記号は，母音の上に記されます。例えば，ma の第一声＝ mā のように。

　初級中国語では，まずは声母・韻母の読み方や，声調の組み合わせをマスターすることから始めます。

　日本語にない子音，「そり舌音（zhi,chi,shi,ri）」も発音の難関としてよくあげられますが，外国人が一番苦労するのは，やはり声調ではないでしょうか。高低の移行がスムーズに行くようにノドに加減を覚え込ませて，一つ一つができるようになったら二文字の組み合わせ，短文，長い文章……すらすらと読めるようになるには，一定の訓練が必要です。かなり慣れてきても，うっかりすると声調は簡単に乱れてしまいます。私は留学中，しばしば「豚肉"猪肉 zhū ròu"」を「肉を煮る"煮肉 zhǔ ròu"」と言い間違えて，中国の友人に笑われました。実際は，ネイティブの声調も，方言の影響などもあって常に精確という訳ではないのですが……。

Ⅱ. 「鏡」にうつす，「鏡」と溶け合う

Column

ピンインとカタカナ

　高校や中学の教科書では，中国の地名をどのように表記していたでしょうか？　筆者の頃は漢字表記・日本語音読みが普通だったと記憶していますが，最近はピンインをカタカナに直した表記が増えているようです。例えば中国の河「黄河」を「ホワンホー」と表記すると，印象が全く異なります。「中国語の単語を，日本においてどのように表記するか？」は，大きな問題なのです。

　外国語の発音をカタカナ表記することに一定の限界があることは，容易に想像がつくと思います。さらに，漢字・音読みを用いるのか？　ピンインをカタカナ表記にしたもののみ示すのか？　両者を併記するのか？　統一した基準がないまま，ピンインをカタカナ変換したものが氾濫しているという側面もあり，混乱を招く原因になっています（高校教科書の表記は統一した基準に基づいているとのことです，念のため）。

　この中国語カタカナ表記問題に一石を投じたのが，福嶋亮大・池田巧両氏が小冊子『東方』（東方書店）に掲載した小文です*。東方書店のホームページ上に，両氏の文章とそれに触発された識者の小文がまとめて公開されていますので，興味のある方は読んでみて下さい。

＊　福嶋亮大「中国語音節カタカナ表記ガイドラインについて」，池田巧「現代中国語のカタカナ発音表記法，あるいは文化的雪かきについて」いずれも『東方』364号掲載。

●音声として学ぶ中国語

　漢字を知っている日本人は，ついつい文字に頼って文章を理解しようとしてしまいます。中国語学習においては，「言語は何よりもまず音である」という当たり前のことを，常に意識して臨むことが大切です。最近ではあまり見かけませんが，初級の教科書で「漢字を廃し，ピンインのみ表記」のものもありました。日本人学生に音としての中国語を意識してもらおうという，苦心の策です。

　音と意味を直結させるためには，まずは音節表を傍らに置いて，音節一つ一つを正しく発音できるように練習すること。ここをおろそかにしては，後のつまずきの元になりますので，可能な限りしっかりやっておくことを勧めます。ただしいっぺんに全部できないのは当たり前，恥ずかしながら私などは，博士課程で留

第 3 章　中国語から，広がる世界

学して初めて，今まで意識していなかった苦手な発音を発見したほどです。

　また，新しい単語は，ピンインの綴り方を必ず覚え，馴染むまで読んでみて下さい。地道な作業になりますが，結局はこれが近道になると思います。「仕事・研究のためには，読解能力さえあれば良い」という場合でも，ピンインを知らなければ，辞書を引く時に部首や日本語音に頼らざるを得ず，いらざる時間をくってしまいます。中国語学習では，文法や文字の負担が比較的少ない分，ピンイン暗記に労力を使うのだと割り切って，しっかり押さえておくのが良いでしょう。時間が経って基礎的な部分をカバーできれば，だんだん楽になるはずです。

　ピンインの確認に役立つのが，中国で出版されている，手のひらサイズのコンパクトな字書『新華字典』(商務印書館) です。「字典」なので項目は一文字立てです。また，「中中字典」ですので，解説は全て中国語になります。これを日本人の我々は，①ピンインが分からない文字に出くわした時 (部首引きもついています) ②ピンインは大体分かるのだけど声調が不明な時，などに，さっと引いて確認する訳です (小さい字典ですので，探し易いのです)。中国語の先生方には，「新華字典は一冊引きつぶすくらい使いなさい」，あるいは「自宅のあちこちに，すぐ引けるように新華字典が置いてあります」などと伺ったことがあります (つまり，ピンインの確認は，どんなにベテランになってもずっとついて回る問題なのです)。

　『新華字典』は，日本では中国関連書籍の専門出版社である東方書店から出版されており，ネット書店でも購入できます (初心者でも使いやすい中国関連書店として「書虫」http://www.frelax.com/sc/ があります)。また，日本語版も出ているようです (私は未見です)。

　さて，発音に関しては，本来ならばネイティブの先生について学ぶのが一番良いと思いますが ── 口の動かし方や舌の位置など，細かいニュアンスが伝わりやすいので ── ，独習するという方は，最近出版されるようになってきた，発音に特化したCDつきの教材を購入して練習すると良いでしょう。また，第IV部で紹介する大阪大学外国語学部が公開しているサイトでは，ネイティブの口を

見ながら発音の確認ができます。

　身近にいるネイティブをつかまえて練習するというのももちろん手ですが，その場合は，出身地によって発音に癖が出てくることに注意せねばなりません。例えば，日本人は前鼻音"-n"と後鼻音"-ng"の区別が苦手 ── というより，そもそも聞いても違いが分からないことが多い ── ですが，中国の南方人も，基本的にこの二つの区別が苦手です。北方出身の中国人が，南方人がこの二つを区別しないため「何を言っているのか分からなかった」と語っているのを聞いたことがあります。

　発音練習は，始めは大げさと思えるくらい高低を付けて，大きな声で発声するのがコツです。また，とにもかくにも反復練習が求められますので，早口言葉，歌謡曲や詩，テレビの台詞を真似してみるなど，飽きずに訓練できる自分なりの方法を見つけて下さい（歌謡曲は，四声の勉強にはならないので注意！）。中国語の抑揚・リズムが，美しい，楽しいと感じられるようになればこちらのものです。

　日本人にとって四声の把握はやはりかなり難しいためか，「四声を間違えても通じますよ」と慰めてくれる中国語話者もいます。確かに，四声がめちゃくちゃでもとにかく言葉数を多くすることでコミュニケーションをとっている場面も見られます。ただ，それはあくまで相手がこちらのことを分かろうとしてくれる，特殊な状況下でしか通用しないと考えるべきです。もちろん，誤りを恐れず積極的に口を開くことは，スピーキング上達の大事な要素です。ここで強調したいのは，四声に対する意識の問題です。

● **リスニングについて**

　リスニングに関しては，始めは教科書などに付随している初級者向けCDを繰り返し聞いて，耳慣らしをしましょう。聞き取った音を，ピンインに書き取っていくという練習をしてみて下さい。四声の聞き取りは，慣れていない日本人にとっては難しいものですので焦らずに。音節表の発音がきちんと把握できているかどうかも，リスニング力を左右します ── ただし，初級の教科書でよく見ら

れる「一音節のみの聞き取り練習」は，単語からの類推が出来ないため，音節によってはかなり難易度が高いです。ここで「できない！」と決めつけないこと。

　ある程度自信がついたら，漢語水平考試（HSK）対策用のリスニング教材が，まとまった訓練をするのに向いています。教材は，インターネットの中国書店で購入することができます。これらは一般に，日本の大学で用いられる音響教材に比べて速度がかなり速いため，選ぶ時には注意が必要です。「初級」と書かれていても，日本では中級レベルに対応するものと考えた方が良いでしょう。

　より手軽なものとして，日本で刊行されている「中国語ジャーナル」（スペースアルク），「聴く中国語」（日中通信社），「別冊聴く中国語シリーズ」（日中通信社）などの雑誌があります（CD・テキスト付。残念ながら，「中国語ジャーナル」は2013年春号をもって休刊となりました）。内容も文化・芸能など幅広く，時事問題なども取り上げており，楽しく勉強が出来るのではないでしょうか。

　最近はインターネット上に無料で視聴できる中国語音源が多数有り，気軽に中国語に触れることもできます（日本で視聴しやすいものとして，NHK World Chinese 華語版 http://www3.nhk.or.jp/nhkworld/chinese/top/ など）。ただし，ネット上の音源にはテキストがつけられていることが少なく，また内容にもかたよりがあるため，ある程度の経験を積んだ学習者でないと，十分に役立てることは難しいかもしれません。また，中国の国営放送（中国中央電子台，CCTV http://www.cntv.cn/index.shtml）がネットで視聴できるようになったのも，最近のことです。CCTVの番組には字幕が付けられているので，外国語学習に使うことも可能です。もちろん速度に容赦はないので，ある程度自信を付けてからチャレンジしてみると良いでしょう。

　どんな外国語でもそうでしょうが，教材でばかりリスニング練習しているのは，言うなれば温室育ちの状態に過ぎません。現実に触れる中国語は，方言あり，個人の癖あり，スラングあり，さらには街の喧噪や相手のご機嫌ありで，どこから何が飛んでくるか分かりません。現地に行ったばかりの時に，「それなりに練習してきたのに，全く聞き取れない！」と不安になるかと思いますが，これは誰しもが通る道と心得ましょう。ちなみに最近では，街の喧噪なども含めた「実際に

Ⅱ．「鏡」にうつす，「鏡」と溶け合う

春節の爆竹売り場の光景。春節の日は，街が煙でかすむほど爆竹が鳴らされ，激しい音で新年を賑やかに迎える。近年，大気汚染など様々な問題から，規制される傾向もある。

話されている中国語」を教材とする実験的な本も出版されています（孟国『原声漢語』北京大学出版社，2008。初級・中級・高級がある。また，同テキストの「初級」を日本語訳したものに，孟国主編・井出綾訳『街なかの中国語』東方書店，2012。2013，14 年に Part2・3 も出版）。音質が悪いのが残念ですが，中国でよく耳にするような学生同士の会話や，"口音（なまり）"も入った中国語などが取り入れられており，興味深いものです。

　リスニングで思い出すのは，留学 2 年目，中国語にも慣れ，日常会話には困らなくなってきた頃のことです。留学生寮の周りでもしばしば耳にする，街を流して歩く物売りは，一体何と言っているのだろう？　なまりがきつくて聞き取れないね，という話を先輩後輩としていた時のこと。中国在住 5 年目ほどになる女性が，あの呼び声はこういう意味で……と解説してくれました。そう言われるとたちまちそのように聞こえてくるもので，やはり長年暮らしている人は耳が出来上がってくるのだなあ，と感心したものです。リスニングには一定の年季も必要，というお話でした。

第3章　中国語から，広がる世界

4. 留学について・経験談

●留学の制度

　学習がある程度進むと，留学も意識するようになると思います。現在では，大陸・台湾など中国語圏への短期・長期留学の機会がめざましく増えています。私自身は中国政府奨学金を得て留学しましたが，大学生ならば大学の交換留学制度や研修制度も準備されていますし，孔子学院（中国政府が日本の教育機関などと提携して設置する中国語教育機関。日本各地に学校がある）や中国・日本の大学が主催するスピーチコンテストでも奨学金を得られる場合があります。中国語圏への留学はぐっと身近になっています。様々な手段が用意されていますので，あとは自分の気持ち一つ，という恵まれた状況です。

　ただし，一般に奨学金の申請には，中国政府公認の語学検定，漢語水平考試（Hànyǔ shuǐpíng kǎoshì, HSK）で，一定以上の成績をおさめておく必要があります。HSKは，数年前に試験方法や級分けが改訂され，初心者でも受験しやすくなりました。HSKに関する詳しい内容は，ホームページなどで知ることができます（http://www.hskj.jp）。

　中国語圏は，時差が1時間しか無いほど近い外国です。もちろん留学には一定の準備と心構えが必要ですが，その言語が使われている社会にともかく身を置いてみるというのも，貴重な経験になるはずです。中国に対してのイメージは人それぞれでしょうし，大都市か地方かなどで大きな環境の違いもありますが，現在，都市部では生活の設備はかなり整ってきています。

　中国大陸への留学生は，漢語進修生（高校卒業以上。中国語を専門に学ぶ）・本科生（学部生）・普通進修生（学部2年生以上。留学期間は1，2年）・碩士研究生（修士課程）・博士研究生（博士課程）・高級進修生（博士課程研究生。留学期間は1，2年）などの身分があります。本科生，碩士生，博士生は正規の過程となります（詳しくは，巻末の教材情報で紹介したサイトをご覧下さい）。

　現在，中国では留学生の受け入れが盛んに行われており，「夏休みに韓国人小

Ⅱ．「鏡」にうつす，「鏡」と溶け合う

浙江大学紫金キャンパス。近代的な高層ビルがそびえ立つ。

学生の集団が留学していた」などという話も耳にするようになりました。大きな大学だと，外国人に中国語を教える環境も整っていますし，「対外漢語」（外国人のための中国語）専門の教師の育成や教科書の開発も日進月歩で進められています。一方で，このように留学生が溢れている状況では，ともすれば，授業以外ではほぼ母語を用いて生活することさえ可能になってしまいます。留学を考える時は，土地柄・気候・方言などを考慮するのはもちろん，どのような学習環境に身を置きたいかまで意識して，留学先の都市を選ぶのが良いでしょう。

　筆者は中国大陸への留学しか経験したことがありませんが，台湾留学の機会も多く準備されています。台湾では，繁体字を用いる，ピンインに代わるものとして「注音符号」を用いる（ピンインもある程度普及しているようです）などの違いはありますが，中国語の基本的な知識を持っていれば十分通用します。日本人には過ごしやすい気候風土と言えるでしょう。

●**留学経験談**
　私自身は，博士二年生にしてようやく二年間の研究留学に行くことができまし

第３章　中国語から，広がる世界

南京大学の光景。左は礼堂。卒業式などの式典はここで執り行う。右は南京大学正門から入った道。赤い幕には「今日　私は南大を以て誇りとし，明日　南大は私を以て誇りとする」と書かれている。

た。私が留学した「高級進修生」という身分は，修士課程修了あるいは博士課程在籍の学生対象で，中国の大学で指導教官の下，特定の課題に基づき自分で研究を進める，というものです。いざ研究留学という段になり，また実際に現地に行ってみて，せめて語学の短期留学でもしておいたら良かった，と後悔しました。研究留学で訪れた初めての中国で，「実際の中国語に慣れること」が第一の課題として立ちはだかる状況は，可能ならば避けたかったというのが本音です。また現地に行ってみると，生きた中国語と中国語を用いた授業はたいそう興味深く，語学だけを集中して勉強してみたかった，という思いも芽生えました。

　留学生活は，修士や博士過程の授業，指導教官と学生との集まり，旅行や本屋巡り，友人との交流など，日本では考えられないほど様々な予定に追われます。周囲を見てもその過ごし方は本当に多種多様でした。ひたすら書籍を買いあさる人（当時は中国書が安く手に入りました），日本と変わらず部屋に籠もって論文を書く人，あちこち旅行で渡り歩く人，指導教官にみっちりしごかれ旅行もままならない人……中国に着いた瞬間は，ある意味誰しも「身一つ」で臨む訳ですから，その後どのように過ごし，どうなっていくかは本人次第だなあとしみじみ思ったものです。私の指導教官は時にたいへん厳しく，学生との集まりは緊張感ただようものでしたが，学問に厳格な態度で臨む先生の指導と，まじめで熱心な学生

Ⅱ．「鏡」にうつす，「鏡」と溶け合う

の凄みを身近に感じたのは，たいへん貴重な経験でした。

　ついでながら，私自身は語学の短期留学をせず中国に赴いたのですが，留学生向けの授業はまだ良いとして，専門の授業となると，聞き取りはしばしばお手上げ状態でした。私が留学した江蘇省の南京大学は古典文学研究で名高く，老先生方の授業・講演を聞く機会も多かったのですが，出身地のなまりがきつく，発音を普通話に置き換えようと必死になっているだけで授業が終わってしまったり，板書も手書きの講義プリントも達筆すぎて解読不能だったり，はじめはとても不安になったものです。一緒に授業に出ていた華人の友人に，「自分も聞き取れないし，中国の学生も恐らく分かっていない」ことを聞いて少しほっとしたものの，毎回の授業はかなりのプレッシャーでした。二年の留学期間を経ても，多種多様に渉るなまりを聞き分けるのはやはり相当難しいことでしたし，初対面の方の中国語を聞く時は，今でも緊張します。

再び，中国語と漢文

　ここで再び，冒頭で触れた問題に，今度は自分のこととして立ち返ってみたいと思います。「現代中国語」と「中国古典（文言文）」には一定の距離があることは既に述べました。中国古典文学，特に唐代詩文を専門とする著者ですが，初めて出会った古典詩文は，「国語」の授業で「漢文」として教わったものでした。その時点では，「漢文」を日本文学と地続きのものとして捉えていた気がします。

　例えば陶淵明詩の有名な一節「菊を採る東籬の下，悠然として南山を見る」（『雑詩』）。「菊」という字によって菊の花を，「東籬」という字によってひなびた田舎屋のまがきを，「悠然」という字によって詩人のゆったりとした心持ちを，日本人は容易に思い描くことができます。漢字のイメージ喚起力とはまことに強力なもので，日本人は多くの場合それをすんなりと共有することが出来る ── 一文字一文字にこだわり，意味の広がりや来歴を探ることで豊かな読みを引き出していく古典詩文の世界に，強く引きつけられました。

　入り口には日本人としての共感があったものの，先に述べたように，専門の勉

第3章 中国語から，広がる世界

強が進むにつれ,「外国文学」としての中国文学を強く意識するようになりました。現在私が研究しているテーマは「園林の文学」，平たく言うと「庭園をめぐる文学」です。「園林」は，古典中国において文学の主な担い手であった士大夫たちが「私生活」を送る場であり，彼らがここにどのような理想を託したか，詩文を読むことによってその思惟を探ることを目的としています。外国人で，女性でもある自分が，封建社会の中で生きた士大夫たちの文学を読み，その快楽や苦悩，理想と現実への嘆きを共有することは，見方によっては不思議なことに思えます。しかしこれこそが，古典の持つ力というものなのでしょう。

　一方で，研究をきっかけとして開けた現代中国語と中国への目は，様々なものを見せてくれました。中国古典と，現代の中国。少し想像しただけでも，この両者はずいぶんかけ離れたものに思えるのではないでしょうか？　ではなぜそのような印象をいだくのか？　そこに行き着くまでに何があったのか？　現代中国に生きる古典的なものとは何か？　中国の歴史や民族性に対する興味，経済発展著しく，生き生きと変化し続ける現代中国に対する興味は，古典と現代中国語両方を知ることで深まったと言えます。

　私たちの先達の多くは，古典の世界のみに充足するのではなく，その時その時の「中国」と対峙することを自分自身の命題と捉え，彼らを理解しようと努めてきました。私も微力ながらそれにならい，中国という総体に対する興味を持ち続けたいと願っています。

4 韓国文化への招待
── ことばの日韓比較

金京愛，鄭賢珠

2通の招待状

　私は，韓国の外国語大学を卒業して，近代日本史を研究するために日本に留学しました。日韓関係史ではなく近代の日本史を専門としている立場からすると，韓国語を学ぶのは，韓国の歴史や文化を学ぶための道具を得るということである一方，より複眼的な視野で日本史を学んでいくためにも，意味があると感じています。

　近代の日本は，現在と相当異なる形をしていました。百瀬孝 (1990)『事典　昭和戦前期の日本』によれば，「一　国土」の項目では，朝鮮半島や台湾，澎湖島，樺太などが領土に含まれており，「二　国民」の項目でも戸籍に基づく差別は存在しつつ，台湾人，朝鮮人にも日本国籍があったとされています。近代の日本は，異なった社会や民族を組み込んで成り立っていたと言えます。そうした「異質」なものが，当時の「日本文化」の形成や「日本人」の意識の変化にどのような影響を与えたのかを考えることで，より複眼的な視野で日本史をみるということにつながっていくのではないかと感じています。ですから，韓国語を学び，当時の人達が書いた史料や韓国史研究の成果を読むことによって，日本史をより広く，豊かな目で見ることができるのではないかと期待しています。日本にとって韓国は一種の鏡のような存在ではないでしょうか。自分の様子を写し自覚させる鏡。韓国語を学び，より深い韓国の歴史や文化，それとともに日本という社会，日本の歴史を考えてみませんか。

(鄭賢珠)

II.「鏡」にうつす，「鏡」と溶け合う

　皆さんは現在，世界でどのくらいの数の言語が話されていると思いますか？数えかたによって多少異なりますが，およそ3000〜6000くらいと言われています。その中でも日本語は系統などがわからない特殊な言語として知られているのですが，そういう日本語とかなり似ている言語が韓国語です。「象－は　鼻－が　長い」「明日－から－は　その人－に－も　させ－て　み－て　ください」などの日本語に対応する韓国語の語をそのまま並べるだけで文が作れるのです。英語や他の言語と比較してみると，そのまま並べるだけで文ができてしまうという驚きをわかってもらえるかと思います。外国語を学ぶということになるとどうしても「難しい」というイメージがあるので，なかなか手が出せない，またはすぐに諦めてしまうということがありがちなのですが，その点，韓国語は日本人にとってかなり学びやすい言語だと思います。

　もちろんまったく同じというわけではなく，違いもたくさんあります。私は日本に留学して，日本語の不思議な点に興味と疑問をもつようになりました。そして同じく韓国語についても改めて考えるようになり，言語に興味をもち始め，言語学を専門として勉強してみようと思うようになりました。

　では，日本語と韓国語では具体的にどういう部分がどのように異なるのでしょうか。もし皆さんが，日本に来た留学生から次のように質問された時に，どのように答えますか。少し一緒に考えてみましょう。

　例えば，過去のできごとに対しては，日本語でも韓国語でも通常は「過去形」を用いて表現します。しかし，「お前が食べただろう！」と言われた場合，なぜ「食べませんでした」という過去形ではなく「食べていません」と過去形を使わずに答えるのでしょうか（ちなみに韓国語では「過去形」を使って答えます）。また「歩いている」という進行状態（be walking）と「壊れている」という状態変化の結果（be broken）が日本語ではなぜ同じ「ーている」で表されるのでしょうか。なぜ「妻」は「つま」と書くのに「稲妻」は「いなずま」と書くのでしょう。あるいはなぜ「稲光」は「いなびかり」となるのに「稲刈り」は「いながり」にはならないのでしょうか。「男女」は「だんじょ」と読むのに「老若男女」になると「なんにょ」と読まなければならないのはなぜでしょうか。「全員

第 4 章　韓国文化への招待

「新宿」「手術」を「ぜーいん」「しんじく」「しゅずつ」と発音する人が多いのはなぜでしょう。なぜ「すみません」という謝罪の言葉が，感謝の言葉になるのでしょうか。10年以上日本で日本語を学んでいる私よりも日本人の5歳の子どものほうが日本語が上手なのはなぜでしょうか。

　いかがでしょうか。おそらく皆さんはここで述べたようなことについて深く考えたことはないと思います（ちなみに私のこれまでの経験では，ほとんどの日本人母語話者の答えは，「とにかく日本語では昔からそうなっているのだから…」というものでした）。これは日本語という一つの言語だけを対象にしていると，見えにくい部分があるということを意味します。韓国語（または他の外国語）を習うことで，これらの見えなかった部分，見えにくかった部分を他の言語に照らして考えてみることができ，日本語の再発見をすることができるのです。例えば，言語学では上で紹介したような「ことば」に関する現象を扱います。言語学にはことばの意味を扱う領域（意味論）もあれば，ことばの音を扱う領域（音声学・音韻論），おもに語の形を使う領域（形態論）や，文の形を扱う領域（統語論）もあります。言語の歴史や系統関係を扱う領域もあれば，言語修得を扱う領域，またそれぞれの言語の違いのなかに共通する普遍的な部分を取り出し，人間言語一般の特徴である「普遍文法（universal grammar）」を研究する分野もあります。そのなかでも特に韓国語は，冒頭でも述べたように，文法的には日本語とかなり類似しているものの，完全に同じというわけではないので，その微妙な違いを学問として研究することができます。このようにある二つ以上の言語を対象とし，それぞれの特性をつき合わせて，類似点および相違点を研究するのは「対照言語学」という分野です。

　ここでは一つの例として「言語学」という「ことば」そのものを研究対象とする分野を紹介しましたが，いわゆるフィールドワークをする人であればどの専門であれその国や地方のことばを習う必要があります。それがその地域の人々や文化を理解し，仲良くなるための最低限の準備なのです。母語である日本語をよりよく知るためにも，日本語以外のことばについてよりよく知るためにも，外国語を学ぶということは大切なのです。私はこの本の中で韓国語を紹介し，それを通

Ⅱ．「鏡」にうつす，「鏡」と溶け合う

じて背景にある韓国人や韓国語文化へと皆さんをご招待したいと思います。

(金京愛)

1．言葉と文化の繋がり

　具体的にことばの話に入る前にことばの背景にある文化，ことばの中に生きている文化について話をします。

●ウリ（我々）という言葉の基にある韓国人の精神
　来日して十何年になる私ですが，実はいまだに慣れないことがあります。それは，名字（＋さん）で呼ばれることです。韓国ではフルネームか，親しい場合は下の名前で呼ぶのが普通で，「名字＋さん（씨ッシ）」だけではあまり相手を尊重する感じがしません（金社長＝김사장님^{キムサジャンニム}，朴先生＝박선생님^{パクソンセンニム}といったように，名字の後に役職などをつける場合は問題ありません）。今では名字で呼ばれても仕方ないとある程度諦めつつありますが，それでも自分の名を名乗るときにはいつもフルネームにしています。だから下の名前で呼んでくれる人とは仲良くなれる気がするのも，まだ日本の文化に馴染んでいないことを意味しているのかもしれません。

　また，日本の人からみれば，韓国の人はプライバシーについてかなり個人的なところまで質問するように感じることがあるようです。例えば初対面のとき，お互いに名前を名乗ったあと，韓国人が次にする質問は相手の年齢を尋ねることです。韓国人にとって他人と関係を結ぶときにまず大切なことは，どちらが年上でどちらが年下かということなのです。なぜなら，それによってお互いの呼び方と態度が変わる（というより変える必要がある）からです。同じ年であれば，相手が不思議に思うほど喜び，初めて会った人でもぎこちなさが消えてしまいます。そしてすぐに呼び捨てになったり，丁寧な言葉遣いでなくなったり，ということになるのです。反対に一つでも年が上であるとなると，異常なほどまでに礼儀正

しく振舞うことがあります。韓国人がこのように私的な質問をしたり年齢の上下に敏感であったりするのは，相手との関係を結ぶための関心と期待をもっているためです。

　儒教を中心とした共同体主義の文化が強い韓国社会では，個人と個人の関係が非常に曖昧であるといわれます。よく知られているように，韓国人は「私の国，私の学校，私の先生」という表現はしません。どのように言うかというと，「我々の国（ウリナラ），我々の学校（ウリハッキョ），我々の先生（ウリソンセンニム）」，そしてなんと夫までが「我々の夫（ウリナムピョン）」なのです！

　地域の子どもを自分の子どものようにかわいがったり叱ったりするアジュンマ（おばさん）や，誰かが食事に困ったときにはただでお腹いっぱい食べさせようとする食堂のアジョッシ（おじさん）などを見ると，「伝統的に韓国人が追求する関係は，単純に規範的・形式的な関係を越えて，我々がひとつになり，あなたと私との境界をなくした心の交流を意味している」といわれるのも，あながち言いすぎだとはいえないのが韓国文化であるように思います。

● 「すみません」と「コマプスムニダ」

　日本の人はよく挨拶をし，よく謝ります。電車の中で席を譲られても謝り，またデパートのエレベータなどで階数ボタンを代わりに押してあげても「ありがとう」ではなく「すみません」と言われます。最初はなぜ謝るの？　と不思議に思っていました。今では私も「すみません」という言葉が身についてしまったのですが。日本語にはこういった本来挨拶ではない言葉が挨拶として用いられることがあるようです。その一つが上で紹介した「すみません」です。もう一つは「どうも」という言葉です。

　電車やエレベータなどでお礼をいう場面で「すみません」と言うのは，私に親切にしてくれたためあなたに迷惑，またはちょっとした苦労をかけてしまったでしょう，ごめんなさい，ということを含んでいるというのが，日本に来てだいぶ経ってから分かりました。

　日本では小さい頃から人に迷惑をかけてはいけないという教育を受けるよう

II.「鏡」にうつす,「鏡」と溶け合う

で, 人様に迷惑をかけてはいけないという気持ちが基礎にあり, そこから席を譲ってもらうとかボタンを代わりに押してもらうなどした場合に「ありがとう」ではなく「すみません」という言葉を用いることになったのではないかと思います。

　もうひとつの「どうも」という言葉については, 私がいまだに使いこなせない言葉の一つです。「どうも」は本来では「どうもありがとう」「どうも分からない」「どうも変だ」などの時に用いられることが多いですが, それだけでも挨拶の代わりによく使われます。

　「日本人は曖昧である」という言葉をよく聞きます。実際にさまざまな場面で, ある物事に対して好きなのか嫌いなのかということをはっきり言う人が少ないように感じます。「どうも」という言葉はそのような日本人の曖昧な気持ち, ものをはっきり言わないという習慣が反映したものではないかと思います。すなわち,「どうも」という言葉は, 本来お礼をいう場面 (どうもありがとうございます) または謝る場面 (どうもすみません), 悲しい場面 (どうも, この度はご愁傷様です), めでたい場面 (どうもこの度はおめでとうございます) でも用いることができます。私には「どうも」に続く言葉を省略し, 自分の気持ちを曖昧に表現することで, 相手との関係やその場の場面をうまく乗り切るという気持ちが働いているのではないかという気がします。

　それに対して, 韓国人は道で人とぶつかった時や友達や家族にプレゼントをもらった時にも謝ったり, お礼を言ったりすることがあまりありません (もちろん正式な場面や目上の人に対してはしっかりと挨拶をしなければなりませんが)。道で急いでいる時に人とぶつかっても, 何も言わずにそのまま自分が行く道を進むだけです。今年の始めに韓国に行った時に, 友達が私達夫婦のためにいろいろなイベントを計画してくれました。それに対して「コマウォ (ありがとう)」と言うと「友達同士ではそんなこと言わなくていいから」と言われました。韓国では自分の気持ちを言わなくても相手なら分かってくれると考える場面をよく見かけます。また, 分からないと友達じゃない, 恋人じゃないと考えることも多いのです。韓国人には言わなくてもあなたなら分かるでしょう, という精神が基本にあって, あまり挨拶を言わなくなったのかもしれません。

儒教（유교）

韓国は儒教の国と言われている。確かに朝鮮時代には政治・倫理・宗教の中心として重視されていたが，現在では仏教とキリスト教の信者で全人口の半数を占めており，釈迦の誕生日もキリストの誕生日も国民の休日と定められている。

　このように，言葉はただ似た語彙や異なった文法だけの問題ではなく，それぞれの地域の文化と人を反映している集大成といっても過言ではありません。そのため，冒頭でも述べたように，ことばを知ることはその国の文化を知ることになり，国の文化を知ることはその国の人々の心へと近づくための近道になるのです。

(金京愛)

2. ハングルの歴史としくみ

　まずはこちらの韓国語を見てください。説明の都合上，韓国語・日本語ともにハイフン（-）で切れ目を示しましたが，日本語はもちろん，韓国語でも実際はそのように切れ目を示すことはありません。

II.「鏡」にうつす，「鏡」と溶け合う

저 – 는	어제	학교 – 에서	친구 – 에게	선물 – 을
했습니다				
cɔ-nɯn	ɔce	hakkjo-esɔ	chinku-ege	sɔnmul-ɯl
hɛsssɯmnida.				
私 – は	昨日	学校 – で	友達 – に	プレゼント – を
しました				

　韓国語と，それに対応する日本語の訳をみると，二つの言語の文の構造がいかに類似しているのか，すぐに理解できます。文法的にも，そしてあとで述べるように語彙に関しても，韓国語はヨーロッパの言語と違い日本人学習者にはとても近づきやすい言語であるといえます。年々韓国語学習者が増えているのも，この「日本語との類似」という性質が一つの原因であると言えるでしょう。

　韓国語は，日本語と語順がほとんど同じ（英語とは異なり SOV 語順）であること，尊敬語が発達していること，用言（特に動詞）に接辞をつなげることによって長い述語を形成する（こういう性質を持つ言語を膠着語 agglutinative language と言います）こと，「が」や「は」などのいわゆる「助詞」の区別が類似していることなど，日本語との類似点が多く，日本語との親縁関係を示唆する議論が多くあります。また，上に挙げた特徴の中には「アルタイ語族」一般にあてはまるものも多く，実際に韓国の学者たちの中では，韓国語がアルタイ語族に属するとする意見も少なくありません（実際，筆者が学生の時には，学校で韓国語はアルタイ語族に属すると教えられました）。

　しかし，韓国語と日本語は多くの類似点をもつものの，「あたま」「て」などの身体名詞や「ちち」「はは」などの親族名詞，「ひとつ」「ふたつ」などの固有数詞などの基礎語彙は全く別の語彙を用いていることなど，両言語を同じ系統に属する言語として考える決定的な証拠がほとんどなく，また「アルタイ語族」という概念自体も疑問視されており，韓国語は日本語と同じく，系統がまだ明らかにされていない言語とされています。

（金京愛）

第 4 章　韓国文化への招待

●ハングルの歴史

　全世界で韓国・朝鮮語を使用する人口は 7700 万人と推算されています。現在，世界では，3000～6000 の言語が存在しており，このなかで韓国・朝鮮語は使用者数からすると世界 13 位となっています。これは，韓国と北朝鮮の人口を合わせた約 7000 万人に，在外韓国・朝鮮人約 700 万人を加えた数です。2005 年の統計によると，中国 250 余万人，アメリカ 210 余万人をはじめ，全世界 175 カ国に韓国人が居住しており，在外居住人口規模が中国，イスラエル，イタリアに次ぐ大きい国です。韓国・朝鮮語は中国語，英語，フランス語のように国際連合の共用言語ではありませんが，インターネット使用者数は 3750 万人で世界 10 位となっており，多くの情報がインターネットを通じて共有されています（韓国国立国語院，www.korean.net，デジタルハングル博物館）。

　その韓国・朝鮮語を表記する固有文字を指す公式名称が「ハングル」です。人類が使っている大半の文字は誰がいつ作ったのかわからないものが多いですが，ハングルは，1443 年朝鮮 4 代国王世宗（세종，セジョン）が，「天」「地」「人」の理念に基づき，発音器官をかたどって作った独創的なものです。当初は，「訓民正音」という名前で創製し，1446 年に頒布されました。このように一定の期間に特定の人物によって独創的に新しい文字が作られ，それが一国の文字として使われるようになったのは，世界に類を見ないことです。

　この訓民正音が創製される前は，隣接している中国の文字である漢字を借りて表記し始めたと推定されています（約 2000 年～2500 年前ごろ）。固有の表記法（ハングル）を持ったことは，韓国人の言語生活にとっては画期的な出来事でした。朝鮮時代後期の小説研究者であるチョン・ビョンソルは次のように評価しています。

　　「習うのが難しい漢文から優しいハングルを利用できるようになると，記録の量は爆発的に増えた。文字記録をすることができなかった人々が記録の世界に入ってきて，記録されなかった領域が新たに記録され始めた。新たに編入された記録階層は女性と下層民で，新たな記録領域のなかで代表的なものが手紙と小説であった」（정병설 (2005)「조선후기의 한글소설 바람」『한국사 시민강좌 37』）

Ⅱ. 「鏡」にうつす，「鏡」と溶け合う

　15世紀中盤に創られたハングルは，わずか50年が経過した時点で小説の表現媒体になり，朝廷が驚き警戒するほどの早さで広がりました。16世紀に至ると，輸入された中国長編小説は即座にハングルに翻訳され，その余波は創作の長編小説の誕生に繋がりました。急激な小説需要の増大は商業的な貸与と出版（貰册세책집という，専門的に本を筆写し金をもらって貸す場所や，坊刻本방각본という民間で営利を目的に刊行した木版本の書籍が知られています）という媒体革命をも生みます。

　ハングルは，漢文を固守する儒教的知識階級には軽視されましたが，庶民層を中心に広く使われます。朝鮮後期にはハングル小説などが創作され，王や宮中の人々までもハングルで書かれた手紙（諺簡）などを使用していました。とりわけ，女性たちは，女性同士や異性との手紙のやり取りのなかで主にハングルを使用しました。また，女性向けの書籍もハングルで刊行されていました。

　朝鮮時代は表面的に崇儒抑仏政策を行いましたが，一般民衆の意識のなかで仏教は依然として重要な位置にありました。特に，世宗，世祖など，ハングル創製および初期の使用で主導的な位置にいた王室の人々は仏教を信仰していました。そのため，仏典をハングルに翻訳して刊行する事業が意欲的に推進されます。その後，全国の寺院で仏典がハングルで刊行されたのは，漢文を知らない一般庶民もこれを読んで仏教の真理を悟り，極楽往生できるようにしたいという理由です。

　1894年にハングルは，近代化過程で国の公式な文字になり，1910年代に国語学者周時經が初めて「ハングル」と名付けました。朝鮮の知識人たちによってハングルの整理・改良・普及が進められましたが，日本語が「国語」とされていた植民地期を経た結果，解放直後のハングルの識字率は22％とされるほど低いものでした。韓国政府樹立後，1954年–1958年の文盲退治教育の実施によって，識字率は96％（1958年）まで上がりました。まさにハングルの普及過程は韓国の歴史や文化の大きな流れを反映していると言えるでしょう。

　さて，韓国政府とユネスコ委員会は1989年から毎年識字率の向上に大きく貢献した団体に「ユネスコ世宗大王賞」（UNESCO King Sejong Literacy

Prize）と 2 万ドルの賞金を授与しています。また，最近ハングルがインドネシアのチアチア族の公式文字に採択されており，言葉はあるが文字がない少数民族の言語にも大きな役割を果たすようになっています。

(鄭賢珠)

●ハングルの仕組み

ハングルは母音，子音といった音を表す「字母」という「字の材料記号」を，一つの音節単位に組み合わせて示す仕組みの文字です。例えば，「kim」という音節を表す場合，子音 k を表す字母である「ㄱ」，母音 i を表す「ㅣ」，そして子音 m を表す「ㅁ」の3つの字母を組み合わせて kim「김」という一文字を作るわけです。ここでの「ㅁ」のように，音節末にくる子音のことをパッチムといいます。つまり，ハングルは，アルファベット的な表音文字ではありますが，英語のように横に並べて書くのではなく，母音を基準に音節ごとにまとめて書く「音節文字」です。

同じくひらがなやカタカナも表音・音節文字ですが，ハングルがそれらの文字と違うところは，ハングルが「字母」によって構成されているということです。例えば，ひらがなではカ行音を表す「か，き，く，け，こ」という文字に何の共通性もありません。これはひらがなが漢字からできた文字である（加→か，幾→き，久→く，計→け，己→こ）という歴史（そして漢字の歴史）を考えれば理解できることです。しかし字母を用いるハングルの場合，例えば k ではじまる「가 (ka), 거 (kɔ), 고 (ko), 구 (ku), 그 (kɯ), 기 (ki)」などの文字にはすべて「ㄱ」という字母が含まれています。

ほかにひらがなやカタカナとハングルが異なるところとして，ハングルの文字の多さと生産性が挙げられるでしょう。これはそれぞれの言語の特徴によるものです。日本語は基本的には開音節言語であり，音節の最後は（一部を除いて）母音で終わるという特徴をもちます。そのため十数個の子音に 5 母音のいずれかを加えた音節の種類は 100 を超えることはありません。しかし音節末子音（パッチム）をもつ韓国語では，例えば「ka ＋パッチム」という構成をもつ音節だけ

Ⅱ．「鏡」にうつす，「鏡」と溶け合う

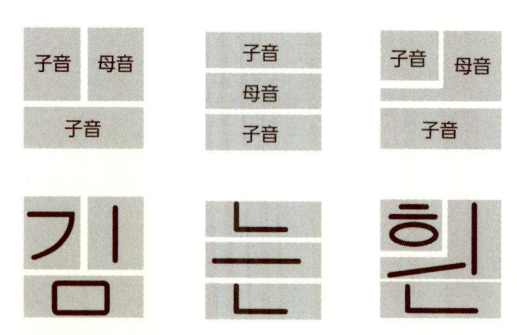

図1　ハングルの構造（出典：http://www.eonet.ne.jp/~humming/hangeul/hangeul3.htm をもとに筆者作図，2012 年 5 月 3 日閲覧）

でも 각, 간, 갇, 갈, 감, 갑, 강 など（順に kak, kan, kat, kal, kam, kap, kaŋ）があり，これらひとつひとつに不規則に文字を充てるなら，その数は膨大なものとなってしまいます。そこでハングルでは字母を組み合わせて体系的に音節文字を作るという手段がとられたのです。

　ハングルについての理論的な話はこれくらいにして，ハングルの字母を順に並べてみます（p. 83 の表 1・表 2）。「複合母音字母」というのは，基本母音字母を二つ組み合わせて作られたものです。例えば「ㅐ[ɛ]」という複合母音字母は，「ㅏ[a]」と「ㅣ[i]」という二つの基本母音字母を組み合わせてできています。

　次は子音字母です。「激音」というのはよく「強い呼気を伴って」発音されると説明される音で，「濃音」というのは喉をしめながら（例えば「ッカ」のように）発音される音です。

　ハングルの字母は基本字母 24 字（平音 9 字，激音 5 字，母音 10 字）とその基本字母を組み合わせた複合字母 16 字（濃音 5 字，母音 11 字）があります。

　それでは以上の文字を組み合わせて，皆さんがよくご存じの韓国食べ物の名前を，ちょっとハングルで書いてみましょう。

　　　　　김치　　　　　キムチ　　　　　kim-chi
　　　　　비빔밥　　　　ピビンバ　　　　pi-pim-pap

第 4 章　韓国文化への招待

表 1　母音字母

基本母音字母			複合母音字母		
ㅏ	[a]	「ア」	ㅐ	[ɛ]	「エ」
ㅑ	[ja]	「ヤ」	ㅒ	[jɛ]	「イェ」
ㅓ	[ɔ]	広口の「オ」	ㅔ	[e]	「エ」
ㅕ	[jɔ]	広口の「ヨ」	ㅖ	[je]	「イェ」
ㅗ	[o]	「オ」	ㅘ	[wa]	「ワ」
ㅛ	[jo]	「ヨ」	ㅙ	[wɛ]	「ウェ」
ㅜ	[u]	「ウ」	ㅚ	[we]	「ウェ」
ㅠ	[ju]	「ユ」	ㅝ	[wɔ]	「ウォ」
ㅡ	[ɯ]	横広口の「ウ」	ㅞ	[we]	「ウェ」
ㅣ	[i]	「イ」	ㅟ	[wi]	「ウィ」
			ㅢ	[ɯi]	

注：表記，[音価]，「おおよその音」の順に記した。

表 2　子音字母

平音字母		激音字母		濃音字母	
ㄱ	[k]	ㅋ	[kh]	ㄲ	[kk]
ㄴ	[n]				
ㄷ	[t]	ㅌ	[th]	ㄸ	[tt]
ㄹ	[r/l]				
ㅁ	[m]				
ㅂ	[p]	ㅍ	[ph]	ㅃ	[pp]
ㅅ	[s]			ㅆ	[ss]
ㅇ	[ŋ]	ㅎ	[h]		
ㅈ	[c]	ㅊ	[ch]	ㅉ	[cc]

4 韓国語

Ⅱ．「鏡」にうつす，「鏡」と溶け合う

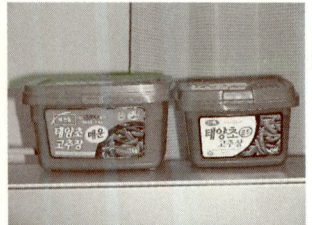

「김치 (キムチ)」　　　「고추장 (コチュジャン)」　　　「라면 (ラーメン)」
おなじみの食べ物たち

　　　고추장　　　　コチュジャン　　　ko-chu-caŋ
　　　불고기　　　　プルコギ　　　　　pul-ko-ki

　写真 (p. 84) の中のキムチとコチュジャンは，筆者本人が韓国に里帰りした際に持ってきたものですが，これは，ほんの一部です。ちなみに日本の人もラーメンが大好きだと思いますが，韓国はそれ以上のラーメン大好き文化です。日本

Column

せめぎ合うハングルと漢字

　ハングル専用とは漢字を使わずハングルだけで韓国語を書くことです。現在もハングル専用と国漢混用文とで，表記方式をめぐる議論が続いていますが，論文や新聞，雑誌など日常的に使われている韓国語の表記はそのほとんどがハングル専用となっているため，韓国人と漢字の筆談をすることは，なかなかハードルが高いものです。

　韓国でも以前は漢字教育が実施されていましたが，1970 年に漢字廃止が宣言され，普通教育で漢字教育は全面廃止されました[1]。

　その結果，漢字を含む出版物が好まれなくなり，また近年のパソコン通信の普及からハングル文書が広範囲に通用するに至ったため，次第に公的な場で漢字を目にする機会は減っ

---

1) のちに言論界を中心に巻き起こった反対運動の影響で，1972 年に中・高等学校での漢文教育は復活しました。しかし，選択科目であったこともあり，実社会での利用は減少の一途をたどりました。

> ていきました[2]。
>
> 　ただし，漢字表記が使われなくなっていることが，すぐさま漢字語がなくなったことを意味するわけではありません。実は現代韓国語は大きく固有語，漢字語，外来語，混種語にわかれていますが，そのなかで漢字語が最も大きい比重を占めています。例えば，標準国語大辞典（1999）の統計資料をみると，漢字語の比重は57.12％となっています。ですので，漢字は表面的には表記されていませんが，漢字がどのようにハングルで表記されるのかを理解することは韓国語語彙力向上の近道とも言えます。また，玉編（漢字辞典）を利用しながら学習すると，韓国がなぜ日本と同じ漢字文化圏と言われるのかが実感できます。
>
> （鄭賢珠）

---

[2] 北朝鮮（朝鮮民主主義人民共和国）では，1946年まで縦書きが採用され，漢字も混用されていましたが，1948年から横書きを導入し，漢字を廃止しました。しかし，1968年に日本，中国，韓国で漢字を使用するという理由で中・高等学校で漢字教育の義務化も行っています。
　一般的に韓国で使われている「韓国語」と朝鮮民主主義人民共和国で使われている「朝鮮語」を表記する文字のことを「ハングル」と言いますが，その表記規定は異なっています。

との違いは，韓国の人が好んで食べるのはインスタントラーメンだということです。世界ラーメン協会の調査によると，人口一人当たりのインスタントラーメン消費量が世界一多い国は韓国だそうです。

　きりがなくなるので，残念ですがこれくらいにしておきます。

（金京愛）

3．韓国語の学習法

　さきほど登場した文からも分かるとおり，日本語と韓国語は文法がとてもよく似ています。名詞に助詞をつけるだけで，「いつ―から」「いつ―まで」「誰―が」「誰―と」「どこ―で」「なに―を」したか，というのをすべて表すことができるのです。そしてさらに嬉しいことがあります。日本語には，外国人学習者を悩ます"「は」と「が」の違い"がありますが，それは韓国語でも同じこと，「は」にあ

たる助詞と「が」にあたる助詞があり，しかもその使い分けがほとんど日本語と同じ基準なのです。また述語でも非常に似たものが少なくありません。例えば，「〜ている」や「〜てみる」などの「補助用言」がありますが，韓国語でも，「〜て」の形にそれぞれ「いる」「見る」という動詞をつなげると同じ意味になります。そして何より，語順がほとんど日本語と同じなので，文頭からひとつひとつ日本語を韓国語に置き換えていくだけで，とりあえずおおよそのことを言うことができるというのが，他のメジャーな言語にはない「学習のしやすさ」だと言えるでしょう（実はモンゴル語など日本語に似た文法をもつ言語は他にもあるのですが，それらの言語は日本語との共通語彙が少なく，韓国語の学びやすさには残念ながら及びません）。

●学習の方法

　外国語学習全般に言えることですが，韓国語を勉強する方法には独学で自主学習をする方法と，レッスンを受ける方法に分けることができます。

　まず，独学で自主学習をする場合には，韓国語で楽しみを見つけることと，しっかりとした目標を持つことが重要です。私はいくつかの大学のほか，民団（在日本大韓民国民団）が運営する韓国語学校でも韓国語を教えたことがあります。民団の受講者は普通のおばさん達も多く，理解が早いのは大学の学生ですが，根気よく長く続けられて，授業にも積極的に参加し意欲があるように感じたのは民団のおばさん達でした。民団の方々は韓国の俳優やドラマが好きで，俳優に会って話をしたい，韓国のドラマや映画を字幕なしで見たいという明確な目標があったからだと思います。

　独学の場合，NHK テレビのハングル講座をみる，またはラジオ講座を聞くという方法を取り入れてみるのもいいかと思います。NHK のラジオハングル講座はインターネットからも聞くことができるので，毎日同じ時間に合わせることができない人にはインターネットを利用することもできます（巻末の教材情報で，URL など具体的な情報をご紹介します）。

　また，テキストがなくてもインターネットサイトで基礎を学ぶこともできるの

第 4 章　韓国文化への招待

屏山書院の太極模様
　陰陽の太極は赤色が陽，青色が陰を表しているが，陰陽は創造を意味する。国旗だけでなく，服の装飾品など多様に使われている。

で，自分に合うサイトを見つけ積極的に活用するのも長続きできるコツのひとつです。以下では東京外国語大学で公開している言語モジュールサイトを一つ紹介します。ここでは，語彙や会話も必ずその発音を聞くことができるので，テキストよりも文字から音へのアクセスがしやすいという利点があります。また，会話もすべて映像付きなので，発音する人のしぐさや口もとが見えるのもこのサイトのいいところです。
http://www.coelang.tufs.ac.jp/modules/ko/index.html
　ただこの場合でも独学で学習をすると，自分の発音を人に聞いてもらうことや，間違った発音を直してもらうことができないという難点があります。ある程度自分一人で頑張った後はレッスンを受けてみるのも，より効果的に，そして長続きするコツになると思います。
　レッスンを受けたいという人は，学校で授業を受けることも，さきほど話をし

た民団に通うこともでき，あるいは，Skypeなどを通じて「相互学習」という形での勉強を求めている日本語学習者を見つけて個人的にレッスンを受けることもできます。いずれにしても自分に合うやり方を見つけることは大切で，工夫次第で学習効果を上げられる方法はいくらでもありますし，そこからいろいろと自分で構築していくこともできます。韓国語に限ることではありませんが，語学を上達するためには繰り返して見る，読む，聞く，話すに限ります。

● **語彙力を高める学習法**

次に語学を学ぶ際にもっとも大切である語彙力を高める方法をひとつ紹介します。

語学は何より「ひたすら暗記」が重要ですが，上でも書いたように語順などが類似している韓国語においての単語学習は流暢さにつながり，それによって自信感につながる，もっとも大事な部分です。単語暗記というのはその言葉どおり「暗記」なので，ひたすら自分で何度も発音したり書いたりして覚えることが一番ではあるのですが，日本語とまったくと言ってよいほど音がそっくりな単語があります。例えば，「簡単＝간단（カンダン）」「調味料＝조미료（チョミリョ）」「酸素＝산소（サンソ）」「温度＝온도（オンド）」「家具＝가구（カグ）」「無料＝무료（ムリョ）」などは，韓国人が日本語を話しながら，間違って韓国語で言っても日本語として理解できる語です。

しかしいくら発音が似ているとは言え，すべてがほとんどそのままで大丈夫，というわけではなく，やはり何も知らなければ全く予想もつかない単語の方がはるかに多いのは確かです。

ここで，すこし先ほどの例にも出てきた「漢字語」について考えてみましょう。慣れてくると，初めて接した漢字語でも半分程度の確率で推測することができるようになります。そうなれば語彙力が飛躍的に伸びることにもなり，韓国語を学習する日本人としてはこの方法を使わない手はありません。

まず韓国語から日本語に漢字の読みを変換する場合，いくつかのパターンがあるのですが，ここでは比較的簡単な対応についてみてみましょう。次の単語をみ

第 4 章　韓国文化への招待

て，実際にどの音とどの音が対応しているのか考えてみてください。

건강 (kɔn-kaŋ：コンガン)「健康 (けんこう)」
담당 (tam-taŋ：タムダン)「担当 (たんとう)」
학생 (hak-sɛŋ：ハクセン)「学生 (がくせい)」

韓国語の「ㄱ」は日本語の「カ行・ガ行」に，パッチムの「ㅁ」や「ㄴ」は日本語の「ん」に，そしてパッチムの「ㅇ」は長音の「う」(または「い」) に，「ㅎ」が「カ行・ガ行」に対応していることがわかります。もちろんその理由は中国語から歴史的に受け継いだ漢字音のためですが，詳細は専門書に譲るとして，以下の単語は日本語でどういう意味になるか推測してみましょう。

(金京愛)

운동 (un-toŋ)，안심 (an-sim)，방송중 (paŋ-soŋ-cuŋ)

正解は本章の最後に載せておきたいと思います。言葉を通じて見ることで，日本語と韓国語の歴史的な近さが，とてもよく実感できることと思います。

Column　カラスの肉，食べちゃった！？―奥深き「食べる」の慣用句

韓国語にある数多くの慣用表現のうち，먹다 [mɔk-ta]「食べる」という動詞に関わる表現を紹介します。韓国語の먹다 [mɔk-ta]「食べる」は英語や日本語の eat「食べる」には見られないおもしろい表現がたくさんあります。

もともと韓国語の먹다 [mɔk-ta]「食べる」は英語や日本語の eat や「食べる」に比べて用いられる意味範囲が広く，液体や気体，そして薬や煙草も먹다 [mɔk-ta] を使って表現することができます。

さらに，食べ物や実際に口にする物以外にも먹다 [mɔk-ta] を用いることができます。抽象的な意味のひとつめは，実際の먹다 [mɔk-ta] の意味である「食べ物などを口を通してお腹の中に入れる」という意味に基づいた表現です。

II. 「鏡」にうつす，「鏡」と溶け合う

慣用句	直訳	意味
떡국을 먹다	お雑煮を食べる	年を（ひとつ）取る
국수 먹다	麺を食べる	結婚する
밥술깨나 먹다	ご飯をある程度は食べる	お金持ちである
한솥밥 먹다	ひとつの釜の飯を食べる	同じ家に住む
물 먹다	水を食べる	（試験などに）落ちる
까마귀 고기를 먹다	カラスの肉を食べる	（すぐに）忘れる
미역국 먹다	わかめスープを食べる	失敗する
콩밥 먹다	豆ご飯を食べる	刑務所に入る
식은 죽 먹다	冷めたお粥を食べる	（とても）簡単である

　またもうひとつ，実際に身体器官を通して体の中に取り入れるわけではないが，外からの影響による内在的な変化，または自ら改まった方に気持ちを入れ替えるという意味があります。

慣用句	直訳	意味
애를 먹다	苦労を食べる	苦労をする
귀 먹다	耳を食べる	耳が聞こえない
뇌물을 먹다	賄賂を食べる	賄賂をもらう
욕을 먹다	悪口を食べる	悪口を言われる
더위 먹다	暑さを食べる	夏バテする
겁 먹다	恐れを食べる	恐れている
마음을 먹다	心を食べる	決心する
나이 먹다	年を食べる	年を取る

　ハングル・クイズ（p.89）の答えは，それぞれ「運動」「安心」「放送中」です。

III. 見果てぬ「他者」を求めて

　フランス語，ドイツ語，イタリア語，ロシア語はインド・ヨーロッパ語族の主要言語として，私たちにとって代表的な「外国語」です。しかしそれぞれの言語が持つ日本にとっての「他者性」は，同じものではありませんし，私たちの言語との向き合い方や，関心の持ち方によっても，異なった表情を見せてくれます。
　筆者達のそれぞれの言語との個人的な出会い（そのうち一人はロシア語のネイティヴスピーカーとして，日本人の理解に反射させたロシア語像を語っています）と，その出会いがもたらした豊かな世界を通して，多様な「他者」との関わり方の可能性を見つけて下さい。

5 フランス語とともに生きる
── オルタナティヴな学術を求めて

沢﨑壮宏，橋本知子

フランス語とは何ぞや？

　フランス語とは何ぞや？　かつてのヨーロッパで国際共通言語とされ，栄華を極めたフランス語とは，何か？　英語が現代での国際共通言語とされて久しく，それに対する抵抗の疑問符は彼方此方で見受けられても，論理的な「否」を見いだせないまま，ただ年月だけが過ぎていくのを，わたしたちは目のあたりにしています。日本語を母国語とする本書の大半の読者にとって，英語が初めて接する「他」の言語だとするならば，「自」と「他」との二者関係は，第三者を介入させることで，さらに豊穣なものとなりえるのではないか，「他」を見る「自」にとっても，「自」が向き合う（あるいは向き合い損ねた）「他」にとっても，「他」を通して「自」を反省的に顧みる「自」にとっても。

　そうした第三項としての外国語に，フランス語を選択するのは，ひとつの可能性です（もちろん順列組み合わせは無限大，あなた次第）。フランス語とともに，未知への扉を開いてみましょう。知らない土地の，時間の，文化の，文書の，習慣の，思考の，行動の，音の，絵画の，何がしかに，触れてみましょう。多くの先人がすでに歩んだ道，あなたもフランス語に導かれ，知の聖山をめざす学徒となってみましょう。時には，地獄下りもあるでしょう。はたまた，天国への昇天かもしれません。一度でも足を踏み入れたが最後，フランス語は，その比類なき粘着性でもって ── 厳格な文法規律，精巧な綴り方，軽快な音楽性 ── あなたを離すことはないでしょう。

　以下のページでは，フランス語とはいかなる言語であるかを概観します。

(橋本知子)

Ⅲ．見果てぬ「他者」を求めて

1. フランス語は難しいか ── 「フランス語」のしくみ

　語学研究者による本格的に掘り下げられた解説を好む向きには，以下2冊の参照を勧めます。もっとも，趣はずいぶんと異なります。①は語学研究者を志す学生向けであり，②はもっと幅広く，フランス語に関心のある人々全般に向けて書かれています。

①　大橋保夫ほか『フランス語とはどういう言語か』(駿河台出版社，1993)
②　田辺保『フランス語はどんな言葉か』(講談社学術文庫，1997)

　ここでは，もっと気楽な態度を取りながら，もっぱら未習者あるいは初学者に向けて，フランス語の輪郭をごく大雑把にスケッチしてみましょう。ただし，英語は既習のものとします。第2，第3の外国語としてフランス語を学んでみようか，いや，……という人々の背中を押してさしあげます。
　どんな言語であれ，外国語を習得するのは易しくありません。それにしても，フランス語をものにするのは殊更に厄介なことなのでしょうか。そうでもない，ということを以下で論じていくつもりです。というのも，英語という外国語をすでに学んだことがあるという経験はとても大きなアドバンテージなのです。フランス語には英語との共通点が少なくないのですから。もっとも，違いも少なくありません。フランス語は英語ではないのですから。

●発音
　フランス語の美しい響き，軽快なリズムに魅かれる人は少なくないようです。しかし，学びはじめるや，その発音で躓く人が後を絶ちません。大抵，発音は最初に学ぶものですから，早速，入り口で転倒するわけです。折角，綴りで発音が決まるという大きな利点があっても，その利点を味わわずに終わってしまうわけです。もったいない！なるほど，母音の数は日本語の3倍もあります。しかし，

第 5 章　フランス語とともに生きる

パリの光景 —— パッサージュの様子（野田農撮影）
パリの街中には，パサージュと呼ばれる，商店街のような屋根のついた幾つかの通りが目抜き通りの間を繋いでおり，古書店，雑貨屋，大衆食堂といった店が，道行く人の目を楽しませてくれます。

英語よりは少ないはずですし，実際，すべての母音が厳しく区別されているわけでもありません。《R》——「うがいをするときに出す音」と教えられてきました —— を明瞭に発音できる必要などありません。フランス語を特徴づけると言われる鼻母音は日本語にもありますし，リエゾンは英語にもあります。要するに，最初から流暢でなければならない，などと思わないことです。もっと気軽に，むしろ，耳をフランス語に鳴らすことに専念しましょう。残念ながら，フランス語を耳にする機会が英語に比べて圧倒的に少ないことは否定できません。それでも，探せば，機会は得られるはずです。求めよ，さらば与えられん。

Ⅲ．見果てぬ「他者」を求めて

● **名詞の性別**

　名詞に性別があると聞くと耳を疑う人がいるかもしれません。しかし，本当です。人間を指す名詞に性別があるだけでなく，普通名詞にまで男女の別があるのです。もちろん，自然な根拠があるわけではないので，覚えなければなりません。フランス人の子供も大変です。しかも，名詞に性別があるおかげで面倒な手続きを踏まなければならなくなるのです。冠詞で名詞を限定するにせよ，形容詞で名詞を修飾するにせよ，その性を名詞に合致させなければならないのです。つまり，冠詞や形容詞にまで性別があるわけです。なるほど，英語の学習にはない苦労を味わわされます。しかし，ただ厄介なだけの手続きであれば，生き延びてこられたはずはありません。利点があるのです。英語にはない利点です。例えば，性別のおかげで，抽象名詞を豊かに想像することができます。「自由」という語を女性形の定冠詞で限定すれば，それだけで「自由の女神 la liberté」のことなのです。

● **動詞の活用**

　動詞を主語の人称に合わせて活用させなければならないのも面倒です。最大の面倒事かもしれません。英語が動詞を活用させるのは直説法現在３人称単数の場合に限られますから，すべての人称について，しかも，単複を区別しながら動詞を活用させなければならないとなると，たちまちにして苦労は６倍です。いいえ，時制や法のことまで考慮するなら，６倍どころでは済みません。生まれながら，否応なく，フランス語の使用にどっぷりと身を浸すフランス人ならいざ知らず，大人になってから新たに覚えなければならない外国人の苦労は並大抵のものではありません。どこか，動詞の活用語尾を覚えさせてくれる魔法の杖はないものでしょうか。残念ながら，そんな発見のニュースは，終ぞ耳にすることがありません。リズミカルに口ずさんで覚えるしかないようです。最初に「直説法現在」を攻略しましょう。使用頻度がもっとも高いものですから。使用頻度の低いものは後回し。「接続法半過去」ともなると，フランス人でさえ怪しいようです ── だから，ほとんど使用されません ── から，ご安心ください。

第 5 章　フランス語とともに生きる

Column フランス語は「明晰」か？ ── デカルト『方法序説』

　なるほど，フランス語学習では英語学習にない苦労を背負わされます。決して楽なものではありません。しかし，初学者を泣かせる厄介さは，そのまま，フランス語という仕組みに固有の知恵でもあるのです。他のどの言語のものとも同じくらい長い年月を生き延びてきた知恵です。だからこそ，骨を折ってものにする価値があります。言葉を用いることのできる人間の知恵を測る尺度はひとつではないのです。英語以外の外国語を学ぶことには，その苦労に相応する値打があるということです。

　それでは，「明晰 clair」であることも，フランス語という仕組みに固有の知恵なのでしょうか。というのも，「明晰でないものはフランス語でない」（リヴァロル『フランス語の普遍性について』，1783 年）という有名な言葉があるくらいですから。そもそも，「明晰」であるとはどういうことなのでしょうか。例えば，「明晰」な知性の代名詞であるデカルト（René Descartes, 1596–1650）は『方法序説』（*Discours de la méthode*, 1637）を以下のように書きはじめています。

> Le bon sens est la chose du monde la mieux partagée : car chacun pense en être si bien pourvu, que ceux même qui sont les plus difficiles à contenter en toute autre chose, n'ont point coutume d'en désirer plus qu'ils en ont.
> （良識ほどうまく配分されているものはない。というのも，良識不足を嘆く人などいないのだから。他のことではなかなか納得しない人も，すでに持合わせている以上の良識を求めたりはしないものである。）

　「明晰」であるということは，誰が訳そうとも，少なくとも構造的には一通りに決まるということなのでしょうか。ところが，『方法序説』には複数の英訳があります。もちろん，文の構造がどれも同じということはありません。ある英訳は，冒頭の一節を以下のように訳しています。

> Good sense is, of all things among men, the most equally distributed; for every one thinks himself so abundantly provided with it, that those even who are the most difficult to satisfy in everything else, do not usually desire a larger measure of this quality than they already possess.
> 　　　　　　　　　　（www.gutenberg.org/files/59/59-h/59-h.htm から転載）

　英訳がオリジナルよりも長くなっています。説明を加えながら訳しているというだけではありません。そもそも，単語を置き換えるだけでは意味をなさないということなのです。とりわけ，代名詞の処理には気を遣うものです。代名詞によっては，それが指している名詞に戻して訳さないと，意味に紛れが生じかねません。フランス語であれ，英語であれ，代名詞であるかぎり，基本的な働きは同じはずです。それでも，フランス語では代名詞で済ませられるところ，英語では代名詞で済ませられない，ということが往々にしてあるのです。

Ⅲ. 見果てぬ「他者」を求めて

『方法序説』の第2部からも引用しましょう。そして，その英訳を下に並べてみます。
　Et ainsi je pensai que les sciences des livres, au moins celles dont les raisons ne sont que probables, et qui n'ont aucunes démonstrations, s'étant composées et grossies peu à peu des opinions de plusieurs diverses personnes, ne sont point si approchantes de la vérités que les simples raisonnements que peut faire naturellement un homme de bon sens touchant les choses qui se présentent.
（書物の学問，少なくとも，推論がもっともらしいだけで論証になっていないようなものは，複数の人間の考えが少しずつ組み合わさって膨らんできたものである。だから，真理への近さに関するかぎり，出来する事物に関して良識ある人間が自然に則って形成する単純な推論の足下にも及ばない。）
In the same way I thought that the sciences contained in books (such of them at least as are made up of probable reasonings, without demonstrations), composed as they are of the opinions of many different individuals massed together, are farther removed from truth than the simple inferences which a man of good sense using his natural and unprejudiced judgment draws respecting the matters of his experience.

　やはり，若干ながら，英訳がオリジナルよりも長くなっています。のみならず，英訳には括弧まで挿入されています。フランス語では繋げられるものが，英語では繋げられないのです。また，文末に注目してください。訳者が逐語訳を諦めています。想像するところ，「現れてくる事物 les choses qui se présentent」という句の代名動詞 ── 主語と同一のものを指す代名詞を目的補語として〔直前に〕伴う動詞 ── を英語に置き換えるのに苦労した挙句，匙を投げたのでしょう。潔く，「経験内容 the matters of his experience」と意訳されています。

　さて，フランス語は「明晰」なのでしょうか。あるいは，フランス語の「明晰」さとは何なのでしょうか。複数の英訳があることからして，また，英訳で構造までが変わることからして，どの言語にも通底する基本構造をフランス語が体現しているということではなさそうです。そうではなく，フランス語で読むかぎり，あるいは，その仕組みに精通しているかぎり，意味が一通りに決まるということです。ただし，その意味の決定の仕方はフランス語に固有のものです。少なくとも，無条件で他の言語にまで拡大できるものではなさそうです。

●言葉を使うということ

　ところで，フランス語のしくみに習熟しても，それだけですぐフランス語を健

第5章　フランス語とともに生きる

全に使用できるというものではありません。例えば，大学で学ぶ場合，突然の教室変更に出喰わすことも珍しくないでしょう。教室変更の指示を他の学生に伝えるには何と言いますか。「われわれは教室を変更すべく指示されている」とでも（フランス語で）言えばよいのでしょうか。もちろん，文法規則に適っているかぎり，それで言いたいことは正しく伝わるはずです。しかし，他の学生に違和感を抱かせるに違いありません。彼らの間では，「オン・ブージュ on bouge !」（動くぞ）と言えば済みますし，そのように言い放つことこそが健全なのです。「ウイ oui」ではなく，「ウエ ouais」——《ウイ》のくだけたもの —— と答えましょう。合意のみならず，親愛の情までが伝わります。

　語の使用を厄介なものにしているのは，その各々に固有のレジスター（使用域）があることです。フランス語に限らず，同じ語があらゆる状況で同じように使用されるわけではありません。日本の教育機関で教えこまれ，聞きならされるようなフランス語は，授業中，教員の口から発せられるものが多いでしょう。しかし，マルシェ（市場）に足を踏み入れた途端，もうひとつのフランス語を耳にして驚かされるはずです。そこでは，同じフランス語がまるで別様に使用されています。通貨単位すら，「ユーロ euro」から「バル balle」（「ボール」＝球のこと）に切り替わるようです。教員にしても，授業中でなければ，お行儀のよいフランス語をもはや話してはくれないかもしれません。「シェパ」（「わからない」。「ジュ・〔ヌ〕・セ・パ je [ne] sais pas」のくだけた読み方）と返ってきたら，教員の役割をもう演じ終えているつもりなのでしょう。

　さらに例を挙げるなら，「バシュマン vachement（副）」（牛ほど）という滑稽な言い回しは，広告中でこそ頻繁にお目にかかる —— 例えば，「バシュマン・パ・シェール vachement pas cher」（牛ほど安い〔格安〕）—— ものの，アカデミックな場面での出会いはおよそ期待できないものです。「トリュック truc（名）」（あれ）という曖昧な語も日常で頻繁に耳にするものです。何であれ，瑣末なものを指して「あれ」と言うことができる —— 日本語でも対象指示を曖昧にするときに使われますね —— のですが，「トリック〔策〕」という真面目な意味で用いるにせよ，論文中で使用すれば指導教官に眉をひそめさせることは請合いです。しか

99

し，われわれも負けてはいません。日本で学んだことのあるフランス人に聞くと，日本人学生が「すごい」を連発するのに困惑したそうです。日本に留学するほど勤勉なフランス人ですら，教室でお行儀のよい日本語ばかり学んでいるかぎり，「すごい」という語にはお目にかからないわけです。ことほど左様に，語の使用を知ることはそのしくみを知ることとは別ものなのです。

2.「フランス語」使用の背景と現状

　フランス語の使用の現状はそれを使用するフランス社会の現状から切り離せません。現代のフランス社会のさまざまな側面については，以下の文献から情報収集できます。③はフランス政府による（印刷物としては）最新の公式情報です。数量的な側面からフランスを知りたい向きには便利なものでしょう。さらに，現代社会の理解には歴史的知見が欠かせないと考える向きには，⑤を勧めます。一般読者向けのコンパクトな通史ながら，新しい時代ほどに多くの紙幅が割かれており，現代社会にも正面から向き合おうとする歴史家の誠意が感じられます。もっと手軽なものとしては，⑥がお勧めです。

　③『最新フランス・ハンドブック』(原書房，2010)
　④『現代フランス社会を知るための62章』(明石書房，2010)
　⑤ロジャー・プライス，ケンブリッジ版世界各国史『フランスの歴史』(創土社，2008)
　⑥斎藤広信＆ベルナール・レウルス『もっと知りたいフランス —— 歴史と文化を旅する5章』(駿河台出版社，2006)

●**国際共通語としてのフランス語**
　ところで，フランス語の使用はフランス共和国の専売特許ではありません。国際語としてのフランス語の現状については，

第 5 章　フランス語とともに生きる

⑦ジャン=ブノワ・ナドー＆ジュリー・バーロウ『フランス語のはなし ── もうひとつの国際共通語』(大修館書店，2008)

で知ることができます。なるほど，「フランス語は，言語使用者数では世界 9 位で，中国語，ヒンドゥー語，スペイン語，英語にはるかに後れをとり，経済的影響力は相対的に小さい」というのが事実です。それでも，「現在，地球上で話されている言語の数はおよそ 6 千で，10 億人以上が話す言語は 15 しかないが，フランス語もそのひとつ。20 か国以上で公用語とされているのは，英語，フランス語，スペイン語，アラビア語の 4 言語だけだ。フランス語は 33 か国で公用語とされ，英語の 45 か国に次いで 2 位の地位を占めている。世界中の学生が第 2 言語の 2 位に選び，全世界で教師 2 百万人，学生 1 億人を数える。世界中のどこの国でも教えられている言語は，英語とフランス語しかない」(「まえがき」，p. vi-vii) ということです。

　つまり，現在に至るも，フランス語の国際的な影響力は失われていないわけです。オリンピックの会場アナウンスでもフランス語の使用はなお健在 ── フランス語によるアナウンスが英語によるそれよりも先なのは，国際オリンピック委員会の公用語がフランス語だから ── です。また，フランコフォニー国際機関 OIF なるものまでが結成され，2 年ごとに，フランコフォニー・サミット (第 1 回は 1986 年，フランス，パリで開催) が開催されています。最近では，2012 年，第 14 回サミットがコンゴ民主共和国キンシャサで開催されました。2013 年の時点で，オブザーバーも含め，77 の国と地域が OIF に加盟しています。詳しくは，OIF の公式サイト (www.francophonie.org) を参照してください。フランス語ネットワークの広さが地球規模のものであることがわかります。意外でしょうか。

　実際，フランスで外国人を目にすることは珍しくありません。とりわけ，大学であれば，マグレブ諸国，ギニア湾岸諸国からの留学生を見つけることは難しくありません。彼らにとってフランスは旧宗主国であり，フランス語が学術語 (あるいは，官僚用語) であることは今も変わらず，フランス語が教育現場 (あるいは，

公的現場）を支配しつづけているそうです。公的な立場で立身出世を狙うかぎり，フランスに留学して学位を取得することが欠かせないのです。

●**純粋なフランス語という理想**

英語の圧倒的優勢の前で，フランス語がそれでも国際的な影響力を失わないでいられることはわれわれを驚かせます。またしても大雑把ながら，今度はフランス語の歴史を遡り，その影響力の秘密の一端を探ってみましょう。

フランスでフランス語がラテン語を駆逐し始めたのは，フランソワ1世 (François I, 1515-1547) の文化政策 ── ヴィラール＝コトレの王令 (1539年) が公文書からのラテン語の追放を命じました ── に遡るといわれます。その間，印刷術の影響で正書法が定められ，文法も整備され，以降，宮廷で，サロンで，純粋なフランス語という理想の追求 ──「明晰でないものはフランス語でない」(リヴァロル『フランス語の普遍性について』，1783年) ── が始まりました。フランス宮廷社会の影響力は近代のヨーロッパ全土を席巻します。

〔とりわけ17世紀とさらに18世紀のドイツ市民階層には〕文学や芸術のような，贅沢な要求のための資金はあまりない。およそそのような資金のある宮廷ではどこでも，不十分ながらルイ14世の王室を模倣し，フランス語で会話するのである。ドイツ語は下流階層と中流階層の言語であり，ぎこちなくて硬い。ライプニッツはドイツの唯一の宮廷哲学者で，この時代の唯一の偉大なドイツ人であり，その名は広く宮廷社会に響き亘っているが，かれが話したり書いたりするのに用いたのは，フランス語かラテン語であり，ドイツ語はほとんど用いなかった。そして言語問題，すなわち，この硬いドイツ語をどうすればよいかという問題を，他の多くの人々と同様にかれも扱っている。宮廷からフランス語が市民階層の上層部に広がる。すべての「礼儀正しい人」，すべての「名士」はフランス語を話す。フランス語を話すことが，すべての高級な階層の身分標識である。「手紙をドイツ語で書くこと以上に卑しいことはありません。」1730年にこの言葉を，ゴットシェートの婚約中の女性がかれに書いている。

（ノルベルト・エリアス『文明化の過程』（上）法政大学出版局，1977，pp. 80-81）

大革命を迎えても，フランス・モデルの影響力は衰えることを知りませんでし

第 5 章　フランス語とともに生きる

ポンピドゥーセンター（野田農撮影）

歴史的な建造物が多く佇むパリの中心部には，周囲とは異彩を放つ建物があります。それは 20 世紀以降の造形芸術の美術館であるポンピドゥーセンターです。撮影時には，サルバドール・ダリの生涯を概観する大きな展覧会が開催されていました。

た。それどころか，「フランスは娘たちにとりまかれる母なる共和国としての威厳をまとうことになった」（ジュール・ミシュレ『フランス史 VI』藤原書店，2011 年，p. 201）といわれます。そして，その影響力が今に至るも消え去っていないことはすでに言及しました。

　さて，純粋主義擁護の気運の高まりは，1635 年，アカデミー・フランセーズ（定員 40 名）を発足させ，1694 年，最初のアカデミー辞書が刊行されました。その第 8 版の刊行は 1992 年のこと，現代までこの仕事は引き継がれています。当初は，辞書を献呈されたルイ 14 世が落胆の色を隠せなかったほどのものだった ── 編纂に時間がかかりすぎて，完成した頃にはひどく時代遅れの代物になっていました ── にせよ，われわれが 17 世紀のフランス語を苦もなく読みこな

せる —— 本当です！ —— のは，純粋主義を擁護してきた伝統のおかげかもしれません。17世紀と言えば，日本は江戸時代です。江戸時代に書かれた日本語を読むのに苦労させられた覚えはありませんか。

●変わるフランス語

たとえ，何世紀にもわたって結晶化の努力が払われてきたにせよ，それでも，日常で使用されるかぎり，標準フランス語が変化を免れられるはずはありません。正書法を定めたところで，発音の変化までは止められませんし，文法規則そのものは固定できるにせよ，その使用は社会状況に依存します。「単純過去」 —— 過去の出来事を現在から切り離して報告する時制で，今では書き言葉としてだけ生き残っているようです —— などもう絶滅寸前です。新しい単語も続々と入り込んできています。国民皆教育制度の定着で誕生した新しい言語エリートたち —— アグレジェ（リセ＝高校以上での教授資格者） —— が標準の決定に口を挟むようになり，さらにマスメディアまでが介入するため，標準はもはやひとつでは済みません。若者からは「英語混じりのフランス語 franglais」が聞こえてき

Column

複数としての複数形

　名詞を複数形にするときには，語尾に s をつけます。これは英語と同じ。ただ複数形になってもこの s は読まれません。例えば，«ami»（友だち）を複数形にすると，«amis» となります。けれども，-eau でおわる語の複数形には，s ではなく x がつきます。例えば，«chapeau»（帽子）の複数形は «chapeaux» となるし，あるいは，«oiseau»（鳥）の複数形は «oiseaux» となります。さらには，-al でおわる語の複数形は，-aux と変化します。例えば，«journal»（新聞）の複数形は，«journaux» となります。しかしです，例外もあります。«festival»（お祭り）の複数形は，そのまま s をつけます（«festivals»）。
　なんだかすっきりしませんね。けれども，日本語だって同じです。複数形にするとき，語尾は色々な変化をとげます。例えば「一本，二本，三本」（「いっぽん，にほん，さんぼん」）というように。複数形の在り方は，様々。複数形も複数。こんなふうに，整然としていないのが，ことばなのです。

（橋本知子）

ます。伝統的な純粋主義も揺らがずにはいないわけです。ただ，面白いことに，伝統の擁護者を自任しているのは新しいエリートの側であるらしく，アカデミーから標準フランス語のアップデートが提案されても，多くの場合，素人言語学者らの運動で葬り去られてしまうそうです。

●グランド・ゼコール

さて，リセ，すなわち中等教育終了後，大学入学資格であるバカロレアを取得した者 —— 中等教育修了者の約 3 分の 2 に及ぶ —— 全員に対して，あらゆる大学の門戸が開放されています。ここで言う大学には，80 校以上の総合大学のほか，約 100 校の専門大学も含まれます。このような大学の大衆化をよそに，エリートの生産を一手に請け負うべく，別の高等教育機関，独自のエリート製造装置が設置されています。これが有名なグランド・ゼコールで，全国に全部で 200 校ほどあります。中でも，20 校ほどの名門校の多くは 18 世紀末に創設され，人文学という足枷を引きずる大学に代わる高度専門職養成機関 —— 実学志向！ —— として近代産業国家の建設に貢献してきました。少数精鋭主義の旗印の下，学生は国家エリートとして手当を支給されます。当然のこと，入学するのは至難の業で，リセ卒業後も 2 年間の準備学級に通わなければなりません。準備学級にも名門 ——「アンリ 4 世校」「ルイルグラン校」が双壁 —— があり，そこでの進級すら困難を窮めます。狭き門の通過を何とか許されれば，普通は 3 年で課程を修了し，修士号を取得するに至ります。とりわけ優秀な野心家ともなれば，その後，更なる難関の極み —— 国立行政学院 (定員 120 名) への入学 —— へと挑戦することでしょう。

フランス共和国の理念のひとつは「平等」，三色旗の白色がそれを象徴しています。それでいて，特定の国民が選抜され，国家資本の集中投下の恩恵を享受しているというのですから，あからさまなエリート主義に対する国民感情は複雑なもののようです。2002 年の大統領選のこと，極右政党 (国民戦線) の候補者が決選投票にまで進出した事件 (？) を，政治エリート全般に対する不満の噴出 ——「フランスはエリートに支配されている」(ルペン国民戦線党首 (当

Ⅲ．見果てぬ「他者」を求めて

表1　主なグランド・ゼコール。それぞれに特色ある社会的使命を帯びる。

学校名	創設年	ウェブ・サイト	社会的使命
理工科学校	1794 年	www.polytechnique.fr	理工系エリートの養成
高等師範学校	1794 年	www.ens.fr	教員・研究者の養成
パリ国立高等鉱業学校	1794 年	www.mines-paristech.fr	エリート技術者の養成
国立行政学院	1945 年	www.ena.fr	高級官僚の養成

時))――と見る向きもあるようです。2012年の大統領選でも，ルペンの娘が第1回投票で18％の得票率を稼いでエリートを慌てさせました。エリート製造のしくみそのものが岐路に立たされているのかもしれません。

3.「フランス語」から人文諸科学へ ―― 活躍するフランス人

　さて，人文学に関するかぎり，どの専門科目への道も語学から切り拓かれるものです。フランス語の学習はどのような専門科目への道を切り拓いてくれるのでしょうか。フランスに関する地域文化研究 ―― フランス文学，フランス哲学，フランス史学，…… ―― への道を切り拓いてくれることは論ずるまでもありません。フランス語をマスターしなければ，話にならないはずです。そこで，ここでは，人文学の他の専門科目から選んでフランス人の活躍ぶりを紹介することで，フランス語学習がその大いなる労苦に見合うものであることを例証していきましょう。

　ところで，人文諸科学の大抵の分野でフランス派を見分けることができます。リード役こそ，英米発の研究に譲るようになってきた感があるにせよ，その動向を牽制する重要な対抗軸の役割は，今もフランスのものといってよいのではないでしょうか。「フランス語は世界の画一化に抵抗する言語，権力と一体化した言語に対抗する言語になることができる」(ジョスパン元首相)という自負 (危機感？)の声も聞かれます。例えば，アメリカの社会学者マートンも，「社会構造

第5章　フランス語とともに生きる

とコミュニケーションとの相互関係を取り扱う研究」に「2つの種」——「ヨーロッパ種」と「アメリカ種」—— の違いを見出しています。人文学研究全般に通底する動向の種差をうまく言い表しているものと思われるので，一昔前のものですが，以下に引用します。

> 知識社会学〔ヨーロッパ種〕はたいてい規模壮大な理論を好む人々のやる仕事であって，彼らは精巧な思弁や印象主義的な結論を超克する可能性が差し当たりあるかどうかを，時には全く顧慮せずに，ただ問題が広く重要でさえあれば，専ら理論に没頭してもいいのだと考える。大体，知識社会学者は，「われわれのいうことが真実かどうかは分からないが，少くともそれは重要な意義をもっている。」という旗印を高く掲げた人達であった。他方，世論とマス・コミュニケーションの研究〔アメリカ種〕をやっている社会学者や心理学者は，それと反対の経験主義者の陣営に多くみられ，その旗印には幾分違ったモットーが書かれている。すなわち，「われわれのいうことに特に意義があるかどうかは分からないが，少くともそれは真実である。」と。ここでは一般的主題に関係のあるデータ，換言すれば実質的に証拠としての価値があるデータ（もっとも全く議論の余地がないわけではないが）を蒐集することに重点がおかれていた。しかし最近までは，これらのデータが理論的問題に対して意義があるかどうかについて殆んど関心がもたれず，ただ実際的な情報を蒐集しさえすれば，ただちに科学的に適切な事実観察を蒐集したことになる，というように誤解されていた。」
> （ロバート・M・マートン『社会理論と社会構造』みすず書房，1961年，pp. 400-401）

「ヨーロッパ種」の重要な生産地はドイツとフランスです。特に，フランスはユマニスム（人文主義）のバトンをイタリアから引き継いでおり，19世紀以降，人文諸科学における新機軸を次から次へと打ち出してきました。今も，魅力的な研究動向の発信基地でありつづけています。

　以下，一般人の間にまで広く読者を抱えるフランス人研究者を人文諸科学の分野から選び，しかも，それぞれの研究分野で入門書の役割を果たしてくれそうな著書〔翻訳書〕に絞って紹介します。ただし，選択は筆者の偏見に基づくものであり，もちろん，これだけでフランス人研究者の動向の全体が尽されるはずはありません。その動向なり，傾向なり，もっと詳しく知りたい向きには，例えば，

Ⅲ. 見果てぬ「他者」を求めて

クセジュ文庫（白水社）のラインナップを一瞥してみることを勧めます。

(1) 哲学

ミシェル・オンフレ『〈反〉哲学教科書 —— 君はどこまでサルか？』（NTT出版，2004）

> オンフレはリセの哲学教師を辞して市民大学を創設するほどの反骨精神の持ち主です。それでも，本書が正当派の哲学教科書であることは揺るぎません。話題に沿って哲学史からテクストを拾い，その一々に注釈を与えていく構成は正当派教科書の王道です。ただ，哲学者にではなく，高校生に語りかけるスタイルに反骨精神を見て取ることができるでしょう。他にも『哲学者，怒りに炎上す。』（河出書房新社，2008年）などがあります。

(2) 科学論

ブルーノ・ラトゥール『科学が作られているとき —— 人類学的考察』（産業図書，1999）

> 現在のラトゥールはパリ政治学院の副院長を務めています。以前はパリ国立高等鉱山学校の社会学教授でした。本書は科学者の研究活動を俯瞰的に調査するフィールドワークで，発見される科学的真理が社会による構築物であることを主張しています。価値中立的な永遠真理の探究という，伝統的な意味での科学のリアリティーが挑戦されているわけです。他にも『虚構の「近代」—— 科学人類学は警告する』（新評論，2008年）など。

(3) フェミニズム

エリザベト・バダンテール『プラス・ラブ —— 母性本能という神話の終焉』（サンリオ，1981，1991（筑摩叢書），1998（ちくま学芸文庫））

> バダンテールはパリ理工科大学の哲学教授で，ボーヴォワールの没後，フラン

ス・フェミニズムの第 1 人者として活躍しています。本書は 18 世紀以降のフランス社会史を辿りながら，母性本能が神話であることを暴こうという論争的なものです。18 世半ば，子供の価値が高騰したおかげで，女性はその後見役を社会から押しつけられたというのです。ルソーとフロイトが槍玉に挙げられます。他にも『男は女，女は男』(筑摩書房，1992 年) など。

(4) 食文化研究
マグロンヌ・トゥーサン＝サマ『お菓子の歴史』(河出書房新社，2005)

　美食の国ながら，フランスにおけるガストロノミー (美食学) の歴史は深くないそうです。しかし，90 年代以降，その熱が高まり，稀代の食物史家トゥーサン＝サマは『世界食物百科』(原書房，1998 年) ── 博覧強記の大著！ ── でその金字塔を打ち建てました。その姉妹書である本書は，その甘そうなタイトルに反し，辛口の社会史的考察に満ちたスリリングな読み物です。そもそも，甘いものを食することは単なる食文化以上のものなのです。

(5) 映画学
ピエール・マイヨー『フランス映画の社会史 ── マリアンヌのフィアンセたち』(日本経済評論社，2008 年)

　映画は「第 7 番目の芸術」── ちなみに，漫画は「第 9 番目」── と定義され，芸術を扱う人文学にひとつの分野を占めています。マイヨーは国立ルイ＝リュミエール高等学院の教授で，本書からシネマトロジー〔映画学〕の動向の一端が窺えるでしょう。今のところ，映画学の業績を紹介してくれる翻訳書で，他に目立つものは見当たらないようです。ジャン・ギャバン以降，スター男優 ── マリアンヌ (フランス共和国) のフィアンセ ── の変遷を辿りながら，その交代劇の背景に見え隠れする現代フランス人の心性の移り変わりが暴かれます。

4.「フランス語」力を試すなら ── フランス人のフランス語修行

　さて，フランス語学習の成果をいずれフランスで試してみたいと目論んでいる野心家も少なくなかろうと想像します。それなら，フランスでフランス語力がどのように試されるのか，それを知らずに済ませておくわけにはいきません。もちろん，そこまでの野心は……という読者もいることでしょう。未修者や初学者にとっては気の早い話かもしれません。それでも，フランス語学習における最終目標のひとつとして念頭に置いておいて損するものではないはずです ── もっとも，語学学習に最終などというものがあるとしての話ですが。というわけで，とりあえず，耳をお貸しください。

　フランスでは，フランス語力はどのようにして測られるのでしょうか。もちろん，フランス人とて，日夜，フランス語に磨きを掛けつづけているわけです。そして，その錬磨の成果が，上で見たとおり，人文諸科学における「フランス派」固有の動向に見られる力強さとなって顕れているのではないでしょうか。フランスでフランス語力を試すとなれば，必ずや，フランス人と同じ仕方でフランス語を磨き上げていることが求められることでしょう。そこで，以下，フランス人がフランス語の学術的な使用 ──「アカデミック・ライティング」── を体得する過程を概観します。フランス語に限らず，学術的な使用ともなると，日常的な使用からの延長線上で簡単に習得されるようなものではありません。フランスでは，高等教育機関で学ぶための必要条件として，あらゆる高校生にフランス語の学術的な使用の修得が課されます。

● 18 歳で課される「哲学」

　フランスでは，少なくとも人文学に関するかぎり，フランス語力 ── その学術使用への精通の度合 ── は「テクストの説明 explication de texte」「小論文 dissertation」という 2 つの形で試されることになっています。実のところ，これらは人文学を準備する基礎訓練であり，大学〔文学部〕で叩きこまれるばか

りでなく，大学入学資格さえもその出来で判定されるというものです。つまり，フランスでは，高校生のうちから，「哲学」という名の下，人文学の基礎訓練がすでに始まっているわけです。普通リセはもちろん，職業リセでも「哲学」が学ばれます。文系はもちろん，社会系であれ，理系であれ，「哲学」の履修が課されます。とにかくリセの最終学年に在籍すれば，否応なく「哲学」の洗礼を浴びることになっているのです。

　もっとも，「哲学」の履修が否応なく課され，しかも，隷属的な態度が期待されるにせよ，諸々の学説が上から無理に詰め込まれるというわけではありません。

Column　中等教育の仕上げ，あるいは，高等教育への架け橋としての「哲学級」

　「哲学」といえば，高等教育で課されるべきもの，というのが常識かもしれません。実際，今となっては，高校生に「哲学」の履修を課しているのはフランスくらいのものかもしれません。これは，歴史的には，中等教育が高等教育と未分化だった時代の残滓で，その分化以前，両課程はどちらもコレージュに置かれ，一貫して履修されるものでした（詳しくは，フィリップ・アリエス『子供の誕生』，みすず書房，1980年を参照してください）。「文法級」「人文級」を終えた学生はそのままコレージュにとどまり，「哲学級」に進級したのです。それで，今も，リセの最終学年は「哲学級」と呼ばれます。

　その「哲学級」で好成績を収めるのは女性であることが多いらしく，とりわけ，「哲学」は女性向けの科目と見なされているようです。そのため，大学でも，哲学を専攻する学生の多くは女性です。そのトレーニングの方法が，伝統社会が女性に期待してきた性向と合致するからなのでしょうか。というのも，「テクストの説明」にせよ，「小論文」にせよ，教師への隷属を求めるものなのです。教員が口述を始めるや，みな一斉に下を向いてノートをとりはじめます。顔を上げて教員の言動に熱い視線を送っている学生など，留学生を除けば，見当たりません。黙々とノートを取るべし，という約束事がすでに浸透しているわけです。そもそも，そのような態度を約束事として消化していないようなら，スムーズに進級することが叶いません。フランスでは，小学校においてさえ留年を命じられることがあります —— サルコジ前大統領でさえ中学校で留年を経験しているそうです。留年の味を知らないまま大学にまで到達できるのはバカロレア受験者の6割前後しかいないらしく，しかも，その多くは女性で占められているようです（詳しい数字は，在日フランス大使館のウェブサイト www.ambafrance.jp.org で知ることができます）。

Ⅲ. 見果てぬ「他者」を求めて

　与えられるテクスト —— 国民教育省が課題をコントロールします —— を自前で「説明」し，課題を自前で展開して「小論文」にまとめることが求められます。しかし，自前で考えるというのは，好き勝手に考えてよいということではありません。逆説的に聞こえるかもしれませんが，自前で考えることを学ばなければならないのです。どのようにして学ぶのでしょうか。そこで，以下，「テクストの説明」について，その訓練を構成する一連の手続きを簡単に紹介してみましょう。詳しくは，例えば，以下のウェブサイトで情報を得ることができます。なお，以下に描く見取り図は，グルノーブル学区のサイトから情報を借りて要約したものであることを断わっておきます。

- www.ac-grenoble.fr/PhiloSophie
- www.netprof.fr

● **「テクストの説明」**

　「テクストの説明」とは，与えられたテクストに注釈を施すことを要求するものです。好き勝手な注釈が許されるはずはありません。「説明」を仕上げるための約束事があるのです。序論，本論，結論という3部構成で「説明」の全体を組み立てることが最初の約束事です。そして，もちろん，各部の役割分担についても約束事があります。

　序論は論述に先鞭をつけるためのものです。そのため，テクストから掘り起こしてきて，ここに展示しなければならないものがあります。テーマ，問題設定，テーゼです。そもそも，テクストは何を話題にしているのでしょうか。しかも，その話題には何か問題が孕まれているはずです。そして，その問題に対して哲学者（テクストの執筆者）はどのような態度を取っているのでしょうか。これらを順に明らかにしていかなければなりません。さらに，哲学者たる者，自分の態度をただ表明しているだけではないはずです。どんな議論に訴えて自分の態度を擁護しているのでしょうか。それを解明するのは本論に譲るとして，序論の段階でも，その見取り図くらいは与えておくのがよいでしょう。

　本論は哲学者の議論を解明するもので，「説明」の本体であり，ですから，論

第 5 章　フランス語とともに生きる

パリ国際大学都市シテの風景（野田農撮影）
パリ国際大学都市内には，およそ40の様々な国や人物に由来する名前を冠した居住館があり，学生のみならず研究者やアーティストも含む10000人程の居住者が暮らしています。左はギリシア館で行われた，クレタ島の伝統音楽グループによるコンサート。右はフランスプロヴァンス館の建物です。

述の大部分がここに費やされることになります。まず，議論を分析しながら，その構成要素を数え上げていきます。そして，その要素間の相互依存関係を浮き彫りにします。明らかにしなければならないのは，テクストそのものの順序です。外から勝手な順序を持ち込むことは厳禁で，終始，主役の座はテクストのものでなければなりません。それでいて，解明された順序に批判を加えることも期待されています。もっとも，議論を論駁してほしいわけではありません。その真正な価値を見積もって，現代にも通用する意義を見出してほしいのです。

　結論は哲学者の議論を簡単に総括するだけのものです。簡潔さを旨としましょう。

　以上，「テクストの説明」という訓練の概要を紹介してみたものの，もちろん，簡単な紹介に目を通しただけでマスターできるほど甘いものではありません。高校生が「哲学」の訓練に励むのは，普通，最終学年の9か月間です。しかし，大部分の高校生にとって，それだけでは足りない ── 時間が足りないのか，あるいは，成熟の度合が足りないのか ── ようです。しかし，いずれにせよ，「哲学」は大学入試科目であり，しかも，どのコースを選んだところで立ちふさがってくる厄介な関門です。そこで，「小論文」にせよ，「テクストの説明」にせよ，その方法論を指南してくれる参考書が巷に溢れかえることとなります。哲学の案内書

の類を執筆することは，有名哲学者の専権事項ではないのです。「小論文」の模範解答 corrigé が欲しければ，インターネット上を探してみてください。山ほど転がっています。

　というわけで，遠い将来のことにせよ，フランス語学習の成果をフランスで試したいと目論むほどの野心家には，一度，「哲学」の訓練を味わってみることをお勧めしておきます。その訓練の成果を DELF・DALF —— フランス国民教育省の主宰するフランス語検定試験，詳しくは http://www.delfdalf.jp を参照してください —— で存分に発揮できれば，その免状をパスポートとしてフランスの大学から入学許可を勝ち取ることができるでしょう。

● 「バカロレア」

　最後に，2013年6月に実施された普通バカロレア（大学入学資格試験）のスケジュールを紹介しましょう。どのコースを受験するにせよ，バカロレアが「哲学」で一斉に開幕を迎えるのは恒例行事です。その「哲学」の試験問題も併せて掲載します。3題のうち2題は「小論文」で，1題は「テクストの説明」です。そこから1題を選択して答案を執筆するよう求められます。なお，フランスの高校生や大学生の置かれている学習環境については，例えば，letudiant.fr で情報収集することができます。

　アンセルムスが11世紀の神学者であることを知っていれば，「社会系」第3問の課題を見るや，思わず目を疑わずにはいられないかもしれません。しかし，バカロレアには，トマス・アクィナス『神学大全』（2010年「文系」第3問）への注釈を課した"前科"もあります。さすがに神学そのものの教養が問われるわけではないにせよ，今時何てことを……と呆れる向きもあるかもしれません。あるいは，問題のラインナップを見て怖気づいた向きもあるかもしれません。

　臆病風に吹かれた向きには朗報でしょうか，近年，バカロレアでの「哲学」の出来の悪さに磨きがかかってきているといわれます。1990年代の数字ですが，他教科全般と比べて，平均点が4点も低かったそうです。20点満点で4点もの差です。事態は深刻に受け止められ，パリ大学の哲学研究者が国民教育相

第5章　フランス語とともに生きる

表2　普通バカロレア時間割（2013年）

	理系	社会系	文系
6月17日（月）	哲学 (8h-12h)	哲学 (8h-12h)	哲学 (8h-12h)
6月18日（火）	歴史学・地理 (8h-12h) 物理・化学 (14h-17h30)	歴史・地理 (8h-12h)	歴史・地理 (8h-12h) 文学 (14h-16h)
6月19日（水）	フランス語 (8h-12h) 第1外国語 (14h-17h)	フランス語 (8h-12h) 第1外国語 (14h-17h)	フランス語・文学 (8h-12h) 第1外国語 (14h-17h)
6月20日（木）	数学 (8h-12h) 第2外国語／地方語 (14h-16h)	経済学 (8h-12h) 第2外国語／地方語 (14h-16h)	ラテン語 (8h-11h) 第2外国語／地方語 (14h-16h)
6月21日（金）	生物学・地学 (14h-17h30) 生態学・農学 (14h-17h30) 工学 (14h-18h)	理科 (8h-9h30) 数学 (14h-17h)	理科 (8h-9h30) 芸術 (14h-17h30) ギリシア語 (14h-17h) 数学 (14h-17h)

表3　2013年普通バカロレア「哲学」の設問

理系	第1題（小論文）	政治的利害抜きで道徳的にふるまえるか？
	第2題（小論文）	働くおかげで自己意識が芽生えるのか？
	第3題（テクストの説明）	ベルクソン『思想と動くもの』からの抜粋
社会系	第1題（小論文）	われわれは国に何を負っているのか？
	第2題（小論文）	解釈とは認識を補うものなのか？
	第3題（テクストの説明）	アンセルムス『融和について』からの抜粋
文学系	第1題（小論文）	言葉など道具に過ぎないのか？
	第2題（小論文）	科学とは事実確認にとどまるものなのか？
	第3題（テクストの説明）	デカルト『エリザベト宛書簡』からの抜粋

（リュック・フェリー，2002-2004年）に登用されることとなりました。大袈裟ながら，「哲学」教育にはフランス共和国の命運が賭けられているとの認識が浸透しているのです。共和国の成員たる者，啓蒙されていなければならないということなのでしょう。「哲学」教育の使命は若者を啓蒙することにあるわけです。しかし，それでいて，現実の「哲学」教育は多くの高校生にとって自信喪失の機

会となっているというのですから，何とも皮肉な話に聞こえます。

　さて，野心に燃えながらフランス語を学ぶかぎり，フランス人の若者の出来の悪さを笑ってばかりもいられません。フランスで，あるいはその出先機関で語学力を試される場合，われわれもまた問答無用で同じような試練に立たされることを覚悟しなければならないのですから。そして，厳しい試練による練磨が「フランス派」の動向に固有の力強さを授けていることはすでに見たとおりです。その試練に打ち克つことで得られる成果は小さくありません。

魔力と魅力を秘めたフランス語

　以上，フランス語学習の難所について論じてきました。そして，その成果を厳しく試されることについても論じました。しかし，怖気づかないでいただきたい。殊更，フランス語学習だけが困難を窮めるということではありません。どんな言語を学ぶにせよ，外国語であるかぎり，苦労なしで済むはずはないのですから。フランス語をものにすることで切り拓かれるはずの豊かな前途に思いを馳せてみてください。何せ，フランス語は今なお国際共通語のひとつであり，人文学の諸分野に限っても，多々，重要な成果がフランス語で生産されつづけているのです。むしろ，学習に伴う困難を味わうのが楽しくなってきそうなくらいです。辛酸を嘗める都度，そこで遭遇している新しい知恵の味を噛みしめてみてください。

6 ドイツ語ノススメ
── 入門から留学まで

山下和也

Herzlich Willkommen!

　ようこそドイツ語の世界へ！　ここでは，ドイツ語とドイツにおける生活，そしてドイツでの学校生活について紹介していきます。これからドイツ語を学ぼうと考えている人，すでにドイツ語を学んでいる人，大学に入学して語学の選択に悩んでいる人にも役に立つはずです。ドイツ哲学を専攻する私自身のドイツ留学体験を踏まえた体験記と留学案内にもなっていますので，将来的にドイツ留学を希望している人は，参考にしてみてください。

　日本では，ドイツ語の授業のある高校は少ないですから，大学へ入って初めてドイツ語を学ぶという人がほとんどだと思います。ドイツという国は知っているし，関心もある。でも，まだドイツ語には触れたことがないという人。この本の読者にもそういう人は多いはず。すでにドイツ語を学んでいる人でも，文法が中心で，ドイツ語という言語そのものについてはあまり知らないのではないでしょうか？　そこで，まず，ドイツ語とはどういう言語か，それを学ぶことにどういう意義があるかを考えてみましょう。

1. ドイツ語の魅力

●**ドイツ語の歴史**

　そもそもドイツ語はどういう言語なのでしょうか？　ドイツ語は語学的に言う

Ⅲ．見果てぬ「他者」を求めて

とインド・ヨーロッパ語族に属する言葉です。ドイツではインド・ゲルマン語と呼びます。世界史ではゲルマン民族の大移動で有名なゲルマン民族の言葉ですね。英語でジャーマンというのは，ゲルマンの英語読みです。相対的に見ると英語などと近い言語で，英語と分かれたのは2000年くらい前とされます。一番近いのはオランダ語やデンマーク語など。当然，日本語とは大きく違います，すでに語族から。ドイツ語の表記は基本アルファベットで英語と同じ。ßのように英語に無い文字もいくつかありますが。英語のように文頭だけでなく，普通の名詞も必ず大文字で書き始めるのが特徴。ギリシア語，ラテン語の強い影響を受けていて，かなりの単語の起源がこの二つの言語にあります。ラテン語的な変化をする名詞もあるくらい（例：Klima）。

　ドイツ語の成立は8世紀ごろ。大きく二つに分かれていて，北部の低地ドイツ語と南部の高地ドイツ語があります。主流は後者で標準語になっており，前者は方言扱いです。ドイツは国家統一が遅かったため，方言が発達していて，互いに話が通じないくらいに違っています。高地ドイツ語の歴史的発展は大きく四期に区分されており，まず8世紀に古高地ドイツ語（図1）が成立し，11世紀ごろ中高地ドイツ語（図2）になり，14世紀ごろ初期新高地ドイツ語ができて，宗教改革で知られるマルティン・ルターの独訳聖書の活版印刷と普及に伴い，標準語化が進みました。印刷の際，16世紀から20世紀初めまで用いられた活字がフラクトゥア。いわゆる髭文字です（図3）。ここまでのドイツ語はどれも現代のドイツ人はほとんど読めません。おそらく日本人が日本の古典を読めない以上に。ようやく17世紀ごろ新高地ドイツ語が成立して現在の形のドイツ語になります。今日，正しいドイツ語というのを誰が決めるか知っていますか？　実はドイツ政府が決めるんですね。それがDUDENという出版社の辞書（図4）として公開されるんです。だから，正しいドイツ語を知るには，現時点で出ているDUDENの辞書を見る必要があります。1998年の正書法改定もDUDENを通じて公表され，それが2006年に再改定された際もそうでした。そのたびに辞書を買い替えねばならず，ドイツ政府とDUDEN社の癒着なんていう話も出るほど。

第 6 章　ドイツ語ノススメ

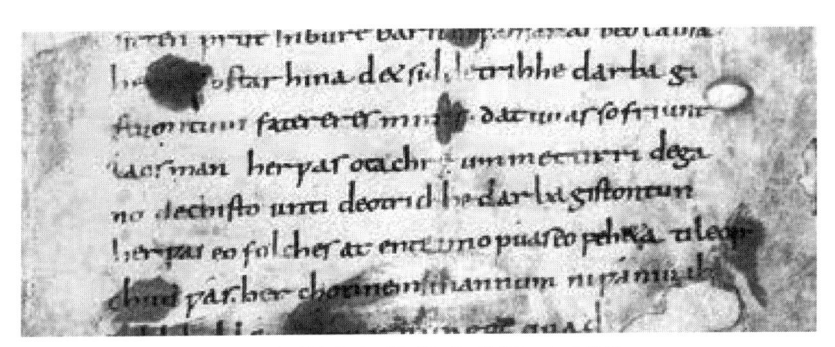

図1　古高地ドイツ語（『ヒルデブラントの歌』）

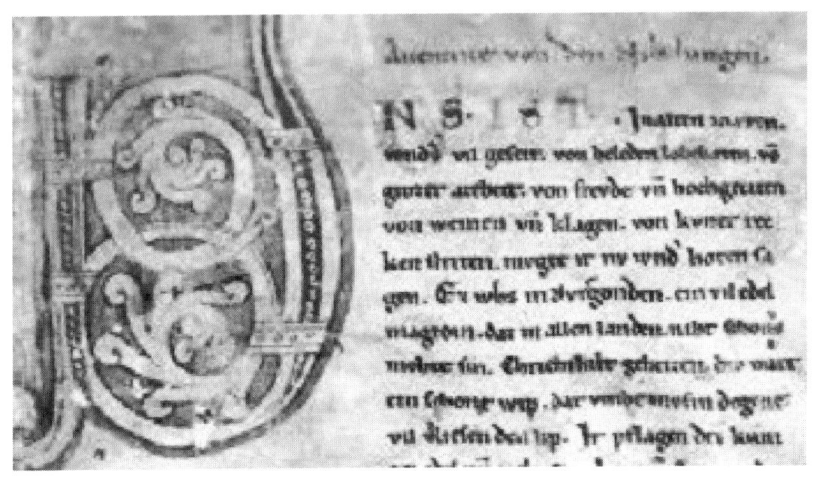

図2　中高地ドイツ語（『ニーベルンゲンの歌』）

　それでは，ドイツ語の魅力とは？
　約1億3000万人。世界でドイツ語を話す人の数です。ドイツ語はドイツ，オーストリア，スイスの公用語で，リヒテンシュタインとベルギーもそう。母語とする人は約1億人で世界の言語では12番目，EU圏内では一番多い。旧東ドイツとの関係で，ロシアや東欧でも話せる人はけっこういます。インターネットのサイトの7％強がドイツ語で，これは驚くことに，英語についで第二位。出版物で

Ⅲ．見果てぬ「他者」を求めて

図3　初期新高地ドイツ語（『ルター訳聖書』）
　　　使われているのがフラクトゥア（髭文字）である

図4　DUDEN 社発行のドイツ語辞典

第6章　ドイツ語ノススメ

は約12％で三位です。世界中の言語の中でも，通用する範囲が比較的広い，実用性の高い言語と言えるでしょう。

● **ドイツ語を学ぶと？**

　ドイツ語の魅力として最大のものは，それが話されているドイツ語圏の国際的な重要性です。政治的，経済的にEUの中心になっており，よく知られているようにドイツは世界第四位の経済大国。BMW，ベンツ，フォルクス・ワーゲン，アディダス，バイエル製薬，ジーメンスなどのドイツ企業は世界でも有名です。オーストリアも23位くらいですから，ドイツ語圏ならさらにその重要性は増します。さらに，ドイツは伝統的な文化大国。その証拠に，ドイツ語圏出身のノーベル賞受賞者は，化学分野で30名，医学分野で25名，物理学の分野では28人，文学賞10人，平和賞8人と実に多い。ドイツ文化が日本へ与えた影響も大きく，森鴎外や滝廉太郎，北里柴三郎，和辻哲郎などドイツへ留学した日本の偉人も数多いのです。そのためか，かつては第二外国語の主流でした。英語以外では一番学ばれていた外国語だったんです。文科省による第二外国語の廃止で，選択必修ではなくなってしまいましたが。

　ドイツはまたサッカー大国であり，2014年のブラジル大会まででワールド・カップ優勝4回，準優勝4回，3位が4回という輝かしい成績を残しています。ドイツ国内のプロ・サッカー・リーグをブンデス・リーガと言い，その一部や二部のクラブ・チームには日本人選手も所属していることは，よく知られている通り。さらにドイツはクラシック音楽大国でもあって，ベルリン・フィルハーモニー管弦楽団は世界的に有名ですね。ミュンヘン国際音楽コンクールやレオポルド・モーツァルト国際ヴァイオリン・コンクールなど国際的なクラシック・コンクールも開催され，日本人も参加して，ときには優勝したりしています。

　こうしたドイツ語圏と関わり，ドイツ人と交流するには，まずドイツ語ということになります。確かに，英語の話せるドイツ人は，特に高学歴ほど多いのですが，母語はやっぱりドイツ語。親しくなるにはドイツ語が話せるに越したことはありません。無論，ドイツへ行って生活するにも。ドイツに滞在する機会という

Ⅲ．見果てぬ「他者」を求めて

と，学生であれば留学ということになります。後で見るように学費が安いこともあって，全世界から20万人以上の留学生がドイツで学んでいるのです。それに，博士号などドイツの学位は取るのが難しいけれど，逆にその分学術の世界における評価は高い。社会人であれば，ドイツへの海外赴任でしょうか？　現在，約3万7千人の日本人がドイツに滞在しており，うち研究・留学で滞在しているのは約4400人です。

　ドイツ語の更なる魅力として，ドイツの古典の存在があります。文学で言えば，レッシング，ゲーテ，シラー，ヘルダーリン，ハイネ，ブレヒト，ヘッセ，カフカ，トーマス・マン，ミヒャエル・エンデ，グリム童話など。音楽では，バッハ，ヘンデル，モーツァルト，ベートーベン，シューマン，メンデルスゾーン，シュトラウス，ブラームス，ワーグナーなど。特に私の専門とする哲学においてはドイツは大国で，カント，フィヒテ，シェリング，ヘーゲル，ショーペンハウアー，ニーチェ，マルクス，ウィットゲンシュタイン，フッサール，ハイデガーと，そうそうたる名前が並びます。ドイツ哲学はどこまでも徹底した思索が特徴。哲学の世界ではドイツを外すことなど考えられません。私の専門であるカント哲学などは，主著であり「三批判書」と呼ばれる『純粋理性批判』，『実践理性批判』，『判断力批判』をはじめとして哲学の広い分野で強い影響を与えており，世界中で研究されていて，哲学研究者で知らなければモグリと言ってもいいほど。よく言われる「人格の尊厳」はカントの概念ですし，なんと，国連つまり国際連合の創設はカントの『永遠平和のために』という著書の哲学に基づいています！

　近年英語が幅を利かせる学問の世界ですが，これらの古典を原典で読むなら当然ドイツ語が必要で，学術研究の対象にしようと思えば，二次文献の相当部分もドイツ語です。日本語に訳されているのはごく一部にすぎません。ですから，ドイツ文学やドイツ哲学を本気で研究しようと思うなら，日本語や英語だけでは無理で，ドイツ語が必須。加えて，ドイツ語の古い稀覯本や手稿となると日本では入手さえ困難で，ドイツ留学が必要となることもしばしば。実のところ私がドイツに留学したのも，日本では手に入らない文献を研究するためでした。ついでに言うと，日本人がこうした分野で国際的に発表する論文を書くなら，これもたい

第6章 ドイツ語ノススメ

図5 レクラム文庫

ていドイツ語。日本語論文の欧文要旨もですね。哲学の国際学会では英語，フランス語と並んでドイツ語も公用語となっていることが多いのです。

ドイツ語のおまけ的な魅力としては，レクラム文庫（図5）の存在があります。これは岩波文庫のモデルとなったもので，世界中の古典がドイツ語に翻訳されており，中には，まだ日本語に訳されていない文献も。ドイツも日本に劣らず翻訳大国なんですね。文化的には日本と同じで辺境国だった歴史のためかもしれませんが。ギリシア，ラテンの古典語の対訳が充実しているのも魅力です。レクラムも含め，現代の英仏語文献の独訳も多いので，フランス語を知らない場合，邦訳のない仏語文献を独訳で参照するのも一手。

そして，ドイツ語は日本語へもかなりの影響を及ぼしていて，物理化学用語で，エネルギー，シャーレ，ゲルなど，医学用語では，カルテ，ノイローゼ，ホルモンなど，クラシック音楽用語で，タクト，メトロノームなど，登山・スキー用語で，ゲレンデ，ボーゲン，ザイルなど，思想用語でも，アンチテーゼ，イデオロギーなどの外来語はドイツ語から来ています。

Ⅲ．見果てぬ「他者」を求めて

2．ドイツ語学習について

●ドイツ語の特徴

　学ぶ上でのメリットとして，ドイツ語は日本人にとって修得が他の外国語に比べ比較的簡単だということがあります。なにしろ，発音は原則ローマ字読みですし，日本語同様音節区分がはっきりしていて，リエゾンがないので聞き取りやすい。発音しなくなる文字がＨの一つしかないし，文法も規則的で例外が比較的少ない。日本語と語順が同じになる場合すらあります（節はすべてそうです）。読むときにも，文の区切りに必ずカンマが入るので，英語のようにどこまでが節なのかと悩むことがありません。覚えることは多いですが，覚えてさえしまえば，問題なく使えるようになる言語です。文法がきれいに英語と対応する場合が多いのも，日本人にはありがたいですね。

　ここから，ドイツ語を学ぶ上で気を付けておいた方がいいことを挙げておきます。まず，英語は主格，属格，与格の三格ですが，ドイツ語は主格に相当する一格，属格に相当する二格，与格に相当する三格と，奪格と訳される四格で四つの格をもっています。日本語では「てにをは」に相当するので，格変化を完全に暗記することが重要です。変化するのは，冠詞と代名詞，形容詞が主ですが，名詞も格変化する場合があるので注意が必要。形を見て一目で格がわかるくらいになってください。次に，普通名詞は必ず定冠詞の一格を付けて複数形と一緒に覚えること。ドイツ語の普通名詞はすべて，男性か女性か中性という性をもっており，これが文法的に非常に重要で，定冠詞は名詞の性を表しますから。ドイツ語が読めても話せない，書けない一番の理由は，名詞の性と複数がわからないことなんですね。複数形は割と規則的ですが，その規則が何パターンかあります。実は読むときにも，特に代名詞の対応関係や関係詞に対する先行詞を見つける際に，性と数は重要になってきます。若干の規則はあるので，慣れると見当がつくようにはなってきますが，初学のうちはいちいち覚えていくことが必要です。発音は基本ローマ字読みなのは上述した通りですが，ウムラウトという「¨」が上

第6章 ドイツ語ノススメ

についた母音と複母音の発音はちょっと特殊で，日本人には若干難しいかも。特にÜとÖ。Rの発音も厳密には舌を震わせなければならないので，ちょっと厄介。忘れてはいけないのが，新正書法に注意すること。上述したように，ドイツでは正書法の改定が何度か行われており，現時点で2006年の改定が最新。それ以前とは綴り方が変わっています。したがって，それ以前の辞書や参考書は間違っている場合があるんです。ドイツ語を学ぶ際には，若干面倒ですが，常に最新の辞書や参考書を使わなければなりません。それでいて，昔の文章の引用はそのままというのが厄介なんですけど。

　ドイツ語の一文を文法的に見てみましょう。

Wer fremde Sprache nicht kennt, weiß nichts von seiner eigenen.
外国語を知らない者は，自分自身の言語についても何も知らない。

　これは日本でも有名な文豪ゲーテの格言の一つ。Werは英語で言えばwhoに当たる疑問代名詞ですが，ここでは主語となる関係代名詞として使われています。Spracheは女性名詞単数四格なので，fremdeと形容詞fremdが女性単数四格に格変化。ドイツ語ではすべての節で動詞は節末に後置され，nichtは英語のnotで，動詞kennenの三人称単数がkennt。weißは不規則変化動詞wissenの三人称単数形。nichtsは英語で言えばnothingに当たり，vonは「について」を意味する前置詞で後には三格が来ます。seinerは女性三人称単数三格の所有形容詞で，eigenという形容詞の女性三人称単数三格eigenenの後に，繰り返しを嫌がって，名詞Spracheが省略されています。

●**ドイツ語学習上の注意**
　ドイツ語の学習法について言うなら，まず，ドイツ語をできる限り口に出しましょう。間違うことを恐れていては進歩はありません。ドイツ語はまず音声言語であり，話すことが第一です。読むときも音読を心がけるといいと思います。そして，ネイティブの発音をたくさん聞いて耳を慣らしましょう。今の時代，BS

テレビでも，インターネットでも，いくらでもただでネイティブのドイツ語を聞くことができます。たとえばドイツ国営放送 ZDF や ARD のサイトや動画投稿サイトの YOUTUBE などで，ドイツのテレビ番組や，独訳された日本のアニメ，流行歌，学術講演まで見られる便利な時代です。ドイツ留学まで射程に入れてドイツ語を学ぶなら，近くにあれば，ゲーテ・インスティトゥートのドイツ語講座に通うのが，いわば王道。これはドイツ政府が開いている海外のドイツ語学校で，学費が安い上に，講師は全員ネイティブ，短期の語学留学もでき，語学試験を受けて成績が良ければドイツの大学の語学試験免除になるという優れもの。現在は，東京，京都，大阪にあります。いろいろとドイツ文化紹介のイベントも開いているので，一度訪ねてみるといいでしょう。インターネット・サイトも充実しています。ドイツ文法と言うと，古典と言えるのが関口存男の諸著作ですけど，絶版でオンデマンド出版だけだったり，新正書法に対応していなかったりするのが残念。中島悠爾らによる白水社の『必携ドイツ文法総まとめ』，やはり白水社の清野智昭『ドイツ語のしくみ』も評価の高い文法書です。辞書は小学館の『独和大辞典　コンパクト版』があれば，ちょっと厚くて重いですが，ほぼ一生使えます。巻末の教材情報を参照。

3. ドイツ留学の魅力

● **ドイツ留学のメリット**

　ドイツ語を学んである程度のレベルへ達すると，人によってはドイツ留学ということを考えるようになってきます。ドイツ語力をさらに伸ばしたい，ドイツで研究がしたい，ドイツの大学の学位がほしいと，動機はさまざまでしょうが。そこで，ドイツ留学の魅力について解説してみたいと思います。具体的な留学手順については巻末の留学情報を参照。

　まず言えることは，ドイツは学費が安いこと。日本の大学と比べると圧倒的ですし，英米よりもはるかに安いです。そして，ドイツの大学は入学が簡単。日本

第6章　ドイツ語ノススメ

の大学生ならまず間違いなく OK。もっとも，語学試験は別ですが。さらに，ドイツの大学は教育レベルが高い。独特の学術的雰囲気というものがあり，教授就任資格論文 Habilitation の義務付けと厳格なランク分けが教授や講師のレベルを保っています。ドイツの大学のスタイルは，日本の大学のそれのオリジナルでもあるんですよ。明治期に日本の大学のモデルにされましたから。それに，ドイツでは割と日本学 Japanologie が盛んです。日本学科のある大学も多く，日本文化への関心も高い。日本の古典からいわゆる Cool Japan にいたるまで，幅広く研究されています。そういう大学の場合，語学として日本語，副専攻として日本学を選択するのもあり。もっとも，試験の解答はドイツ語ですけどね。

　また，上述したように，ドイツの学位は国際的にも評価が高いです。ドイツの大学の博士号をもっていれば，下世話な話ですが，日本でアカデミック・ポストを得るにもかなり有利。ドイツ留学の研究上のメリットとしては，何より文献が充実していること。大学の附属と学部の図書館はとにかく大きく，蔵書の数と種類も半端ではありません。ドイツ語の原典を研究対象として最高レベルの研究をしたい場合，ドイツ留学はほぼ必須です。先述したように，日本では入手できない文献も多いですから。古い稀観本や手稿を発見するにもドイツの大学の図書館は頼りになります。ただし，そうした本を見つけても，貸し出しやコピーは禁止されている場合が多く，私は留学中ひと夏の間大学図書館に通って，手書きで写す羽目になったんですが。

　ドイツ留学の生活上のメリットは，まず，生活費が安いこと。ただし，日本と全く同じ食生活を送るなんていう贅沢さえしなければ。ドイツ人のように生活するなら，日本よりはるかに安く済みます。それに，ドイツ人は親切 gastfreundlich です。親しくなると実に面倒見がいいし，道に迷っていると見知らぬドイツ人がすぐに声をかけてくれます。さらに，他国と比べれば治安もいい。その上，ドイツ料理は美味しい。素材の味を生かした素朴なドイツの料理は日本人の口に合います。腸詰 Würst, ジャガイモ Kartoffel, ザウアー・クラウト Sauerkraut, パン Brot, ビール Bier, ワイン Wein, ケーキ Kuchen などなど (写真6)。

Ⅲ．見果てぬ「他者」を求めて

写真6　ザウアークラウトと焼きソーセージ

　腸詰はローストしたり茹でたりする他に，バターのように塗って食べるペースト状のものもあります。驚くことに，缶詰や瓶詰めでも売ってます。ジャガイモは驚くほどに多様な食べ方をされていて，茹でたり焼いたりするばかりか，ピューレや団子，ホットケーキ状にすることも。ザウアークラウトは実に酸っぱいですが，慣れると病みつきに。温めるとさらにおいしくなります。パンはこんなにおいしいものだったのかと目からうろこが落ちるほど。中でもライ麦パン Rogenbrot が香ばしくてお薦め。全粒パン Vollkornbrot はちょっとくせが強いかも。一番よく見るのは丸くて小さい Brötchen。朝食や立食パーティなどではかごに入って出てくるので好きなだけ取れます。屋台で腸詰を買ってもたいてい付いてくるもの。これを二つ割にするか，切込みを入れて，いろいろなものをはさんで食べます。その状態で市販されているものが Bedeckt。ドイツ中に地ビールがあり，法律まであって伝統的な製法を守っています。実に安いのでドイツの大学生には本当に水代わり。パーティなどで実によく飲みます。ドイツの水道水はそのままでは飲めないので，飲み水は買ってこなければならず，これがけっこう重いのでたいへん。ミネラル・ウォーター Mineralwasser がさまざまな容器で売っており，多くは炭酸入りですが，炭酸抜き Stilles もあります。もちろん，レストランでもお冷やは出てこず，注文しなければなりません。ビールと比べるとワインはやや高級なイメージ。モーゼル，ライン，フランケンなどが名産地で

す。ドイツのケーキはとにかく甘い！　それにさらに生クリームをかけて食べるんですから。日本人にとってちょっとショックなのは，こちらではジャポニカ米をミルクライス Milchreis といって，牛乳でおかゆにしたような，甘いデザートとして食べます！　魚料理が乏しいのだけが，日本人にはつらいところです。

　勉強だけではなんですので，息抜きもかねてドイツ文化を味わってみてはいかがでしょうか？　美しい中世都市巡りをするもよし，ブンデス・リーガのサッカー Fußball を楽しむもよし，ドイツ偉人の足跡を辿るもよし，美術館を訪ね歩くもよし，カーニバル Karneval で浮かれるもよし，クラシック音楽にひたるもよし。ドイツの観光地としては，ドイツ政府が定めた観光街道があり，ロマンティック街道，メルヘン街道，ライン下りが特に有名。中世都市としては，ハイデルベルクとローテンブルクは絶対に見逃せません（写真7）。できればノイシュバンシュタイン城へも足を延ばしたい。大都市でも旧市街 Altstadt は見どころいっぱい。ただし，戦後に再建された建物が多いですが。シーズン中ならブンデス・リーガは毎週開催してます。チケットも日本とは比べ物にならないくらい安いです。スタジアムのあの雰囲気を一度味わってみてください。ドイツ偉人の生誕地などにはしばしば博物館が建っています。自分の研究対象の足跡を追ってみるのも，研究にはプラスですね。ドイツの美術館，博物館はとにかく大きく，展示品も多いので，本気で見学するなら，まず半日は覚悟した方がいいです。ドイツの二月と言えばカーニバル（写真8）。キリスト教の行事になっていますが，元はおそらく，冬を追い払うゲルマンの春祭り。日頃謹厳なドイツ人がこのときだけは羽目を外し，さまざまな仮装をして浮かれ騒ぎます。バラの月曜日 Rosenmontag のパレードがクライマックス。ときどきお菓子をばらまきながら，たくさんの山車と鼓笛隊が町中を練り歩きます。ケルンのカーニバルがドイツ最大で，見ていたらパレードがすべて通り過ぎるまで五時間以上かかりました。また，ドイツはヨーロッパのほぼ中心に位置していますので，南欧へも北欧へも西欧へも東欧へも旅行で足を伸ばすには最適です。

Ⅲ．見果てぬ「他者」を求めて

写真7　中世の宝石ローテンブルク

写真8　ケルンのカーニバル

4．ドイツの大学生活

● **ドイツ留学の実際**

　ここでの記述は，私自身が留学したボン大学のケースと，やはりドイツ留学していた友人数人からの情報によるものなので，大学によっては細部において異なっている場合もあることに注意してください。

　手軽にドイツへ留学するなら，大学のサマー・コース Sommerkurs をお薦めします（写真9）。夏休みの約1カ月の間，世界中からの留学生が集まって，ドイツ語を学んだり，さまざまな行事に参加したりというもの。私自身もボン大学のサマー・コース（2014年度は8月5日〜29日）に参加しましたが，世界中の学生と交流できますし，バスでの遠足，コンサート，観劇，社会見学，スポーツ大会，パーティなど行事も盛りだくさん。参考例としてボン大学のサマー・コースの場合，申し込み締め切りは5月31日，費用は730ユーロ。夏休みで空いている学生寮への宿泊なら，それにプラスして220〜320ユーロの宿泊料がかかります。他大学のものはその大学のホーム・ページで確認してください。

　とりあえず大学の入学許可を得た場合，大学の準備講座 Studienkolleg や語学試験準備ドイツ語講座 Studienbegleitende Deutschkurse für Studierende ohne DSH に通って語学試験に備えることになります。自信があれば直接試験

第6章　ドイツ語ノススメ

写真9　サマー・コースでのバス旅行

を受けることもできますが。その語学試験は，かつては大学ごとに PNdS とかいろいろあったんですけど，現在は全国的に DSH (Deutsche Sprachprüfung für den Hochschulzugang) で統一されています。試験の内容は，テクストを聴き取って質問に答える，テクストを読んで質問に答える，文を書き換える，テーマを与えられて作文するというもので，相当にレベルは高いです。落第すると，3回しか受けられないので注意。試験料 Entgelt は現時点で 110 ユーロ。大学のサイトで過去問が見られます。参考までに，「欧州評議会が定めたヨーロッパ言語を対象とする共通の語学力評価基準」で大学入学に必要なレベルを挙げておきましょう。

　B1　明瞭な通常のドイツ語であれば，仕事や趣味や生活など日常的な事柄についてのドイツ語の発言や文章が理解できます。例えば，旅行中に出会うさまざまな出来事に対して，必要な対応ができ，また，自分の経験や夢・希望・目標などについて話すことができます。さらに，自分に身近なテーマあれば，意見を述べたり，その論拠を説明したりできます。

　B2　抽象的で複雑なドイツ語で表現されても，その趣旨が理解できます。自分の仕事や専門分野に関する事柄なら，ドイツ語で行われる議論の内容が理解できるだけでなく，自分の立場や意見を述べたり，あるいはひとつの意見に対する利点と不利点を論述したりできます。日常的ないくつかのテーマでは，広い範囲

Ⅲ．見果てぬ「他者」を求めて

にわたって明確に意見と情報が交換でき，ドイツ語を母国語とする人との間で，相互に困難を感じずに自然な会話が成立します。

さらに，高得点合格者は DSH 免除となる外国人向け語学試験 TestDaF の合格基準はこんな感じです。

・さまざまな種類の短い文章を読んで，重要な情報を見つけることができる
・報道記事や学問的文章を読んで，概要から細かい点まで理解することができる
・日常的な場面で，細かいインフォメーションまで理解することができる
・学生生活や学問一般についてのインタビューや対談を理解することができる
・学問的な講演を聞いて，内容を理解することができる
・構成のしっかりした，明瞭な文章を書き，論証をすることができる
・複数のデータを記述し，まとめ，相互に比較することができる
・議論や会話のなかで自分の意見を根拠づけて説明し，反論を吟味しつつ，仮説を唱えることができる

●ドイツの大学生活いろいろ

　最後にドイツの大学生活について。上述したように，入学と学籍登録 Einschreibung/Immatrikulation は違います。登録には語学試験合格が必要。これをしないと単位も学位も得られません。一度学籍登録しても，学期ごとに手続き Rückmeldung をしなければならず，学費と学生会費 Sozialbeitrag を払い込み，保険に入っている証明書をつけて，学生課 Studentensekretariat で申請します。すると，一連の証明書とともに，学籍番号 Matrikelnummer のついた学生証 Studentenausweis が送られてくるんです。これは図書館利用証の申請など大学関係の申請の際には必須で，もっていれば近郊の電車，バスが乗り放題になる学生チケットも兼ねていますから，絶対に失くさないようにしましょう。学生会費は 250 ユーロで，学生会 Studentenwerk の事業予算もここから出ています。学生寮 Studentenwohnheim，学生食堂 Mensa なども学生会の

第6章　ドイツ語ノススメ

写真10　ホネフェルダー教授の研究室にて

運営です。ドイツの大学生には保険加入義務があり，現地の学生保険に加入しなければなりません。これは，学生課で紹介してくれます。私の場合，歯医者で親知らずを4本，全身麻酔で抜かれたとき，この保険が利いて，一日の入院費用だけの支払いで済みました。外国人留学生がお世話になるのが，Department of International Affairs。ここは外国人留学生向けプログラムを企画，主催しており，バス旅行などを実施する他，留学生クラブなども開いています。困ったときは相談に行くとよいでしょう。私はロータリー財団の奨学生だったため，現地のロータリー・クラブが付けてくれた顧問であるボン大学哲学科のホネフェルダー教授に大変お世話になりました（写真10）。

　日本の大学と違い，履修登録は講義ごとに行われます。講師に直接申し込んだり，初日の出席がそのまま登録だったり，講師室のドアに貼ってあるリストに記名したりと，スタイルはいろいろ。講義によっては，希望者が多すぎるとくじ引きや先着順で受講できないという場合もあります。ドイツの大学の場合，講義要綱 Vorlesungsverzeichnis は書店で市販されているものを学期ごとに購入するのが普通。今はネットでも見られる場合が多いですが。要綱の記載で重要なのは，講師 Dozent との面会時間 Sprechstunde。なにしろ，レポートの担当から口頭試験のテーマまで，すべてが講師との直接面談で決まりますので。ドイツ

Ⅲ．見果てぬ「他者」を求めて

の大学の教授の権力は大きく，裏ワザですが教授を通すと相当の無理が効きます。私の場合，学生寮入寮の年齢制限を過ぎていたにもかかわらず，教授の鶴の一声で入居できました。そのためにも講師や教授との相談は重要です。この面会時間は週に一，二時間なので注意。これを逃すと，一か八か講師室へ行ってみて講師がいるのを期待するか，講義終了後を待ち伏せるか，電話でアポをとるしかなくなります。

　ドイツの大学の単位 Schein は成績を書いたハガキ大のカードになっていて，単位を集めるとは文字通りこのカードを集めること。単位を取るには，講義に出席し，レポート発表 Referat，口答試験 mundliche Prüfung，筆記試験 Klausur，課題レポート Hausarbeit などをクリアすることになります。どれになるかは講師次第。聴講するだけでもらえる聴講単位 Teilnahmeschein もあり，これも立派な必要単位。どういう単位がどれだけ必要かは，学科や求める学位によって違いますので，学位修得規則で調べてください。日本の大学で取得した単位も認定されるので，できるだけ多く認定されるよう，がんばって自分の所属する学部本部 Dekanat と交渉しましょう。私の場合，長年ドイツ哲学を研究していたのが認められて，副専攻である近代ドイツ文学の初級の単位が免除され，一学期分時間を節約できました。授業は日本と同様，講義とゼミナールの二本立て。出席をとる場合は，リストが回されて，そこにサインする形が多いようです。資料は配布ではなく，一定の場所に置いてある講師のファイルから，学生が自分でコピーする形。講義は基本的に大教室で講師が一方的に話すのをノートにとるスタイル。ゼミは中小の教室を使い，学生が積極的に参加して授業を作っていきます。いかに留学生であっても，ただ聞いているだけのお客さんになっていてはダメ。自分から積極的に前に出て発言しないと，能力そのものがないものと見なされてしまいます。注意するべきは，学科によってゼミが段階制になっている場合があること。入門，初級，中級と順に単位をとっていかないと次に進めず，当然その分だけ学期がかかります。ドイツの一部の大学では，修士号や博士号の修得のためにラテン語が必修の場合も。私の場合，日本の大学で学んでいたラテン語のおかげで苦になりませんでしたが。学位規則で調べておきましょう。

第6章　ドイツ語ノススメ

写真11　ボン大学の学生ストライキ

　学術レベルは高いのですが，ドイツの大学でも，文教予算の縮小と大学進学率の上昇により，学生の学習環境悪化が問題になっています。人気講義だとすし詰め教室はざら。机といすが足らず，立ったままとか，床に座っている学生さえ出ます。近年の学士制 Bachelor の導入も，四年間で確実に卒業させることで，大学生の人数を減らそうという思惑があるとか。このため，ドイツでは80年代から学習環境改善を求めて学生ストが頻発。特に，1997年秋と2009年夏の学生ストはドイツ中に広がりました（写真11）。もしかするとすし詰め教室に拍車をかけているかもしれませんが，ドイツでは大学に一度入学すると入学許可は終身なので，定年後の老人が数多く大学に通っています。これが俗に言う永遠の大学生 Ewiger Student。少子高齢化の対策として，日本でも導入してみたらどうでしょうか？　最後に，ドイツ大学式拍手を紹介しておきましょう。講義や講演の終わりに，こぶしを軽く握って，机をコツコツと叩くんです。学会などで，これをやっている出席者は，ドイツ留学帰りだなとすぐにわかります。

　どうでしょう？　ドイツ語を学ぶ魅力がわかってもらえたでしょうか？　この一文がドイツ語を学ぼうとする人を少しでも増やし，また，そうした人の手助け

Ⅲ．見果てぬ「他者」を求めて

になることを願って，筆を置きます。

Vielen Dank für Ihre Aufmerksamkeit!

郵便はがき

6 0 6 - 8 7 9 0

料金受取人払郵便

左京局
承認

7279

差出有効期限
平成28年
3月31日まで

(受取人)

京都市左京区吉田近衛町69

　　　　　京都大学吉田南構内

京都大学学術出版会
　　　　　　読者カード係 行

▶ご購入申込書

書　名	定　価	冊　数
		冊
		冊

1．下記書店での受け取りを希望する。

　　　都道　　　　　市区　店
　　　府県　　　　　町　　名

2．直接裏面住所へ届けて下さい。

　お支払い方法：郵便振替／代引　公費書類（　　）通　宛名：

> 送料　税込ご注文合計額3千円未満：200円／3千円以上6千円未満：300円
> 　　　／6千円以上1万円未満：400円／1万円以上：無料
> 　　　代引の場合は金額にかかわらず一律200円

京都大学学術出版会

TEL 075-761-6182　学内内線2589 / FAX 075-761-6190または7193
URL http://www.kyoto-up.or.jp/　E-MAIL sales@kyoto-up.or.jp

お手数ですがお買い上げいただいた本のタイトルをお書き下さい。
(書名)

■本書についてのご感想・ご質問、その他ご意見など、ご自由にお書き下さい。

■お名前
(歳)

■ご住所
〒

TEL

■ご職業　　　　　　　　　　■ご勤務先・学校名

■所属学会・研究団体

■E-MAIL

●ご購入の動機
　A.店頭で現物をみて　　B.新聞・雑誌広告（雑誌名　　　　　　　　　）
　C.メルマガ・ML（　　　　　　　　　　　　　　　）
　D.小会図書目録　　　　E.小会からの新刊案内（DM）
　F.書評（　　　　　　　　　　　　　　　）
　G.人にすすめられた　　H.テキスト　　I.その他
●日常的に参考にされている専門書（含 欧文書）の情報媒体は何ですか。

●ご購入書店名

　　　　都道　　　　　　市区　　　店
　　　　府県　　　　　　町　　　　名

※ご購読ありがとうございます。このカードは小会の図書およびブックフェア等催事ご案内のお届けのほか、広告・編集上の資料とさせていただきます。お手数ですがご記入の上、切手を貼らずにご投函下さい。
　各種案内の受け取りを希望されない方は右に○印をおつけ下さい。　　案内不要

7 外国語は命綱
── イタリア語をめぐる冒険

内田健一

命綱としてのイタリア語

　2013年の春休みに京都大学文学部の外国語支援プロジェクトの活動の1つとして，『葉隠』をイタリア語と英語で読むセミナーを開催した。セミナーの目的は，日本の文化を外国人に紹介することと，その前提として日本人が自国の文化を外国語で説明できるようになることであった。『葉隠』とは，18世紀初めに佐賀藩で編纂された武士道をテーマとする書物で，冒頭の「武士道といふは，死ぬ事と見付けたり」という一節が名高い。

　イタリア語の方のクラスには日本人2名が参加して，原文と現代語訳と伊訳と英訳の4つを読み比べながら，別の言語に置き換えることの難しさと楽しさを共有した。英語の方のクラスには，シリア人とコロンビア人の留学生が1名ずつ参加して，全てのコミュニケーションを英語で行った。私は英語に関して，大学の必修の授業以来，ほとんど勉強することも会話することもなかったが，何とか苦境を乗り越えた。私も受講生もセミナーを有意義なものにしようという意欲が高かったので，拙い言葉でも分かり合うことができたのだろう。

　昨今，英語の重要性が叫ばれている。しかし，言語の習得は個人の選択であって，それを社会的に外部から強制することはできないと私は思う。「できない」というのは，倫理的に正しくないという意味ではなくて，そう簡単に勧誘や命令によって人の心が動くものではないという意味である。言葉を学ぶのは単純なことではない。数学であれば，きっと数字だけを相手にすれば良いのだろうが，言葉はそれにまつわる多くのもの，つまりその言葉を作り上げた文化も受け入れな

Ⅲ. 見果てぬ「他者」を求めて

ければならない。それが嫌ならば，言葉を学んで身に付けるのは，生死に関わるような必要性に迫られない限り，不可能である。

　私は，実は，できれば英語と無縁でいられたら幸せだろうなと思っている。肉体の祖国である日本と精神の祖国と決めたイタリアの言葉と文化を学ぶだけでも，私は十分に豊かさを感じることができる。『葉隠』セミナーの最後に留学生が質問した。「このグローバル社会の中で，日本は文化の独自性を守っているように見える。一体どのようにしているのか？」私は専門家ではないが，思うところを素直に答えた。「自分の言葉を守ることによって文化を守っている。それは英語を敢えて身に付けないという，消極的な形で現れることもある。言葉とは文学であり，特に詩によって表現された感情である。私は自分のアイデンティティを，万葉集をはじめとする日本語の歌の中に見出している。」私にとって言葉は自分の文化へのプライドの源泉である。サムライを知るには，まずその言葉を知らなければならないのではないだろうか。

　自国の言葉が人と国の根本であることを，イタリア・ルネサンスの理想的君主，フィレンツェのロレンツォ・デ・メーディチは知っていた。彼は1477年，ナポリ王の息子フェデリーコに『アラゴン詩集』を送った（章末「イタリア語の歴史」参照）。フィレンツェを中心とするトスカーナ地方の言葉で書かれた詩を集めたもので，ダンテ，ペトラルカはもちろん，ダンテ以前のチーノ・ダ・ピストイア，グイード・カヴァルカンティ，そしてロレンツォ自身の作品も含まれている。これは友情の印であるのと同時に，フィレンツェの優れた文化の伝統を誇示するものである。経済力や武力だけで，フィレンツェがイタリア半島の政治の要となることはなかったであろう。

　もちろん，私は外国語の学習を否定するつもりはない。言葉は知識を伝え，新しい世界へ導いてくれる。ルネサンスのフィレンツェの文化人にとってラテン語は，現代の我々にとっての英語のように，常識であった。更に当時のフィレンツェではギリシア語が学習され，プラトン哲学の研究が盛んに行われた。何とも浮世離れしたことだが，時には憂き世を離れたくなるものである。同じように私にとってイタリア語は，窮屈な現実から救い出してくれる命綱に他ならない。

第 7 章　外国語は命綱

イタリアのシンボル，コロッセーオ。見る角度によって印象が変わるのが，更にシンボルとして相応しい。最近，職員のストライキによって，観光客が炎天下で何時間も待たされた。

1. イタリア語を選ぶ

●イタリア語のプロフィール ── 昨日，今日，明日

　イタリア語はイタリア共和国のほか，イタリアの中にあるヴァチカン市国とサン・マリーノ共和国，そして北の隣国スイスの公用語である。また，東の隣国スロヴェニア，クロアチアでは第2公用語として位置づけられている。他にイタリア周辺のフランス，モナコ公国，マルタ，アルバニア，モンテネグロ，更にイタリアの旧植民地のリビア，ソマリア，エリトリア，エチオピアでも話されている。話者の数は，推計によるとイタリア国内に6000万人，国外に500万～1000万人である。

Ⅲ．見果てぬ「他者」を求めて

　イタリア語は，フランス語，スペイン語，ポルトガル語，ルーマニア語などと同様に，ラテン語から派生した。ただし，元になったのは高尚な「古典ラテン語」ではなく，庶民が会話に用いた「俗ラテン語」である。西ローマ帝国の崩壊（476年）が近づくにつれて，ラテン語とイタリア語を区別する現象が多く見られるようになる。その後，イタリアへ侵入したゲルマン系のゴート族，ランゴバルド族，フランク族，またイタリアに勢力を伸ばしたビザンツ帝国やアラブなどの言語の影響を受けた。

　イタリア語は，西洋音楽の楽譜に記入する音楽用語として世界中で広く用いられている。学問においては，イタリア関連以外の研究に役立つことは少ない。とはいえ，ローマ帝国，カトリック教会，ルネサンスの中心地であるイタリアの文化は，西洋全体に強い影響を及ぼしており，イタリア以外の国の文学，哲学，歴史，美術などを専攻する人にとっても，イタリア語を学習することは決して無駄ではない。

●イタリア語との出会い ── 陽気な国，サッカー，スパゲッティ

　大学に入学した私はイタリア語を第2外国語に選んだが，イタリア語に関する知識はゼロに近かった。一体なぜイタリア語を選んだのだろうか。イタリアが陽気そうだから？　それは確かにプラス要因だったであろう。サッカーが好きだから？　当時はまだJリーグがなく，国外リーグにも興味はなかった。

　おそらく，私がイタリア語を選んだのは，スパゲッティが死ぬほど好きだったからだ。当時の私は，ゆでたスパゲッティにケチャップをかけて食べるだけで大満足であった。そのような私を10歳上の姉がイタリア料理専門店（当時はまだ少なかった）に連れて行き，エビのクリームソースのスパゲッティを食べさせてくれたのだから，もう私の頭の中には外国というとイタリアしかなかった。

　入学したばかりで向学心に燃えていた私は，イタリア語の他にフランス語も勉強し始めた。しかし，同じラテン語から派生したイタリア語とフランス語は非常に似ていて，混乱した私はフランス語の方を諦めた。というのは，イタリア語の方が，綴りと発音が単純で分かり易かったからである。

第 7 章　外国語は命綱

　その後，現在に至るまで 20 年間，学び続けて全く飽きない。イタリア語のイタリア語によるイタリア語のための私の生活。ファッション，映画，オペラ，自転車，サッカー，そしてスローフード。私のイタリア語をめぐる冒険の日々は，今も続いている。

Column

イタリアことわざシリーズ① ── 伝統的なことわざ

　イタリアというと華麗な文化を有し，陽気な人々の暮らす国というイメージがある。しかし，実際にはそれとかけ離れた様々な側面もある。その知られざるイタリアを，民族の知恵の結晶であることわざに垣間見ることができる。

例文 1　Roma non fu fatta in un giorno
　　　　ローマは一日にして成らず

　偉業を成し遂げるには時間と継続力が必要である。一般的に，イタリア人は怠惰で粗雑と思われているが，実際にはそうではないことが多い。重い石を精密に積み上げた巨大なコロッセーオや果てしなく長い水道橋にこそ，イタリア人の特性が見出されるのではないだろうか。それは言語にも反映しており，イタリア語は文法が「重く」，一つの文章が長い。そして形式への強いこだわりがある。

例文 2　Natale coi tuoi, Pasqua con chi vuoi
　　　　クリスマスは家族と，イースターは好きな人と

　義務と自由を弁えなければならないということ。宗教の伝統を重んじるイタリアでは，クリスマスと同様にイースターも大切にされているとはいえ，このようなことわざがある。Tuoi と vuoi が韻を踏んでいる。

例文 3　Il cane morde lo straccione
　　　　犬は乞食を噛む

　災難は決まって不幸な人に降りかかる。悲観的なイタリア人は，思いのほか多い。近現代のイタリア文学を読むと，そのことを一層強く感じる。

7 イタリア語

Ⅲ．見果てぬ「他者」を求めて

ローマ郊外の水道橋

例文4　Il riso fa buon sangue
　　　　イル リーゾ ファ ブオン サングエ
　　　　笑いは良い血を作る

健全な陽気さは健康にも良いということ。イタリア人には暗い裏側もあるが，やはり基本的には，南欧の気候に似て，明るく温かい。

例文5　Quando il gatto non c'è i topi ballano
　　　　クワンド イル ガット ノン チェイ トービ バッラノ
　　　　猫がいない時，鼠は踊る

恐れるものがなくなると，人は好き勝手に行動する。これが，イタリア人の陽気さではないだろうか。Topi が「鼠」で，男性名詞 topo の複数形。トッポ・ジージョは，もともとイタリアのキャラクターである。

例文6　Gente allegra il ciel l'aiuta
　　　　ジェンテ アッレーグラ イル チエール ライウータ
　　　　陽気な人を天は助ける

朗らかに生きれば，苦難に耐え，成功を収めることができる。前向きに精一杯人生を楽しむイタリア人から，私は多くのことを学んだ。

第 7 章　外国語は命綱

2. イタリア語を学ぶ

　私が京都大学に入学した 1993 年，まさか当時のイタリア・ブームの影響ではないだろうが，イタリア語が全学共通科目に含まれて第 2 外国語となった。1 回生からイタリア語を勉強して，伊文に進んだ学生は私が最初である。それまでは，文学部のイタリア語 4 時間コースを 2 回生で取って，3 回生から専門の授業に出るのが通例だった。1 回生の段階では専門が決まっていないので，語学も含めて気楽に好きなことを学べた。

● 1 回生 ── イタリア語の勉強を続けよう
　授業は週 2 回で，1 回は日本人，もう 1 回はイタリア人が担当した。授業の内容は全く覚えていないが，雑談が楽しかったという印象だけは残っている。日本人の先生は，今では大学の教員として同僚となった。イタリア人の先生は，インターネットで検索してみると，ヴェネツィア大学の東洋学科で教えていることが分かった。久々に会って，話をしてみたいものだ。
　イタリア語を学ぶには，授業に勝るものはない。イタリア語の発音は日本語と似ているので，CD や DVD が付いた市販教材で独習できる。とはいえ，やはり生身の先生の教えようという情熱を込めて発音するイタリア語の方が，深く心身に染み込む。日本人の先生は，「君」を意味する tu（トゥ）の発音を，「つばを吐くように」と説明した。私は実際につばを吐き掛けられたような衝撃を受けた。イタリア人の先生は，イタリア語特有の gli（ッリィ）の音（「ギ」の口の形で「リ」と「イ」の中間の音を強めに出す）を教える時に，のどに筋を何本も立て，下あごを左右に何回も揺らして発音した。真似して発音する私は，首を絞められて窒息するような気がした。
　1 回生の期末テストを数年後に見返した時，私は新鮮な驚きを覚えた。幾つかの重要な動詞の，現在形の活用すら覚えていなかった。当時の私にとってイタリア語は第 2 外国語に過ぎず，完璧を目指す必要はなかったのである。大事なの

は勉強を続ける気になることで，続けさえすれば活用などは自然に覚えてしまう。

● 2回生 ── イタリア語の先生たちの熱意のおかげ

1回生の時と同じく週2回で，1回は日本人，もう1回はイタリア人が担当した。日本人の先生の授業は講読で，フランス・ガリマール社「発見叢書」のイタリア語訳（日本語訳もある）を使った。語学用ではないので文法の解説などは一切なく，かなり苦労したはずだが，今では何も覚えていない。先生がイタリアから取り寄せてくれた素敵な本は，今でも部屋の本棚に並んでいる。

イタリア人の先生は，イタリアで出版されたオーソドックスな外国人向けの教科書を使った。付属のテープやビデオよりも，dettato（デッタート）が私の印象に残っている。先生が教科書を読み，それを学生が聞いて紙に書くという単純な練習，つまり書き取りである。やはり，授業で生身の先生がするところに意味がある。また先生は授業を延長して，映画を見せてくれた。戦後すぐのネオレアリズモ（新写実主義），例えばロッセッリーニやデ・シーカの作品である。そのために先生は，わざと授業を5限目にしていた。私がイタリア語の勉強を続けられたのは，先生たちの熱意のおかげだ。

2回生の時，私はラテン語も勉強した。ラテン語はイタリア語とかなり似ているが，よりエレガントで美しい。名詞と形容詞の性・数・格，動詞の時制・法・態，そして自由な語順，それらの生み出す秩序に私は夢中になった。西洋古典を専攻しようとまで考えた。あるいは，ラテン語を使う考古学や宗教学も考えた。しかし結局，イタリア文学を3回生から専攻することにした。20歳前後の私は，まだ生への執着が強かったのだろう。古代ローマ人ではなく，生きているイタリア人から，この世の生の楽しみを学ぶことを選んだ。

第 7 章　外国語は命綱

Column イタリアことわざシリーズ②
── ヴェルガ『マラヴォリヤ家の人びと』

　イタリアの真実主義（フランスの自然主義に相当する）の代表者であるジョヴァンニ・ヴェルガは，シチリアを舞台に，本能に支配された人間の原始の姿を，方言的な要素を含んだ簡潔な文章で描いた。

　1881 年の『マラヴォリヤ家の人びと』に，ヴェルガは 200 以上のシチリアのことわざを織り込んだ。作者の主観を交えず，現実を客観的にそのまま描写するため，ヴェルガは作中の人物にことわざを語らせた。近代化以前のシチリアの漁村の人々は，自分自身の個人的な言葉で語るのではなく，全てをことわざによって表現していたのである。

例文1　Per menare il remo bisogna che le cinque dita s'aiutino l'un l'altro
　　　櫂を漕ぐためには，5 本の指が互いに助け合わなくてはならない

例文2　Senza pilota barca non cammina
　　　船頭がいなければ船は進まない

例文3　Per far da papa bisogna saper far da sagrestano
　　　教皇として働くには，聖具室係として働くこともできる必要がある

シチリア島から本土に渡る際は，電車も船に乗る

7 イタリア語

> 例文4　Fa il mestiere che sai, che se non arricchisci camperai
> 　　　　ファ イル メスティエーレ ケ サイ ケ セ ノン アッリッキーシ カンペラーイ
> 　　　知っている仕事をしなさい．そうすれば金持ちにはならないとしても，生き延びられるだろう
>
> 例文5　Chi ha carico di casa non può dormire quando vuole
> 　　　　キ ア カーリコ ディ カーザ ノン プオー ドルミーレ クワンド ヴオーレ
> 　　　家族を養う義務のある人は，寝たい時に寝ることができない
>
> これらの説明不要のことわざは，大昔から変わることがなく，将来も変わることがないような社会に生きる人々にとって，励みと慰めになったのである．

3. イタリア文学を学ぶ

　イタリア文学を専攻したのは，同学年で私1人だけだった．大抵は学年に2,3人で，時にはゼロのこともあった．希少価値に重きを置く私は自分の境遇に満足しつつも，競争原理の欠如に一抹の不安を覚えていた．

● 3回生 ── イタリア語の原文でしか分からない魅力

　先輩に混ざって，いきなりダンテ『新生』やボッカッチョ『デカメロン』など，イタリア文学の古典を読んだ．イタリア語は通時的な変化が少ないので，現代イタリア語を知っていれば，13, 4世紀のイタリア語もかなり読める．現代の基本的な語彙の約8割がダンテの時代と共通している．

　とはいえ，小学館の『伊和中辞典』(当時も今も，日本で最も詳しい)だけでは物足りなくなり，先生のアドバイスに従って日本の『広辞苑』に相当する『ジンガレッリ』を購入した．今ではイタリアのAmazonで簡単に買えるが，当時はイタリア書籍を専門に扱う東京の書店に電話をして，代金引換で送ってもらった．先生は授業中に時々『ジンガレッリ』を引いて確認していたが，それが学生の私の目には格好良く映った．当時の私は『ジンガレッリ』を引くために『伊和中辞

第 7 章　外国語は命綱

典』を何回も引かなければならなかった。

　授業では他に近現代の作品，例えばマンゾーニの『いいなづけ』やピランデッロの短編小説なども読んだ。それぞれに独特の文体と世界があって，すっかり魅了されてしまった。文学は，翻訳ではなく原文で読まなければ，絶対に分からない部分がある。

● 4 回生 ── イタリア語で書かれた長篇小説に挑戦

　純粋に学ぶことの尊さを信じていた私は，大学に残ることに決めた。ただし，何となく不純な響きがする「進学すれば留学できるよ」という先輩の言葉が大きかったのも事実である。

　卒論のテーマは，今でも研究を続けている作家のダンヌンツィオに決めた。一体なぜ彼に関心を持ったのだろうか。3 回生の詩のアンソロジーの授業で，印象に残ったのだろうか。東京大学出版会の『イタリア文学史』を通読して，気になったのだろうか。それとも日本文学を読むうちに，どこかで彼の名前に出会っていたのだろうか（平山城児『ダヌンツィオと日本近代文学』参照）。

　対象とする作品は，彼の初の長編小説『快楽』にした。これは，夏目漱石の弟子の森田草平による英語からの重訳『快楽児』がある。それ以降ずっと翻訳がなく，ようやく数年前に脇功によるイタリア語からの翻訳が出た。私は卒論のために，翻訳に頼らず 300 ページ以上のイタリア語を読んだが，楽しくて仕方なかった。それは，耽美的な内容に共感できただけではなく，イタリア語の原文の音楽性に共鳴できたからである。

● 大学院 ── イタリア詩の魔術的な音楽性

　先生の何気ない「詩でも研究したら？」という言葉で，私の関心は散文から詩に移った。イタリアの偉大な文学者は全て詩人であり，イタリア文学史は詩の歴史と言っても過言ではない。詩を学ばずして，イタリア文学は語れないのである。

　詩は原文を読まなければ意味がない。一行の音節の数，行中のアクセントの配置，行末の韻などの形式的な美，そして歌った時の音の響きという感覚的な美，

III. 見果てぬ「他者」を求めて

ローマのスペイン階段の上にあるズッカリ館。ダンヌンツィオの小説『快楽』の主人公が住む。

それらは詩の原文にしか存在しないのである。外国人には永遠に分からないのかもしれない，この美を私は追い求めている。

　言葉の意味を超えたイタリアの詩の楽しみを知ってもらうために，ダンヌンツィオの詩集『アルキュオネー』から，幾つか分かりやすいものを紹介しよう。読み方はほぼローマ字読みなので，イタリア語を知らない人も音読してみてほしい。

　まず「松林の雨」という作品では，夏の海岸の松林に降る雨の滴が，生い茂る植物の葉に当たり，音楽を奏でる。自然が人間のように意識を持つ一方で，人間は自然に帰って意識を失う。

E il pino	エ・イル・ピーノ	ほらマツの
ha un suono, e il mirto	ア・ウン・スオーノ，エ・イル・ミルト	音色，ほらギンバイカの
altro suono, e il ginepro	アルトロ・スオーノ，エ・イル・ジネープロ	別の音色，ほらビャクシンの
altro ancóra, stromenti	アルトロ・アンコーラ，ストロメンティ	また別の音色，様々な

148

第7章　外国語は命綱

diversi	ディヴェルシ	楽器を
sotto innumerevoli dita.	ソット・インヌメレーヴォリ・ディータ。	無数の指が奏でる。
E immersi	エ・インメルシ	そして私たちは
noi siam nello spirto	ノイ・シアーム・ネッロ・スピルト	森の霊気に
silvestre,	シルヴェストレ,	浸り,
d'arborea vita viventi;	ダルボーレア・ヴィータ・ヴィヴェンティ,	木々の命を生きている。
e il tuo volto ebro	エ・イル・トゥオ・ヴォルト・エブロ	そして君の陶酔した顔は
è molle di pioggia	エ・モッレ・ディ・ピオッジャ	木の葉のように
come una foglia,	コーメ・ウナ・フォッリア,	雨に濡れ,
e le tue chiome	エ・レ・トゥエ・キオーメ	そして君の髪は
auliscono come	アウリスコノ・コーメ	鮮やかなエニシダのように
le chiare ginestre,	レ・キアーレ・ジネーストレ,	良い香りがする,
o creatura terrestre	オー・クレアトゥーラ・テッレーストレ	おお, 地上に生きる
che hai nome	ケ・アイ・ノーメ	君の名は
Ermione.	エルミオーネ。	エルミオーネ。

全ての音が意味を持つ一方で，人間の言葉は意味を失う。社会的な日常を離れた空間で，過去と現在，神話と現実が神秘的に入り混じる。

　次に「波」という作品でも，言葉は意味を失い，波の音そのものとなる。日本語ならば，ピチャピチャ，ザザー，ジャバーンなどの擬音語を使うところだろう。更に言葉は擬態語として，波の動きまでも表現する。

O sua favella!	オー・スア・ファヴェッラ！	おお, 波の言葉よ！
Sciacqua, sciaborda,	シャックワ, シャボルダ,	すすぎ, そそぎ,
scroscia, schiocca, schianta,	スクローシャ, スキオッカ, スキアンタ,	さざめき, はじけ, ぶつかり,
romba, ride, canta,	ロンバ, リーデ, カンタ,	とどろき, 笑い, 歌い,
accorda, discorda,	アッコルダ, ディスコルダ,	調和し, 乱れ,
tutte accoglie e fonde	トゥッテ・アッコッリエ・エ・フォンデ	鋭く濁った音を
le dissonanze acute	レ・ディッソナンツェ・アクーテ	全てまとめて
nelle sue volute	ネッレ・スエ・ヴォルーテ	深い渦に

7 イタリア語

Ⅲ．見果てぬ「他者」を求めて

profonde,	プロフォンデ,	巻き込む,
libera e bella,	リーベラ・エ・ベッラ,	自由で美しく,
numerosa e folle,	ヌメローザ・エ・フォッレ,	整然として熱狂し,
possente e molle,	ポッセンテ・エ・モッレ,	力強くて柔らかい,
creatura viva	クレアトゥーラ・ヴィーヴァ	生き生きとした波は
che gode	ケ・ゴーデ	束の間の
del suo mistero	デル・スオ・ミステーロ	神秘を
fugace.	フガーチェ。	楽しむ。

世界の万物が生きているということ，そしてその生に気付くためには人間が言葉の束縛から解放される必要があることを，この詩は教えてくれる。並んだ詩行の活字は，砂浜の波の姿なのである。

Column　イタリアことわざシリーズ③ ── ダンヌンツィオのモットー

　1863年，アドリア海に面した小都市ペスカーラに生まれたガブリエーレ・ダンヌンツィオは，10代の頃から詩人として知られた。ニーチェの超人主義の影響を受けた小説『死の勝利』（1894年）は，日本でも繰り返し翻訳が出版された。浪費の挙句，フランスへ「亡命」と称して逃亡するが，第一次大戦が勃発するとイタリアに戻り，自ら飛行機や船に乗って，華々しい軍功を挙げた。

　ヴェルガのことわざが社会的であるのに対して，ダンヌンツィオのモットーは極めて個人的である。既に存在する言葉を用いる場合でも，独自性を付加している。彼の常識からの逸脱は，過剰な創造力が原因と考えられる。

例文1　Cinque le dita e cinque le peccata
　　　　チンクエ　レ　ディータ　エ　チンクエ　レ　ペッカータ
　　　　指は5本，罪は5つ

キリスト教の7つの大罪（邪淫，大食，吝嗇，怠惰，憤怒，羨望，高慢）のうち，2つは

第 7 章　外国語は命綱

ヴィットリアーレ（栄光館）にあるダンヌンツィオの墓の前にて

ダンヌンツィオにとって罪ではなかった。1 つは邪淫で，彼は十指に余る愛人を持った。もう 1 つは吝嗇の裏返しの浪費で，原稿料や印税で相当の収入があったにもかかわらず，常に借金を抱えていた。

例文 2　Per non dormire
　　　　ペル ノン ドルミーレ
　　　　眠らないために

この言葉を励みとして，知的な好奇心を失わず，眠る時間も惜しんで創作に打ち込んだ。1898 年から 1910 年まで彼が住んだフィレンツェ郊外の屋敷カッポンチーナの扉，窓，壁，家具など至る所に書かれ，また特注の手漉きの原稿用紙にも印刷されていた。

例文 3　Ardisco non ordisco
　　　　アルディスコ ノン オルディスコ
　　　　私は果敢に行い，陰謀を企てない

1919 年 5 月のローマでの演説中に，パリ講和会議でフィウーメのイタリア併合を認めようとしないアメリカ大統領ウィルソンに対して発した。また，同年 6 月に新聞報道された，ムッソリーニが計画した政府転覆の陰謀に，ダンヌンツィオも関与していたという疑惑を否定するためにも用いた。

例文 4　Cosa fatta capo ha
　　　　コーザ ファッタ カーポ ア
　　　　事が終わり，頭がある

7

イタリア語

151

Ⅲ．見果てぬ「他者」を求めて

　　済んだことは、どうしようもない。フィウーメ占領一周年にあたる1920年9月12日に、アメリカ上院に対して、フィウーメ議会の新しい決定を発表する際に叫んだ。Capo（頭）は、ここでは「始まり」の他に、「首領」という意味を持ち、ダンヌンツィオ自身を指す。もともとダンテが『神曲』の「地獄」第28歌で、この言葉を用いた。

　　例文5　Io ho quel che ho donato
　　　　　（イオ　オ　クエル　ケ　オ　ドナート）
　　　　　私は贈ったものを持っている

　　ダンヌンツィオの最も有名なモットーで、晩年に隠棲したヴィットリアーレ（栄光館）の玄関に彫り込まれている。自らの人生を全て芸術に捧げることで、永遠の名声が得られるということを彼は知っていたのである。

4．イタリアに留学する

　先生は「あまり早く留学するのは良くない、少なくとも大学院に入ってから」とアドバイスをした。億劫だった私は、それを曲解して、留学をどんどん先送りにした。しかし、先生が言いたかったのは、研究の対象をしっかりと絞ってから行かないと、留学中に満足の行く成果が得られないということであった。実際、計画した時間の2倍はかかるものである。

●ペルージャ留学（短期）── イタリア語でコミュニケーション

　留学の機会が訪れたのは、修士課程の時であった。イタリア政府機関のイタリア文化会館を通じて、ペルージャ外国人大学の授業料が1カ月分無料になる奨学金を貰った。本格的な留学ではなく、短期の語学研修である。7月20日に出発し、8月の授業を受け、9月10日に帰国する計画を立てた。

　ローマから電車に乗ってペルージャに到着したのは夕方だった。荷物は車輪付きのボストンバッグ1つで、丘の上の町の中心部を目指して歩いた。サッカーの中田がペルージャでプレーする以前のことである。今ならインターネットを

第 7 章　外国語は命綱

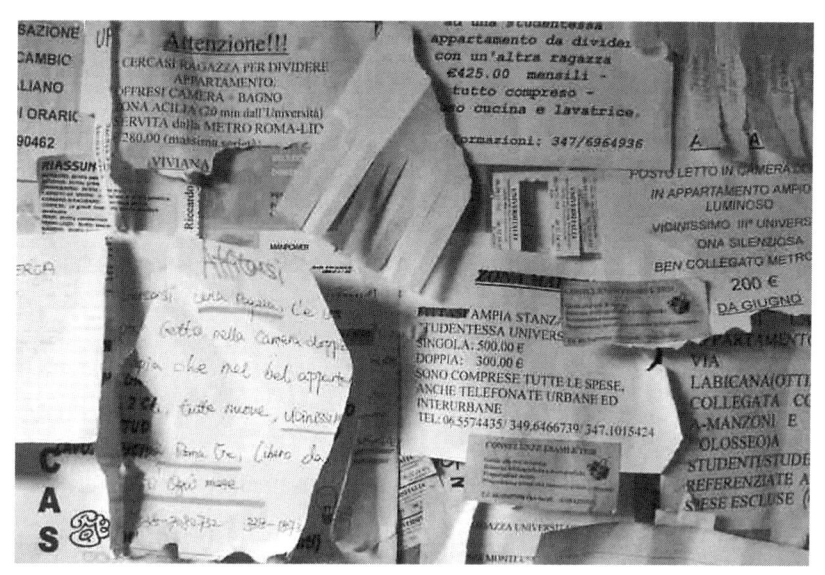

ローマ第 3 大学にある，部屋探しの掲示板

使って簡単にホテルの予約をしたり，下宿を見付けることもできるが，当時は違った。薄暗くなった町をさまよう私に，チュニジアから来た移民の若者が，「困っているなら俺にまかせろ」と，ユースホステルに案内してくれた。コミュニケーションは，もちろんイタリア語を使った。話し掛けてくる相手には，十分に用心しなければならないが，彼は本当に親切だった（その後も町で何度か出会い，世間話をした）。町はウンブリア・ジャズ・フェスティバルで盛り上がっていた。

　翌日から，部屋探しを始めた。大学の掲示板を見たり，不動産屋を回ったりして，幸運にも 2，3 日で部屋を見付けることができた。イタリアには日本的なワンルームが皆無で（なぜならイタリア人は孤独を嫌うので），部屋探しは苦労する。とはいえ，アッパルタメント（家族用マンション）のシェアを希望する学生と電話したり，不動産屋の窓口で相談したりするのは，良い経験になる。

　大家さんは 70 歳くらいの小柄な婦人で，自宅は別にあり，一緒に住むわけではなかった。世話好きの彼女は部屋を案内しながら，ありとあらゆるものの名前

III. 見果てぬ「他者」を求めて

と使い方を教えてくれた。驚いたのは，話す時に私に対して敬語の「あなた」を意味する2人称複数のVoi（ヴォイ）を使ったことである。もちろん初めての経験だったし，その後経験したこともない。現代ではVoiではなく，3人称単数のLei（レイ）を使う。おそらく，戦前のファシズムの教育の名残だろう。イタリア固有の民衆的な文化を尊重したファシズムは，Leiを外来のブルジョア的なものと見なしたのである。

　婦人は健康に非常に気を配っており，私と知り合ったのを機会に日本の健康食を試そうとして，私に色々と質問をした。ぜひとも食べたいのはモーキであった。そんな食べ物は日本にはないと私が答えると，彼女は非常に残念がった。しかし，本当にその時私にはモーキが何なのか分からなかった。それがモチだということは，後になって気付いた。ローマ字綴りのmochiは，イタリア語でモーキと発音するのである。私から婦人に餅をプレゼントしようとも思ったが，老人は餅をのどに詰める恐れがあるので（慣れない人なら尚更），やめておいた。

　8月になり授業に通い始めた。まずクラス分けのテストがあり，私はレベル4のクラスに入った。5段階に分かれており，5が最も難しいので，4はかなり上級である。実は，会話経験が乏しい私には，レベルが合っていなかった。筆記試験だけではなく，面接試験もあれば，おそらくレベル3か2のクラスに入っていたことだろう。

　語学以外に，文化の授業も充実していた。音楽ではバロック期の巨匠ヴィヴァルディ，美術ではペルージャ出身のピントゥリッキオ，演劇ではノーベル賞をもらったピランデッロの話が印象に残っている。しかし最も興奮したのはダンヌンツィオがペルージャに捧げた8つのソネット（14行詩）に関する文学の講義だった。この作品は，「雄々しきペルージャよ，猛り立つお前のグリフォンが／私の心臓に口ばしと爪を突き立て，入り込んだ」という一節から始まり，ルネサンス期の町の支配者バッリオーニ家の骨肉の争いを描く。担当の先生は30代半ばの活力漲る情熱家で，手稿の研究まで出版した本物の研究者である。当時の私にはまだ難しかったが，将来進むべき道を私に気付かせてくれた。

　週末は学校が企画するツアーに参加した。1つはイタリア最長のポー川の河口

第 7 章　外国語は命綱

デルタ・クルージングだった。途中で寄ったポンポーザの修道院（7 世紀創設）の美しさや，船着き場近くのリストランテで食べたヴォンゴレ（あさり）のスパゲッティの旨さは忘れ難い。もう 1 つはシエーナで行われるパーリオという競馬の観戦だった。町の地区対抗で，会場は世界一美しいと言われるカンポ広場である。練り歩く行列の勇ましい太鼓の音は，まだ私の心の中に響いている。しかし，最も貴重な体験は，ツアーに参加した世界中の学生との何気ない会話であった。

●ヴェネツィア留学（長期）── イタリア語でサバイバル

　博士課程に進み，イタリア政府の奨学金を貰って，1 年間ヴェネツィアに行った。この奨学金への応募はもちろん，国立の教育機関に留学する場合は，イタリア文化会館を通じて手続きをする。情報は文化会館のサイトに載っており，最近は手続きがオンライン化されている。

　私の印象に残っているのは，試験に合格した喜びよりも，手続き担当者の厳しさである。留学は甘くない，イタリアでの手続きはもっと大変だということを，頼りない学生たちに戒めていたのだろう。また，この手続きの時に，同じ文学の研究をする友人ができた。彼は面倒見が良く，日本でもイタリアでも私を家に泊め，行きつけの店に案内してくれた。その後，彼はボローニャ大学で博士論文を書き上げた。

　ペルージャの時と同じように，私はヴェネツィアでも現地で自力で部屋を探した。言葉をサバイバルの道具にすること以上に，言葉を身に付ける良い方法はない。ユースホステルを転々としながら（連泊の制限があるので），町を歩き回り，途中で挫けそうにもなったが，遂にサン・マルコ広場から近い中心部に部屋を見付けた。

　大学の入学手続きの窓口で，ある日本人と知り合った。異国で同胞と知り合うと，不思議な絆が生まれるものである。私と同じ大学院生だった彼にとって，留学は大学に残るためではなく，新しい道を開拓するためだった。サッカーを深く愛する彼は，日本の雑誌の記者を目指していた。そして，それはすぐに現実とな

Ⅲ. 見果てぬ「他者」を求めて

ヴェネツィア大学文学部の前にあるバール（喫茶店）にて

り，私は彼から，有名選手のインタビューをした話や，雑誌や新聞に連載した記事が本になるという話を，バーカロ（ヴェネツィアの伝統的居酒屋）で魚介類の揚げ物を食べながら聞かせてもらった。

　大学では，イタリア文学以外に，ヴェネツィア史やラテン文学の授業に出席した。忘れられないのは，ラテン文学の先生がオルペウスの冥界降りの物語を，涙しながら見事に吟詠した場面である。イタリア文学の授業では，講義中に教室へ入ってきた猫に向かって，先生が「君はダンテに興味があるのかい」と話しかけた。文学部の授業は，教会の廻廊をリフォームした教室で行われており，猫はその中庭に住みついていた。

　私が最も期待していたのは，ダンヌンツィオの最も重要な詩集『アルキュオネー』の厳密な手稿研究を行い，国家版を校訂したことで有名なジベッリーニ先生の講義であった。先生は研究で酷使し過ぎたせいか目が非常に悪く，授業中に本を参照する時は片眼鏡を使ってページに顔を擦りつけるようにしていた。しかし，『アルキュオネー』の解説は何も見ずに，詩の引用は全て暗誦だった。

　ジベッリーニ先生は，ダンヌンツィオが晩年に暮らし，今では彼の博物館と

第 7 章　外国語は命綱

なっている，ヴィットリアーレ（栄光館）の館長を務めたこともある。私は先生の紹介でヴィットリアーレの文書室を訪ねた。理想としては，そこに何年も籠って研究をしたいのだが，現実には時間と能力の制約がある。書斎や閲覧室の書棚には膨大な研究書や蔵書が並び，書庫には同じく膨大な手稿が眠っていた。私が見たのは，主に日本関連の資料であった。昭和天皇の即位に際してメッセージを求める新聞社からの手紙，演劇研究のために面会を希望する市川猿之助の手紙，武士道の化身としてダンヌンツィオを崇拝するカルピスの社長の手紙など，戦前のダンヌンツィオ人気の高さは凄かった。木戸俊夫という日本人に宛てたメッセージの自筆の原稿 21 枚も見せてもらい，それを自分の手に持った瞬間，時間が消え去った。

●ローマ留学（長期）── イタリア語でアカデミズム

　博士課程を終えた後，私はローマに 1 年間，私費で留学した。大阪の総領事館でビザの申請をした時，例によって，また面白い人と知り合った。彼は，イタリアの先住民族であるエトルリア人の文字の読解を目指している。フィレンツェに留学した彼がローマに来た時には，一緒にエトルリア人のネクロポリス（墳墓群）を訪問した。反対に私がフィレンツェに行った時には，一緒にダンヌンツィオが住んでいたカッポンチーナという屋敷を訪問した。その後，彼はアメリカで博士号を取り，今では大学の教員として同僚である。

　ローマの部屋も，例によって，現地で自力で探した。修道会の安い宿泊施設などに泊まりながら，三行広告専門の新聞《ポルタ・ポルテーゼ》で情報を探し，ひたすら電話をかけた。町の中心部に見付けた部屋は，観光客が下を通って騒がしかったが，深夜になるとトレヴィの泉の水音が届いた。

　同居人は医者でマルタ騎士団員だった。まず彼は私にエスプレッソ・コーヒーの淹れ方を教えてくれた。小さな電動ミキサーで，コーヒー豆を挽くところからである。「このミキサーは地獄のような音が鳴るが，気にすることはない」という彼の言葉に，カトリックの中心地に来たことを実感した。彼のおかげで，ローマの，そしてイタリアの深層に触れることができた。

Ⅲ．見果てぬ「他者」を求めて

　大学は，時々授業に出たり，先生と話をしたりして，多くの刺激を受けた。しかし，もう誰かに教えられるのではなく，自分で学ぶことの方が重要になっていた。自分の才能を信じて，論文を書くしかないのである。
　研究の合間に，私は旅をした。その時の私のモットーは，「全ての道はローマに通ず」ではなく，「全ての道はローマに発す」であった。何歳になってもどこにでも行くことはできるだろうが，自由に旅ができるのはこれが最後だろうと感じていた。オデュッセウスに憧れたダンヌンツィオに憧れて，私は船でギリシア，サルデーニャ，シチリア，そしてマルタに行った。何気なく第 2 外国語としてイタリア語を選んだのが，全てのきっかけである。

イタリア語と共に過ごす楽しいひととき
　外国語支援プロジェクトの重要な活動の 1 つに，語学の特別講座がある。私は夏休みに 3 回，春休みに 1 回，講師を担当した。4 回とも全て 1 日 3 コマで 5 日間連続であった。1 コマ 90 分しっかりと授業するどころか，時々それを超過していたので，初日のフレッシュな感覚は，最終日には跡形もなく消え失せてしまう。とはいえ，心地よい疲労と達成感の中に，いつも新たな希望が芽生えた。
　2012 年の夏，4 回目の講座を行った。「イタリア語にひたる 5 日間」という講座名は，ある人から「旅行のパンフレットみたい」と言われてしまった。受講生は 2 名だった。1 人は仏文の出身で，フランスに 6 年留学して博士論文を完成させ，少し前に日本へ戻ったところだった。受講の理由は，研究対象の作家の父がイタリア人であること，また個人的にイタリアに友人がいることなどである。もう 1 人はイタリア旅行から帰ったばかりの西洋史の 4 回生だった。卒論で中世イタリアの商業をテーマとし，大学院に進んでからも同じ研究を続ける予定なので，受講を希望した。
　前半の 3 日間はナタリーア・ギンズブルグの自伝的な小説『ある家族の会話』(1963 年) の冒頭を，後半の 2 日間はウンベルト・エーコの最新のインタビュー

第 7 章　外国語は命綱

ラヴェンナにあるダンテの墓。故郷フィレンツェから亡命したダンテは，イタリア各地を転々とし，ラヴェンナで他界した。ラヴェンナはダンテの遺体をフィレンツェに返さなかった。

と，中世イタリアの修道院を舞台とする小説『薔薇の名前』(1980 年)の「第2日，3 時課」を講読した。この2つの小説は，日本の直木賞にあたるイタリアのストレーガ賞を受けた名作である。2 人は積極的に質問し，折りに触れて感想を述べてくれたので，私は教えがいを感じながら，安心して授業ができた。

　また語学とは関係なく，世代の違う3人が，学生生活や研究生活の変わった点，変わらない部分について話すことができたのは楽しかった。話のきっかけは，『薔薇の名前』に登場する中世の修道院(現代の大学が投影されている)，そしてエーコがインタビューで語る彼自身の大学生活である。更に，大学とは関係のない個人的な話題にもなった。それはギンズブルグが小説で語る，彼女自身の家族の様子に触発されたからである。

　私のイタリア語をめぐる冒険は終わりそうにない。「世界を，そして人間の悪徳と美徳を知り尽くそうという情熱」について，ダンテの『神曲』の中に登場するオデュッセウスは語る。年老いた彼は，地中海西端のジブラルタル海峡 ──

III．見果てぬ「他者」を求めて

神によって定められた限界 —— を越え，未知の大海原に漕ぎ出す。その無謀な冒険へと部下たちを誘うため，「自分たちの種族について考えよ。お前たちは獣のように生きるのではなく，徳と知を追い求める定めなのだ」と演説をする。しかしオデュッセウスは，結局，船上で竜巻に遭遇し，海の藻屑となる。きっと私の最期も，同様であろう。イタリア語道といふも，死ぬ事と見付けたり。

付録：イタリア語の歴史

960	「カプアの証文 Placito Capuano」最古のイタリア語文献。ラテン語を理解しない人も分かるよう，証人の宣誓部分のみイタリア語を使用した。
11 世紀	自由学芸，神学，法学などが発展したものの，イタリア語の文書は僅かしかない。
12 世紀	私文書，財産目録，吟遊詩人の歌，説話，説教など，イタリア語の文書が増加する。とはいえ，イタリアでは教会の言葉であるラテン語の使用が多かったので，他のロマンス諸語の地域に比べると少ない。
13 世紀初期	「シチリア派」シチリアのフェデリーコ 2 世の宮廷で，プロヴァンス語の詩をイタリア語に移す試みがなされる。テーマは主に宮廷愛。
13 世紀中期～後期	「シチリア・トスカーナ派」手工業や商業の発達に伴い，イタリアの文化的中心となったトスカーナ地方で，シチリア派の伝統が受け継がれる。テーマは市民生活の諸相。
13 世紀末～14 世紀初頭	「清新体派 Dolce stil novo」大学の町ボローニャのグィニツェッリを始祖と仰ぐ，フィレンツェの若い詩人（カヴァルカンティ，ダンテなど）が形成した詩派。テーマは超俗的な愛。優雅な詩的言語を創出。
1303-04	ダンテ『俗語詩論 *De vulgari eloquentia*』高貴な俗語（＝イタリア語）を探究する，斬新な言語論。
14 世紀	トスカーナ出身の三大作家の活躍。ダンテ『神曲 *Commedia*』，ペトラルカ『カンツォニエーレ *Canzoniere*』，ボッカッチョ『デカメロン *Decameron*』の言葉は，のちにイタリア語のモデルとなる。イタリア語の特色は早熟さと文学性である。フランス語やドイツ語の成立は 16 世紀と遅く，前者はパリを中心とする官僚機構の確立，後者はルターによる聖書の翻訳をその要因とする。
15 世紀前半	人文主義の時代。イタリア語よりもラテン語が尊重される。

第 7 章　外国語は命綱

1441	アルベルティが俗語詩大会を開催。彼はロマンス諸語の中で最初となる，イタリア語の文法書も執筆した。
1477	ロレンツォ・デ・メディチが，イタリア語詩のアンソロジー『アラゴン詩集 Raccolta aragonese』をアラゴン家のフェデリーコ（のちにナポリ王となる）へ贈る。
1504	サンナザーロ『アルカディア Arcadia』第 2 版。初版（1484-86）のナポリ方言の要素をトスカーナ化した。
1525	ベンボ『俗語の散文 Prose della volgar lingua』当時の言語論争の立場を三つに分類：トスカーナ方言の直系として現実に用いられているフィレンツェ語（マキアヴェッリ），各方言から抽出された，支配階級が用いる宮廷語（トリッシノ，カスティリオーネ），14 世紀の文章に用いられたトスカーナ方言（ベンボ）。
1583	クルスカ学会（Accademia della Crusca）創設。14 世紀のフィレンツェの作家（無名な者も含む）の言葉を理想とする。
1610	ガリレオ『星界の報告 Sidereus nuncius』これより後の作品では，知識をより多くの人に広めるため，ラテン語ではなくイタリア語を使用する。
1612	『クルスカ辞典 Vocabolario della Crusca』ヨーロッパ初の大辞典。第 3 版（1691）で初めてタッソ（代表作は 1575 年の『解放されたエルサレム Gerusalemme liberata』）の用例が採られたが，バロック期最大の詩人マリーノ（代表作は 1623 年の『アドニス Adone』）のものは除外された。
17 世紀後半～18 世紀	ヨーロッパの文化的共通語として，スペイン語に代わってフランス語の権威が高まる。ゴルドーニやカサノヴァは回想録をフランス語で書いた。
1764	ミラノで啓蒙主義的な雑誌《カフェ Caffè》が創刊された。イタリア全体で理解され得る平明な言葉の必要性を主張し，保守的なクルスカ学会を非難した。
1785	チェザロッティ『言語哲学試論 Saggio sulla filosofia delle lingue』クルスカ学会の純粋主義に対し，「言葉は時代によって変化するものだから，合理的な方法で方言や外国語を導入すれば良い」と主張した。
1817-24	モンティ『クルスカ辞典に対する幾つかの修正と補足の提案 Proposta di alcune correzioni ed aggiunte al Vocabolario della Crusca』文献学的素養の欠如に由来する，フィレンツェの辞書編纂者の誤りを指摘した。
1840-42	マンゾーニ『いいなづけ I promessi sposi』第 2 版。『クルスカ辞典』等を利用して書いた初版（1825-27）に不満を抱いた彼は，フィレンツェに滞在し，そこで習得した「生きた言葉」を用いて書き直しを行った。近代的なイタリア語の重要なモデルとなる。

Ⅲ. 見果てぬ「他者」を求めて

19世紀後半～20世紀前半	イタリア統一時 (1861) には，推計によると，イタリア語の話者は約10%であった。その後，学校，兵役，官僚機構，都市化，ジャーナリズムなどの影響で次第に話者の数が増加した。
1868	政府が国語審議委員会を設置。委員長のマンゾーニはフィレンツェの言葉を普及させるために，トスカーナ地方出身の教師の派遣とフィレンツェ語の辞書の編纂を提案した。
1873	アスコリが《イタリア言語学紀要 *Archivio glottologico italiano*》を創刊。科学的な見地からマンゾーニ主義の問題点を指摘した。
1922-43	ファシズム体制のもと，外国語および方言の使用が制限される。
20世紀後半～現代	1951年には60%以上の人が方言しか話さなかったが，マスメディアの発達によって，1980年代末には23%に減少した。グローバル化が進む中で，イタリア語は様々な国の言葉を受け入れながら変化し続けている。

8 「文法」から世界を透視する
── ロシア語とロシア文化

エブセエバ・エレナ，前田広幸

ロシア語をどうして習うの？

　ロシア語の説明に入る前に，ロシア語をどうして習った方がよいのかについて一緒に考えたいと思います。

　ロシア語がもっとも幅広く使われている国はやはりロシアです。ロシアでは今日本ブームが起こっています。これに対して，歴史的な背景もあって，現在の日本でのロシアのイメージは，寒い国，国土が大きいといった漠然としたイメージ以外は，無関心からネガティブな感情まで様々ですが，今一つ明るいものではありません。そういうこともあって日本ではロシア語を勉強する人が少ないようです。また，あくまでもイメージですが，ロシア語の文法は世界一難しいと言われることもあります。そうした中で，頑張って学習する必要があるのだろうか，勉強しても役に立つのだろうか，そういう疑問を持っている人もあるかと思います。

　ロシアは天然資源に恵まれた国です。天然ガスの生産量，輸出額は世界一で，原油の生産量，輸出額のいずれも世界第2位です (2013年 BP，UNCTAD 統計データ)。現在世界的に資源の値段が上がってきています。そのため，これからは天然資源の豊富なロシアと取引する企業も増えてゆき，その結果ロシアの経済も成長を続けるでしょう。ロシアはここ数年名目 GDP も上がってきています。

　また，ロシアに限らず旧ソ連の国をはじめ，ロシア語が通じることが多い旧社会主義圏の国も最近は経済成長をしはじめていて，これから経済も順調に成長していくものと期待されています。またそれに伴って日本の中でもこれからはロシ

III. 見果てぬ「他者」を求めて

アなどの国々と取引する企業が増えていく可能性が高いものと思われます。

　実際これまでにも日本の企業は，記録的な速さで，ロシアへの投資を拡大しています。例えば，2011年，投資総額は，ほぼ38％増加し10億ドルを超えました。また2011年ロシアの貿易相手国として，日本は第9位を占めるに至っています。

　さらに，2012年9月2〜9日，ロシアのなかでも日本に近い極東地域で最大の都市であるウラジオストックにおいて，ロシアが議長国を務めるAPECサミットの枠内でAPECウィークが開かれました。フォーラムには約1万人が参加し21カ国の首脳らが集まりました。

　このサミットでは，「ガスプロム」とJapan Far East Gasとの間で，ウラジオストック郊外での巨大液化天然ガス（LNG）生産総合施設建設に関し合意されたほか，東シベリア・クラスノヤルスク地方での大規模な木材化学工場建設についての契約にも署名が行われました。（この種の工場としては，ロシアでは2番目のものになります。最初の液化天然ガス工場は，すでにサハリンで稼働中です。）

　これからも，貿易及び経済のあらゆる領域において，さらなる両国の関係発展，経済方面での進展・交流が見込まれます。したがって，これからロシア語の重要性はさらに高まることが期待されます。

　またこうした経済的な観点だけでなく，これから研究者として活躍していこうと考えている人にとってもロシア語が役立つ機会があるに違いありません。というのも，ソビエト時代，科学的な内容の記事を英語で書くことは今ほど一般的ではなかったため，ソビエト時代に大きな発展を遂げた自然科学を始めとする幅広い科学分野の学術記事については今でもロシア語で読む必要性があるからです。

　また，純粋に様々な言語に興味を持っている場合も，ロシア語を媒介言語として使う可能性があります。ロシアには現在182の民族が存在するといわれていて，様々な語族に属する言語が話されています。

第 8 章 「文法」から世界を透視する

表 1　ロシアの語族一覧

- **インド・ヨーロッパ語族**（スラブ語派のロシア語をはじめ，イラン語派のオセット語，西ゲルマン語系のイデュッシュ語など）
- **アルタイ語族**（テュルク語派：タタール語，チュヴァシ語，バシュキール語，ヤクート語，アルタイ語，ノガイ語，ドルガン語など；モンゴル語派：ブリヤート語，カルムイク語；ツングース・満州語派：ナナイ語，ウリチ語，オロチ語，ウデヘ語，オロッコ語，エベンキ語など）
- **北コーカサス語族**（アディゲ語，アバザ語，カバルド語を含むアブハズ・アディゲ語派，チェチェン語やイングーシ語，アヴァル語，レズギン語などを含むナフ・ダゲスタン語派の言語）

（ロシアの少数民族の生活は昔のままです。トナカイのそりに乗ったり，遊牧生活をしたり。ただし，北の地域以外の普通のロシア人はトナカイを見ることはテレビ以外にはまずありません。）

- **ウラル語族**（フィン・ウゴル語派：コミ語，コミ・ペルミャク語，ウドムルト語，モクシャ語，エルジャ語，サーミ語，マンシ語，ハンティ語；サモエード諸語：ネネツ語，エネツ語，セリクプ語，ガナサン語）
- **パレオアジア諸語**としてまとめられている諸言語（北アジアで，ウラル語族・アルタイ語族に属さない，地理的な理由でまとめられている言語の総称）（コリャーク語，チュクチ語，ケレク語，アレウト語，アリュートル語，エスキモー語など）

　これらの言語の中には，«絶滅»の危機に瀕している言語が少なくなく，いわゆる「危機言語」としての言語学的な調査・記述が大きな課題となっています。1994 年に出版された«Красная книга языков народов России»（『ロシア民族諸言語のレッドブック』）には，人口が 5 万人に満たない民族によって話されている言語として 63 言語がリストアップされています。また同書でとりあげられている言語のうち例えばテュルク系のソヨト語は話者が 246〜506 人，パレオアジア諸語のユギ語は 15 人とあります（同書 p. 49，p. 74 の記述より）。

　また，対象言語の記述だけでなく言語接触の研究も一つの大きな分野を成しています。

　さらに，これらの民族（特に隔離されている地域に分布している民族）は現在

でも独特な習慣，宗教，文化を保存していて，民俗学，人類学，社会学など，多方面からの研究が可能です。なおこれらの民族の話者の多くがロシア語とのバイリンガルであるか，少なくともロシア語が多少とも話せるかで，調査の際に公用語であるロシア語がほぼ全域で通用し，媒介言語としてロシア語を使うのが有効です。

このように，ロシア語は必ずしもあまりポピュラーではないかもしれませんが，これからの大きな可能性を秘めた言語であることがお分かりいただけたでしょうか。

さて，肝心のロシア語というのは，どのような言語なのでしょうか？　まず1節では，どのような言語からロシア語が生まれてきて，それと親縁関係にある言語にはどのようなものがあるか，歴史言語学の成果をもとに概述します。続く2節では，現代のロシア語について，その主な特徴をまとめます。そして3節では，外国語としてロシア語を学ぶ人にとってのかんどころとして，アスペクト[1]と背景文化の言語への投影をとりあげます。なお巻末には，これからロシア語の勉強をはじめてみようという人向けのロシア語教材と参考文献を掲げました。

1. ロシア語はどのような言語なの？

●歴史的背景

上でふれたように，ロシア語は，インド・ヨーロッパ語族のスラブ語派の言語のひとつです。ウクライナ語とベラルーシ語に最も系統が近くて，これらの言語とともに，東スラブ諸語を形成しています。

現代のロシア語の元となっているのはいわゆる東スラブ基語 (Proto-East

---

[1] アスペクトという文法概念は，ロシア語に関しては「体」と訳されることが多いです。ロシア語の各動詞は，完了体か不完了体かのいずれかのアスペクトに属し，正しい体の選択は，ロシア語学習上の重要事項の一つになっています。

第 8 章 「文法」から世界を透視する

```
              スラブ基語
    ┌───────────┼───────────┐
  東スラブ語      西スラブ語      南スラブ語
ロシア語, ウクライナ語,  ポーランド語, カシューブ語,  スロベニア語, セルビア語,
ベラルーシ語      チェック語, カロバキア語,  クロアチア語, マケドニア語,
              低地ソルブ語, 高地ソルブ語  プルガリア語
```

図 1　語族の樹形図

図 2　キエフ (ウクライナの首都)

Slavic) です。この東スラブ基語はスラブ諸語の共通の先祖 (スラブ基語) から分離し, 独立性を確立したのは, 西暦 6 世紀から 8 世紀にかけてであると考えられています。

　東スラブ諸族は 9 世紀末に一体性を強め, キエフを中心に国家的統一を実現させたとされています。

　古代教会スラブ語はキリル文字とともに, 988 年〜989 年に, キエフ大公ウ

167

Ⅲ．見果てぬ「他者」を求めて

ラジーミルが，キリスト教（正教）を国教として認めた際，スラブ典礼の用語として受け入れられました。そしてこれをきっかけに，言語の統一化と標準化が進みました（古期ロシア語）。

12世紀前半までのロシア語は，地域及び時代による差異が少なく，比較的安定していました。ところが，12世紀の後半から内紛の激化によって言語統一が弱まり，地域差が目立つようになってきました。さらに，13世紀前半にはモンゴル・タタール軍が南ロシアを征服したことによってさらに分裂が進みました。

14世紀から15世紀にかけて，ロシア語はモスクワを中心とする，いわゆる大ロシア人の言語（大ロシア語 великорусское наречие，Great Russian）と，リトワ・ポーランド領となった南の小ロシア人の言語（小ロシア語 малорусское наречие，Little Russian），および，西の白ロシア人の言語（白ロシア語 белорусское наречие，White Russian）とに分離発達するとともに，方言差も顕在化しました。

一方で，15世紀後半からモスクワを中心とするロシアの再統一が進む過程で，モスクワのいわゆる大ロシア語が優位を確立しました。同時に，南の小ロシア語と西の白ロシア語は，帝政ロシアでは公式の使用が禁じられました。

さらに，17世紀に入ると，当時のロシアの皇帝であったピョートル Пётр 1世（1672〜1725）が国語としてのロシア語を意識的に確立，完成させようとしました。その時までは，書物のほとんどは，教会スラブ語，古期ロシア語で書かれていました。しかし，そうしたロシア語は話し言葉とは相違がはなはだしかったと考えられています。

ピョートル1世によって教会用の書物以外の一般図書の印刷のためにキリル文字を基にした新しい33字母のアルファベット（民間活字）とそれによる簡単な正書法が定められました。そして，同時に，社会で実際に話されていた言葉が正式に使われるようになっていったのです。

●現代ロシア語の分布

現代ロシア語の話者数は2005年の時点で2億7800万，ロシア国内では1

第 8 章 「文法」から世界を透視する

億 4000 万人だと言われています（"Российская газета" - Федеральный выпуск No. 4679）。中国語，英語，ヒンディー語，スペイン語に続いて，世界で最も話されている言語，つまり，話者数の観点から世界の言語の中で第 5 位を占めています。

　この話者数の中にはロシア化したウクライナ人，ベラルーシ人，ユダヤ人などが含まれています。

　ロシア語はソビエト連邦のほぼ全域で公用語として使われていて，高等教育，学術研究の言葉として広く用いられていました。そのため，母語話者数の大幅な増加が見られ，ソビエト時代に 1917 年の 1 億 5 千万から 3 億 5 千万まで増加しました。

　ソ連崩壊後も，旧ソ連，東欧諸国間の経済活動等に伴う実用的な言語として，またロシア連邦内の約 130 の民族の交流語として重要な役割を果たしています。例えば，ウクライナでは現在においても人口のおよそ 60％はロシア語を使用し，ベラルーシにおいても 60％がロシア語，5％がベラルーシ語，35％が両方もしくは両者のピジンを使用しているとされています。

● **話されている国と方言**

　ロシア語はロシアだけでなく，ロシア，ウクライナ，ベラルーシ，アゼルバイジャン，アルメニア，ウズベキスタン，エストニア，カザフスタン，キルギス，トルクメニスタン，モルドバ，ラトビア，リトアニア，グルジア（アブハジア共和国・南オセチア共和国）で公用語として用いられています。

　また，話者数が比較的に多く，広い範囲で用いられていることから，ロシア語は国際連合の 6 つの公用語のうちの一つ，ユネスコの 9 つの公用語の一つになっています。

　中部ロシア以外の地域の開拓は比較的に歴史が浅い，等の理由もあって，ロシア語は広い地域に分布しているにもかかわらず，方言のバリエーションは限られています。

　ロシア語には北方方言，南方方言，そして両者の特徴を合わせもつモスクワを

Ⅲ. 見果てぬ「他者」を求めて

図3　世界遺産にも登録されているスーズダリ

中心とする中部ロシア諸方言の存在が一般的に認められていますが，その分布はいわゆるヨーロッパ・ロシア地域に限定されます。それ以外にも，現代のロシア人の移住の結果生じたシベリア，中央アジア等に分布する方言も認められます。しかし，方言間の差異は限定的で，日本語の方言ほど著しくはなく，専門家でない人の間では方言の存在はあまり認識されていません。

2. 現代ロシア語の基礎知識

　ここでは，現代のロシア語について，文字，音声・音韻，語彙，文法の面に分け，どのような特徴を持った言語なのか，少し詳しく概観します。

第 8 章 「文法」から世界を透視する

●文字

表2 ロシア語のアルファベットの発音とローマ字転写法

文字	名称	発音	ローマ字転写	文字	名称	発音	ローマ字転写
Аа	アー	ア	A	Пп	ペー	プ	P
Бб	ベー	ブ	B	Рр	エル	ルル	R
Вв	ヴェー	ヴ	V	Сс	エス	ス	S
Гг	ゲー	グ	G	Тт	テー	トゥ	T
Дд	デー	ドゥ	D	Уу	ウー	ウ	U
Ее	ィエー	ィエ	E	Фф	エフ	フ	F
Ёё	ィヨー	ィヨ	Je	Хх	ハー	クフ	H
Жж	ジェー	ジュ	Zh	Цц	ツエー	ツ	Ts
Зз	ゼー	ズ	Z	Чч	チェー	チ	Ch
Ии	イー	イー	I	Шш	シャー	シュ	Sh
Йй	イー・クラトカイェ	イ	J	Щщ	シシャー	シシュ	Shch
				Ъъ	分離記号	—	''
Кк	カー	ク	K	Ыы	ウイ	ウイ	Y
Лл	エル	ル	L	Ьь	軟音記号	—	'
Мм	エム	ム	M	Ээ	エー	エ	Ė
Нн	エヌ	ヌ	N	Юю	ユー	ユ	Yu
Оо	オー	オ	O	Яя	ヤー	ヤ	Ya

　上述の通り，ロシア文字（русский алфавит）は，広い意味のキリル文字に属しています。今の活字体の字母の大部分は，18 世紀初頭に，ピョートル 1 世の改革によって，キリル文字の体系と字体の改良の結果出来上がった民間活字（гражданский шрифт）の字体を直接の母体としています。その後，1918 年 10 月 15 日に共産党政権によりさらに簡略化の調整が行われ，現行の正書法が確立されました。

　ロシア語を表記するこの文字はスラブ語の特性を捉えた文字で，若干の例を除き，ほぼ文字通り発音すればよいものです。次には，キリル文字を使ったロシア語の単語の例を 3 つ，そのローマ字転写・写真・日本語訳とともに掲げました。

III. 見果てぬ「他者」を求めて

ВИННИ-ПУХ
vinni-puh
くまのプーさん

МАТРЁШКА
matrjeshka
マトリョーシカ

ЧЕБУРАШКА
cheburashka
チェブラーシュカ

● **音声・音韻**

　ロシア語では，子音連続や子音で終わる音節（閉音節）が稀ではなく，音節の基本的な構造は母音をＶ，子音をＣとすると，/V/, /CV/, /VC/, /CVC/ です。ただし，音節の初めや末尾ではさらに長い子音連続が生じることがあります。

　また，ロシア語には軟音（口蓋化子音）と硬音（非口蓋化子音）の対立[2]があり，それは単語の意味の違いや名詞・形容詞などの変化の型の違いともかかわっています。

　文字ъは「分離記号」「硬音記号」，文字ьは「軟音記号」と呼ばれます。硬音記号ъは，子音字母と ю, е, ё, я の間に書かれ，先行子音と ю, е, ё, я が分離して発音されることを示します。

　съесть (sʺestʼ) [sjesʲtʲ] [スィエスティ]「食べる」

　сесть (sestʼ) [sʲesʲtʲ] [シェスティ]「座る」

他方，軟音記号ьは，子音字母の後に添えて口蓋化子音としての発音を示します。

　брат (brat) [brat]「ブラート」「兄/弟」

　брать (bratʼ) [bratʲ]「ブラーチ」「取る」

ただし，子音字母と и, ю, е, ё, я の間に書かれる時は，分離した発音を示します。

　о чём? (o chjem) [o tʃom]「何について」

---

2) 子音の口蓋化の有無について，母音 a の前に k があらわれた場合を例に説明すると，口蓋化音の場合，日本語の「キャ」，非口蓋化音の場合，「カ」に近く聞こえるような違いです。

172

第 8 章 「文法」から世界を透視する

о чьём (o ch'jem) [o tʃjom]「誰の（もの）について」

ただしロシア語の正書法には，文字面と実際の発音とにずれが生じる場合があります。例えば，отдых (otdyh) (休み) 中のт (t) は有声性の逆行同化にかかわる音韻規則[3]の存在によって，音声的にはд (d)[d] として発音されます。

ロシア語は日本語のアクセント（高低アクセント）とは異なり，強弱アクセントを持つ言語です。アクセントは単語ごとに決まっていて，アクセントのある音節の母音は，ない場合に比べて強く，はっきり，長く発音されます。逆にアクセントのない音節では，弱く曖昧に，短く発音されます。例えば，アクセントのない母音字 o は а と同じように発音されます。例えば，Москва (Moskva)（マスクヴァー）「モスクワ」の発音は [maskvá] になります。

しかし，総じて言えば，英語のようにスペリングと発音との間に大きな違いは見られず，若干の例を除けば，ほぼ文字通り発音すればよいので，習得しやすいと言えます。

●**語彙**

ロシア語には，スラブ基語，東スラブ基語に由来する，純ロシア語的な語とは別に，借用語もあります。

西欧諸語からの借用語は，17 世紀まではポーランド経由で導入されていましたが，ピョートル 1 世以降は直接外国から持ち込まれるようになりました。まず，18 世紀の初期・中期にはドイツ語が，18 世紀後半～19 世紀の後期にはフランス語が，そして 19 世紀からは英語が借用され始めました。ギリシア語，テュルク系言語などからの借用語も多いですが，日本語からの借用語は多くなく，日本の独特の概念を表す語が借用されています。（一方，逆に，日本語にも実はロシア語由来の単語があって，表 3 にはそのうち代表的なものをあげています。）

---

3) 後続音が有声音か無声音かに応じ，前接音がそれと同じ有声性の音になる規則のことです。

173

Ⅲ. 見果てぬ「他者」を求めて

表3　日本語語彙とロシア語語彙の関係

日本語由来のロシア語単語	ロシア語由来の日本語単語
гейша (gejsha) - 芸者	イクラ - икра (ikra) (魚卵)
дзюдо (dzyudo) - 柔道	インテリ - интеллигенция (intelligentsiya) (知識人)
иваси (ivasi) - 鰯	ウォッカ - водка (vodka)
кавайный (kavajnyj) - 可愛い (形容詞)	オホーツク海 - Охотское море (ohotskoe more)
камикадзе (kamikadze) - 特別攻撃隊	カンパ - кампания (kampaniya) (キャンペーン)
карате (karate) - 空手道	キオスク - киоск (kiosk) (小型売店)
кимоно (kimono) - 着物	サハリン - Сахалин (sahalin) (樺太)
минтай (mintaj) - スケトウダラの地方別名	セイウチ - сивуч (sivuch) (トド)
отаку (otaku) - おたく	タイガ - тайга (tajga) (密林)
сакэ (sakė) - 日本酒	ツンドラ - тундра (tundra) (サーミ語からロシア語を経由)
самурай (samuraj) - 武士	ノルマ - норма (norma)
сакура (sakura) - 桜	ピロシキ - пирожки (pirozhki)
суши (sushi) - 寿司	
цунами (tsunami) - 津波	
сумо (sumo) - 相撲	

● **文法**

　ロシア語は典型的な屈折言語です。名詞類（名詞，形容詞，数詞，代名詞）は曲用し語形が変わります。つまり，文中で他の語との関係を示すために，語の語尾を，文法的な性（男性 / 女性 / 中性）と数（単数 / 複数），及び6つの格[4]に応じて変化させるのです。また動詞は，主語の数（単数，複数），人称（過去形では性），それと法（直説，仮定，命令），時制（過去，現在，未来），体（完了，不完了），態（能動，受動）によって，活用し語形が変わります。

　例えば，次の文で述語動詞（辞書形 prochitat'）は prochital という形をとっていますが，語尾の l は時制が過去であることを示し，主語が男性単数である時にとる形をとっています[5]。また stat' yu という目的句中の単数女性名詞の語尾

---

4) 表5 (p.184) の略語一覧中にある「主格」「生格」「与格」「対格」「造格」と，「前置格」の6つの格です。「生格」と「造格」はそれぞれ，所有者，道具にあたる格をあらわすのを基本機能とする格で，他言語の文法ではそれぞれ「所有格（あるいは属格）」，「道具格」などと呼ばれることがあります。「前置格」は前置詞に続く場合に用いられるのを基本機能とする格です。

5) 以下ではロシア語の表記に関し，キリル文字とそのローマ字転写の両方を併記するのではなく，ローマ字転写表記のみを掲げます。

u は対格を表し，interesnuyu という形容詞は名詞と一致し，単数女性対格形になっています (cf.：主格 interesnaya stat'ya)。

例文 1　Vchera　　ya　prochital　interesnuyu　stat'yu.
　　　　yesterday　I　read　　　interesting　article
　　　　昨日私は面白い記事を読んだ。

また，統語論上の特徴としては，動詞や名詞等が，他の語との関係を語形変化で表すため，文中の語順は比較的自由である点があります。例えば，以下のような文では，前置詞 (v) が必ず名詞 (Parizhe) の前に来る点以外語順は自由で，24通りの語順が可能です。

例文 2　Ya　kupil　　chasy　v　Parizhe.
　　　　I　bought　watch　in　Paris
　　　　Ya v Parizhe kupil chasy.
　　　　V Parizhe ya kupil chasy.
　　　　　︙
　　　　　︙
　　　　私はパリで時計を買った。

ただし，語順の変化は何らかのニュアンスの違いを伴うことが多く，中でも，語順が積極的な役割を果たすのは，発話の主題と焦点を区別する時です。

3. 文法から見える世界

●アスペクトの使い分け

ロシア語の動詞は，すべてのスラブ諸語と同様，アスペクトの範疇での対立を

Ⅲ．見果てぬ「他者」を求めて

持ちます。すなわち，すべてのロシア語動詞は完了体，もしくは不完了体のどちらかに形態論的に属しています。

一般的には，完了体は完了，結果など限定された行為・動作を表し，不完了体は進行・反復・動作の一般化など，限定されない行為，動作を表します。

非常に単純化して言うと，完了アスペクトは動作の全体的把握を表すのに対して，不完了アスペクトはそうした特徴を持ちません。

ここで二つの典型的な例をあげることにします。まず，次の例では完了体動詞が使われた文では動作が最後まで行われたことを表し，一方不完了体動詞の文の場合は課題が最後まで解かれたかどうかに関しては不明です。

例文3　Kto　*reshal*（不完了体）zadachu?　/　Kto　*reshil*（完了体）
　　　　who　was_solving　the_problem　who　solved
　　　　zadachu?
　　　　the_problem
　　　　不完了体：「誰が課題を解いていたの？」（回答作業に着手したことのみを含意）
　　　　完了体：「誰が課題を解いたの？」（回答終了）

また，次の例では不完了体は，窓が発話の時点で閉まっていることを表し，完了体は開いたままであることを表しています。

例文4　Kto　*otkryval*（不完了体）/*otkryl*（完了体）okno?
　　　　who　had_opened　　　opened　　the_window
　　　　不完了体：「誰が窓を開けていましたか？」
　　　　完了体：「誰が窓を開けましたか？」

しかし，上のような使い分けは体の機能のごく一部で，実際には，体の選択は時制や，話者の視点や予測など，非常に多くの要因によって左右されます。さら

に，不定詞や命令形などの場合にはまた違った面があります。このようなアスペクトの使い分けを身につけることは，ロシア語学習の際，大きな難所となる代表的部分の一つです。

● "いかにもロシア語的"（背景にある事態把握法の言語への投影）

言語はその話されている国の文化を反映していると言われることがよくあります。それぞれの文化に特有の価値観や世界観が言語レベルで，語彙や文法構造に映し出されることがあるわけです。具体的に言うと，特定の概念がその文化の中で重要視されれば，それだけその概念を表す語彙が豊富で複雑なものになります。また語彙だけでなく統語面でも，話し手の視点や，他の会話参与者・外界との関係の捉え方によって，好まれる構文のタイプ，構文の使用頻度などが変わってくると考えられます。つまり，その国の文化を理解する有効な手段として言語の学習があるのです。

ロシア語についてこれまでいろいろな特徴が取り上げられてきました。ここでは，Wierzbicka (1992) がロシア語に色濃く反映される文化的・思想的観念として挙げた特徴，**"emotionality"**「感情性」，**"moral passion"**「道徳的熱情」，**"non-agentivity"**「非動作主性」，と **"irrationality"**（あるいは **"non-rationality"**）「非合理性」を紹介し，それぞれが言語の中で具体的にどういうふうに現れるかを順に見ていきます。

【1】Emotionality「感情性」── 人の感情，感覚の表現に重点が置かれること；ほかの人との関係性が重視されること

ロシア語の会話においては文化的に（同じグループに所属している人に）共感を求める傾向があり，そのため，相手との距離を縮める手段が多用され，様々な感情やその細かなニュアンスを表す言語的装置が豊かに備わっています。

言語レベルではこの特徴は例えば以下の (1)～(3) のような諸点に現れます：

(1) 次に挙げたようなタイプの，いわゆる 'culturally loaded words'（文化的

Ⅲ. 見果てぬ「他者」を求めて

意味の込められた語）の使用頻度が高く，日常会話の中でよく使われる点
dusha（「魂」，「心」，「内心」，「胸の内」），nadryv（ひどい心身の衰弱，意気消沈；破れ口，裂け目），toska（哀愁，ふさぎの虫，憂うつ；退屈（な気分），無聊；さびしい，悲しい），len'（怠け心，けだるさ，〈…するのが〉面倒だ，〈…する〉気がしない）

例文5　Dyadya zamenil　　　mne　ottsa, **vlozhil dushu** v
　　　　uncle　took_the_place to_me father put　　soul　into
　　　　moje vospitanie.
　　　　my　　upbringing
　　　　叔父さんは父親の代わりになってくれた，私の養育に**魂を注いだ**（全力を尽くした）。
　　　　　　　　　[Muslim Magomaev. Lyubov' moya - melodiya. (1999)]

例文6　V eto utro　　ej　　bylo osobenno **tyazhelo na dushe**.
　　　　in this morning to_her was especially heavy　　on soul
　　　　その朝彼女は特に**気分が重かった**（落ち込んでいた。）
　　　　　　　　　[Vasilij Grossman. Zhizn' i sud'ba, chast' 3 (1960)]

これらの言葉の中には人生の捉え方という文化的な側面を反映していて，他の言語に直訳しにくく，ロシアの文化を代表していると言われるものも少なくありません。
　例えば，nadryv という単語は，特別な精神状態を意味しています。人が自分の感情をコントロールできない，抑えきれない状態；マナー，礼儀，世間体を無視し，我を忘れるような感情に襲われること；自分自身を精神的に苦しませ，時によって周りの人まで巻き込み，周りの人にとって重苦しい，不快な感情を与えるほどの感情の表出，等を意味します。

第8章 「文法」から世界を透視する

例文7　I　horosho stanovilos' na dushe, hotja　**nadryv** i
　　　　and fine　got　　on soul　though anguish and
　　　　otchayanie byli　v　pesnjah.
　　　　despair　　were in　songs
　　　　(その) 歌の中に**心の苦しみ**と挫折があったにもかかわらず，心が楽になってきていた。

　　　　　　　　　　　　　[Vladimir Vysotskij. Roman o devochkah (1977)]

例文8　V njem, kak i　vo mnogih russkih lyudyah, byl…
　　　　in him　as and in many　russian people　was
　　　　sovershenno iskrennij **nadryv**.., chistaya i
　　　　completely sincere　anguish　pure　　and
　　　　beskorystnaya pechal' ….
　　　　disinterested　sorrow
　　　　彼には多くのロシア人と同じように，純粋な**魂のもがき**，ピュアで清廉な悲哀があった。

　　　　　　　　　　　　　[Gaito Gazdanov. Nochnye dorogi. (1939)]

(2) 感情を表す動詞が豊富である点

　ロシア語では感情を表す述語として形容詞 (*rad* (be glad「嬉しい」)，*rasstroen* (be sad「がっかりしている」)，*zol* (be angry「怒っている」)，*schastliv* (be happy「幸せだ」) を使うだけではなく，英語等の言語ではやはり形容詞述語により表される傾向のある述語で，動詞で表されるものが多くあります (この点は日本語と共通性があります)：

　volnovat' sya (be nervous「心配する」)，*pechalit'sya* (be sad「悲しむ」)，*udivljat'sya* (be surprised「驚く」)，*radovat'sya* (be glad「喜ぶ」))

Ⅲ．見果てぬ「他者」を求めて

(3) 相手との距離を縮める手段の一つとしていわゆる指小辞が多用される点

　ロシア語については，名前さらには普通名詞に使用される指小辞の種類の豊富さ，そしてそれらを用いた語形成の生産性の高さがよく指摘されます。

　まず，名前につく指小辞は，多くの言語で見られるものです。しかし，ロシア語では一つ一つの名前に関し多くのバリエーションがあり，母語話者でない人にはどの名前とどの指小辞が結びつくか難しい場合があります（表4参照）。

　こうした名前の使用は相手の年齢にはあまりかかわりがなく，場面に応じた相手との心理的距離の取り方により使い分けられていて，相手に対しての距離を縮める役割を果たすと同時に，その時その場の感情の微妙なニュアンスを伝えます。

　また会話では，特に女性話者が普通名詞に対してもよく指小形を用います。指小辞は本来，対象の小ささ，程度の弱さを強調するものですが，実際の会話ではしばしば何らかの話し手による評価を加える働きがあります。そして，話者が対象に対する自分の評価を示すことによって，それを自分に近づける，自分のものにするような効果が生まれ，また相手への親しみを込めた働きかけの役割を担ったりもします。

　例えば，次のような語の指小形使用では対象の小ささ，小量性を示すためというより，ただ単に指小辞は肯定的評価をもって，親しみを表すために使われているというふうに解釈すべきです。

　　voda (water「水」) → vodichka
　　maslo (butter「バター」) → maslitse
　　solntse (sun「太陽」) → solnyshko

指小辞自体は多くの言語に見られるものですが，ロシア語ではそれらが日常的に特に多用されています。また多くの言語では指小辞の使用は名詞に限られるのですが，ロシア語では形容詞や副詞にも用いられます。

　　形容詞：sinij (blue「青い」) → sinen'kij

第 8 章 「文法」から世界を透視する

表 4 女性名，男性名

女性名の例	男性名の例
・Anna → Anya, An'ka, Anka, Anechka, Annushka, Anyuta…	・Aleksandr → Sasha, Sashen'ka, Sashechka, Sashulya, Sashka, Sashik…
・Elena → Lena, Lenochka, Lenus', Lenok, Lenka…	・Ivan → Vanya, Van'ka, Vanechka, Vanyusha, Vanyushka, Ivanushka…
・Yekaterina → Katya, Katyusha, Katen'ka, Kat'ka, Katechka, Katyun'…	・Vladimir → Volodya, Voloden'ka, Vova, Vovka, Vovochka…

副詞：bystro (quickly「早く」) → bystren'ko

また，一つの単語からいくつもの指小形が作られることも珍しくありません。多くの場合，それぞれ異なる意味的ニュアンス（小ささの度合いや，場面や相手による使い分け）を伴っていて，非母語話者にとってはそのニュアンスの違いが感じとりにくい場合もあります。例えば，次の mama「母」，ryba「魚」から派生された種々の指小形間のニュアンスの違いを見てみてください。

mama ('mom'「お母さん」) → mamochka (非常に親しみを込めた言い方) ; mamulia (親しみを込めた少しいたずらっぽい言い方) ; mamen'ka (親しみを込めた，古い言い方) ; mamania (親しみを込めているが，見下した言い方)

ryba ('fish'「魚」) → rybka (小さい魚，かわいい魚，親しい相手への呼びかけとしても使う) ; rybjeshka (さらに小さい魚；見下した言い方としても使われる（使い物にならない魚，さらにその比喩）) ; rybon'ka (とても親しみを込めた言い方，親しい相手への呼びかけとしても使う)

【2】"Moral passion"「道徳的熱情」── 様々な場面で善悪の側面を強調して捉え言語化する傾向

文化的レベルでは，ロシア人は互いに尊敬，尊重，誠意，誠実さ，素直さを求

め，他の人の行動に対して，評価を積極的に述べるとともに，自分に対する評価も求め，素直に聞く立場をとる傾向が強いです。（相手の積極的な干渉を好意として受け止める，特に親しい間柄なら意見を述べないことは距離を取られているように冷たく，無関心に感じることなどに現れる特徴です。）

　言語レベルでは，この特徴は他の言語と比べた場合，何らかの絶対的道徳評価（よい評価であれ，悪い評価であれ）を表す単語の豊かさ，それらの使用頻度の高さに現れます。外国人から見ると普段の会話では使いづらい，情熱的で強い響きの語 (*blagorodnyj* ('noble'「高潔な」)，*velikodushnyj* ('magnanimous'「寛大な，鷹揚な」) 等) でもよく使われるのが特徴的です。

　特に評価を表す名詞は他のヨーロッパ系の言語と比べて多いとされ，これは同じ評価を表す語であっても形容詞とは違い，対象の特徴の一つを表すのではなく，対象を特定のタイプに所属，分類させる働きを持っていて，絶対的評価の特徴が強いと言われます。

　　　merzavets (scoundrel, swine, creep「けがらわしい奴」)，*negodyaj* (scoundrel, rascal「ろくでなし，悪党」)，*podlets* (bastard, scoundrel, villain「ろくでなし」) 等

【3】"Non-agentivity"「非動作主性」と"Irrationality"「非合理性」

・**"Non-agentivity"** (No-control-over-the-world attitude) ―人間が人生を制御できない，できるとしてもその制御が限られているという考え方

・**"Irrationality"** (irrationality of the world) ―人間の知識・理解力・論理的思考の限界性，人生の神秘性・予測不可能性を強調する考え方

　この二つの把握傾向は，言語レベルでは例えば次のような点に現れます。

　一つには，人生を予測不可能なものとしてとらえる感覚を表す語やことわざ・慣用句の多さです。典型例としては，小詞・名詞の *avos'* が挙げられます。*avos'* は，およそ英語の 'maybe, perhaps'，日本語の「ひょっとしたら」「もしかして」に相当しますが，そこには，（いい方に向かう期待を込めた）運任せ

第8章 「文法」から世界を透視する

のニュアンスが含まれています。

例文9　I　　ja poehal na　avos': chem chyert ne　　shutit.
　　　　and I　went　on　maybe what devil　Neg[6] joke
　　　　　　　　　　　　　[Sergei Gandlevsij. NRZB.//«Znamya», 2002]
そして私は avos'（運任せ；何とかなること）を信じて出発しました。
だって，何が起こるかわからないので (Lit.：悪魔はどんなことでも
ふざけてするので)。

例文10　Russkie　voobshe　tysyacheletiyami zhivut na　avos',
　　　　Russians generally for_millenniums　live　on　maybe
　　　　bez　　　garantij.
　　　　without　guarantees
　　[Galina Shcherbakova. Angel Mjertvogo ozera.//«Novyj mir», 2002]
ロシア人は何の保証もなく avos'（何とかなる）だけを頼りにもう何千
年も生きている。

例文11　Oruzhiya u　nego ne　bylo, noga ostro　bolela,
　　　　weapon at him Neg was　leg　keenly hurt
　　　　vozmozhnosti dlya spasenya – kot naplakal. Na chto
　　　　possibility　for　rescue　cat cried　on what
　　　　prihodilos' nadeyat'sya, krome kak na　avos'?
　　　　should　rely　　　　except as　on maybe
　　　　　　　　　　　　　[Vasil' Bykov. Korotkaya pesnya. (2002)]
武器は持っていなかったし，足がきりきり痛んでいた，助かる確率

---

6) 以下，ロシア語文の下の行の逐語訳中で，文法機能を示すのに略語一覧（表5）にある表記を用いています。Neg とあるのは，上の行のロシア語単語 ne が，否定 negation の文法機能を担う要素であることをあらわしています。

183

III. 見果てぬ「他者」を求めて

表5 略語一覧

3SGL	third person singular (3人称単数)	INSTR	instrumental (造格)
		Neg	negation (否定)
ACC	accusative (対格)	NEUTR	neuter (中性)
DAT	dative (与格)	NOM	nominative (主格)
GEN	genitive (生格)	REFL	reflexive (再帰)

はスズメの涙ほどだ。「何とかなる」以外は何も期待するものなんかなかった。(kot naplakal—猫が声をからしてねだったあげくやっと手に入れたほど)

例文12　Avos', nebos', da kak-nibud'!
　　　　maybe perhaps and somehow
　　　　もしかして，たぶん，まあ何とかなるさ！（慣用句）

　また，運任せに頼るしかないという考え方を表す語や言い回しが非常に多いだけでなく，事態の結末は基本的に本人の努力や意志に因らず，運命によって定められているという把握の仕方はロシア語を話す人々の間で強いもので，それが文構造つまり統語論的レベルへ反映し構文が選択される場合があります。
　例えば，感情を経験する人物を主格にとるのではなく，感情を表す名詞を主格にすることによって，その感情は消極的に経験されたもので，感情はコントロールできないという把握を表すことができるのです。

例文13　Len'　　　napala　na nego.　/Skuka
　　　　laziness. NOM attacked on him. ACC boredom. NOM
　　　　ovladela im.
　　　　seized　him. INSTR
　　　　彼は急に何をするのもおっくうになった / 退屈になった。
　　　　(lit. おっくうさが彼を襲った。退屈が彼をとらえた。)

また再帰代名詞に由来する -sja 語尾をもつ再帰動詞には，自発性を含意し，誰かの意志，能力によらないかのように出来事を描写する使い方があります。

例えば，次の例にみられるように，動作の実現が対象自体の素質によるという含意が出てくることが多いようです。

例文 14 　Eta kniga legko chitetsja.　Malo neznakomyh slov.
　　　　 his book easy read.REFL little unknown words
　　　　 この本は簡単に読めます。知らない単語は少ない。

例文 15 　Dver' nikak 　　　ne　otkryvaetsja.
　　　　 door by_no_means Neg open.REFL
　　　　 ドアはなかなか開かない。

他にも，非動作主性（世界は制御しきれない）・非合理性（世界は予測しきれない）という特徴のロシア語統語構造への反映を考える際に重要なものとして，以下，与格構文，非人称構文の選択についてみていきます。

【4】"Orientation"「方向付け」── 構文が見せる人生観

Wierzbicka (1992) によれば，類型論的には人生の捉え方には大きく分けて二通りの把握の仕方があるとされています。一つは自分が何をする，何をしたいのか，という動作主的方向付けのもの (an agentive orientation) で，もう一つは物事の自発性に重点を置き，消極的で物事が自分に起きているという被動者的方向付けのもの (a patientive orientation) です。構文レベルでの現れ方に関していうと，前者は動作主が主格に立つ構文に，後者は経験者が与格に立つ構文（与格構文）に関連付けられます。どのような言語にも前者のタイプはありますが，後者のタイプについては言語によりその種類や使用の割合が異なってきます。

例えば，現代英語では「it occurred to me that…」「it seems to me that…」

Ⅲ. 見果てぬ「他者」を求めて

「it is necessary/impossible for me to do it」のような与格的構文はありますが，その使用の割合はさほど高くありません。

　これに対しロシア語では，非制御性を含意する与格構文の使用の割合が非常に高く，種類も豊富です。ほかの西洋語と同じように，明示的な法要素を用いたモダリティ構文で与格構文が用いられるだけでなく，ロシア語では，法要素を伴わない不定詞構文により義務や不可能を表すことができるのが特徴的です。例えば次の文は，不定詞節により表現される実現願望のある動作は，動作主の意志に因らない理由により実現不可能であることを表しています。

　　例文16　Ne　reshit' tebe　　etoi zadachi.
　　　　　　Neg solve　you.DAT this problem
　　　　　　あなたはこの課題を解けそうにない (絶対解けない)。

　　例文17　Mne　ego ne　ponjat'.
　　　　　　I.DAT him Neg understand
　　　　　　私は彼を絶対理解できない。

　ほかにも，特別な (それだけで否定を表す) 否定代名詞 (*nechego* 'there is nothing to'，*nekogda* 'there is no time to'，*nekuda* 'there is nowhere to' など) を使った与格不定詞述語構文があります。この構文も，何らかの自分によらない事情，自分がどうしようもできない理由によって，述語の表す動作が実現不可能であることを表しています。

　　例文18　Mne　ne　na chto kupit' komp' juter.
　　　　　　I.DAT Neg on what buy　　computer
　　　　　　私はコンピューターを買うお金がない。

第 8 章 「文法」から世界を透視する

例文 19　Mne　nechego tebe　　skazat'.
　　　　　I.DAT nothing　to_you say
　　　　　私はあなたに何もいうことがない（何も言えない）。

　また，与格構文では上述の再帰動詞が使われることも少なくありません。例えば次の文では，主格要素は現れていますが，主題要素は与格（mne; I. DAT）でマークされており，意味的には動作主ではなく経験者に相当しています。「ロシア語が身に付かない」理由は，本人の能力・努力によるものではなく，「ロシア語」の難しさによるものだというニュアンスを伴います。

例文 20　Mne　s　　trudom　daetsja　　russkij　jazyk.
　　　　　I.DAT with difficulty gives.REFL Russian language.NOM
　　　　　私はなかなかロシア語が身につかない。

　次の文も与格構文の一種で，再帰動詞が使われている例です。物事は自発的に起こっていて，彼には成功・失敗の直接の手柄・責任があるわけでないというニュアンスを伴います。これは，cf. にあげた，主格 He が主語となっている英語の文と比べた場合，英語では成功・失敗の一定の手柄・責任が本人にあるというニュアンスがあるのと対照的で，ロシア語与格構文では，良いことも悪いことも私たちの行いによって生じているのではなく，私たちには制御できない形で起こっているだけであるというニュアンスが強く感じられます。

例文 21　Emu　　eto　　udalos'./　　Emu　　eto　　ne
　　　　　he.DAT it.NOM succeeded.REFL he.DAT it.NOM Neg
　　　　　udalos'.
　　　　　succeeded.REFL
　　　　　cf.: He succeeded./He failed.（彼は成功した / 彼は失敗した）

Ⅲ．見果てぬ「他者」を求めて

　一方，非人称構文は，主語がなく，動詞が語形として，中立的非人称形式 (impersonal form; ロシア語の場合，人称構文で中性単数主語と一致する時と同じ形) であるような構文です。ロシア語の非人称構文は，他のヨーロッパの諸言語よりも幅広く用いられるといわれています。

　非人称構文における主語の欠如は，事態の根本的原因が特定できない，理解できない，不可解であるという把握を反映したものと考えられます。非人称構文のこのような潜在的意味が最も強く現れるのはいわゆる「不可抗力」を表す時です。例えば，次のような文では事態の直接的原因 (電車や雷や風など) はあたかも何らかの未知の力の'道具'であるかのように描写されています [7]。

例文 22　Ego　　　pereehalo　　　tramvaem.
　　　　　he.ACC ran-over.NEUTR tram. INSTR
　　　　　彼は電車にひかれた。

例文 23　Ego　　　ubilo　　　　molniei.
　　　　　he. ACC killed. NEUTR lightning. INSTR
　　　　　彼は落雷で死んだ。

例文 24　Nam/ U nas　　lodku　　uneslo　　　　vetrom.
　　　　　we.DAT at we.GEN boat.ACC took_away.NEUTR wind.INSTR
　　　　　私たちのボートは風でひっくり返された

---

7)　このようなタイプの非人称文は，能動文と受動文の混成として考えることができます。例えば，例文 24 は「私たちのボートは風でひっくり返った」といった出来事を非人称構文で表現したもので，同じ概念的意味の出来事は下の (i) の能動態人称構文によっても (ii) の受動態人称構文によっても表現可能です。意味上の〈対象 theme〉あるいは〈被動者 patient〉要素 (私たちのボート) が能動人称構文 (ii) の時と同じように対格をとり，例文 24 で事態の原因にあたる要素が受動人称構文 (ii) の時と同じように造格をとっています。また動詞は他動詞です。
　(i) Veter　　unes　　　lodku.
　　　wind.NOM took_away boat.ACC
　(ii) Lodka　　(byla) unesena　　vetrom.
　　　boat.NOM was　 taken_away wind.INSTR (Arto Mustajoki 2006: (2), (3))

第 8 章 「文法」から世界を透視する

　非人称構文にはほかにも種々のタイプのものがあります（経験者が与格によってあらわされたり，*u*＋生格によってあらわされることもよくあります（cf. (24)）が，それら種々のタイプの非人称構文に共通しているのは，世の中は予測できない，説明がつかない，コントロールできないものであるという事態把握のあり方です。以下では，そのような事態把握にもとづく非人称構文のさらなる例として，自然現象文，身体的現象文の例をみていきます。

(1) 自然現象文：述語としては副詞，普通の自動詞，再帰動詞の場合があります。

　　例文 25　Bylo　　　　zharko/teplo/prohladno/holodno.（副詞）
　　　　　　was.NEUTR hot　　warm cool　　cold
　　　　　　暑かった / 暖かかった / 涼しかった / 寒かった。

　　例文 26　Utrom　　　morosilo.（自動詞）
　　　　　　in_morning drizzled.NEUTR
　　　　　　朝は小雨がぱらついていた。

(2) 身体的現象文：述語としては副詞，他動詞，普通の自動詞，再帰動詞をとる場合があります。
　身体的現象を表す非人称構文も主語がない以上，身体に関わる感覚は何らかの特定できない要因，未知の力の働きかけ等によって引き起こされたというニュアンスが出ます。

　　例文 27　Ego　　klonit　　　ko snu.（他動詞）
　　　　　　he.ACC incline.NEUTR to sleep
　　　　　　彼は眠気がしてきた。(lit. 彼を眠りへと傾けた。)

189

Ⅲ．見果てぬ「他者」を求めて

例文 28　U　nego　　 zalozhilo　　　　nos.（他動詞）
　　　　　at he.GEN blocked_up.NEUTR nose.ACC
　　　　　彼は鼻が詰まった。(lit. 彼においては 鼻を 詰まらせた。)

例文 29　U　menja　shumit　　　　　　v　ushah.（自動詞）
　　　　　at I.GEN　make_a_noise.NEUTR in ears
　　　　　耳鳴りがする。(lit. 私においては 耳で 音がする。)

また，非人称述語は与格構文で使われることが多く，その際，再帰動詞が使われることも少なくありません。例えば，感情・感覚にかかわる与格構文 (30) や心理的現象を表す与格構文 (31), (32) は，自由意志によらない，無意識の（自発的な）感覚的・心的な（知的な）状態を表します。さらに，(31), (32) では述語は再帰動詞で，なんとなくそういう心的状態が自発的に発生する，自分の意志に関係なく自ずと起こるというニュアンスがあります。

例文 30　Mne　bylo　　　　smeshno/interesno/ strashno/skuchno/
　　　　　I.DAT was.NEUTR funny　　interesting feared　bored
　　　　　grustno.
　　　　　sad
　　　　　私はおかしかった。／面白かった。／怖かった。／退屈だった。／悲しかった。

例文 31　Ei　　　　　podumalos',　　　chto ona uzhe　　videla
　　　　　she.DAT thought.REFL.NEUTR that she already saw
　　　　　gde-to　　　 etogo cheloveka.
　　　　　some-where this　man
　　　　　彼女はその人をどこかで見たことがあるという気がふとした。

第 8 章 「文法」から世界を透視する

例文 32　Ei　　　ne　hotelos'　　　idti v universitet.
　　　　 she.DAT Neg want.REFL.NEUTR go to university
　　　　 彼女は大学に行きたくなかった。

　同じ組み合わせ（非人称構文，再帰動詞構文，与格構文）の文は，主体が何らかの動作を行うのに際し，想像された以上に意外に簡単でスムーズであること，あるいは，逆に，同じく説明つかない（本人の努力，準備，能力以外の）何らかの外的な要因によって，本来行えるはずの動作を行うのは困難であることを表す場合があります。どちらの場合も，それは本人の努力に関係なく，不思議とそうなっているだけというニュアンスが出ます。

例文 33　Segodnja kak-to　osobenno horosho poetsja.
　　　　 today　 somehow especially well　 sing.REFL.NEUTR
　　　　 今日はなんだか特別によく歌えている。

例文 34　Ej　　 ne　spalos'.
　　　　 she.DAT Neg slept.3SGL.REFL.NEUTR
　　　　 彼女は眠れなかった。

例文 35　Mne　segodnja ne　chitaetsja.
　　　　 I.DAT today　 Neg read.REFL.NEUTR
　　　　 今日はなんだか本を読めないような気がする。

　以上，代表的な与格構文，非人称構文の例を見てきましたが，これらの構文にはこれまで見た以外にも，実に様々なタイプのものが存在します。しかしそれらの間ではやはり，「事態に対するコントロールのなさ，欠如」という含みが共通してみられるのです。
　最後にここで全体をまとめて振り返っておくと，ロシア語では人間の願望，意

志に無関係に生起するものとして現実を捉える構文が豊富に存在しています。これら諸構文は日常的に頻繁に用いられ、そのようなものの見方（「非動作主性」「非合理性」）の言語への投影として考えることができるのです。

「文法」の深みから見えるロシアと日本

　日本語とロシア語は系統的に離れていて接触も少なかったため、相違点にばかりに目が行きがちですが、実は語順の自由度の高さ（と同時に語順へのフォーカス構造把握の反映のあり方）や、「感情性」、「非動作主性」に代表される、ロシア語にみられる事態把握の言語への投影のあり方は、共通した多くの言語現象において、日本語でも観察することができるのです。

　ここまで見てきたように、ロシア語には外国語としてそれを学習する人にとって、文法的に難しいところもあります。しかし、それは他の言語とは違う、ロシア語の面白いところでもあるのです。言語の勉強に時間をさける時にじっくりとその学習に取り組むことは、とても意義のあることです。

　今の日本では、ロシア語を学ぶことができる大学はあまり多くないのが現状です。また、ロシア語は一般の語学学校でもあまり教えられていません。

　さあ、言語の学習にじっくり取り組める時、せっかくのチャンスを生かし、ゆっくり、そして体系的に、ロシア語の学習に挑戦してみませんか？

Ⅳ. 教材・留学情報
── 今日から始めるために ──

　本書で登場した 8 つの言語を学ぶために役立つ情報を集めました。
　初学者向けのものから，研究論文の執筆に役立つ高度なものまであげてあります。また，執筆者達の経験を活かし，具体的な留学のノウハウも収録しました。
　みなさんが今日から踏み出す第一歩が，どんなに広く，豊饒な世界に繋がっているのか，感じ取っていただけると思います。

ギリシャ語

教材情報

　ギリシャ語を学習する上で，どのような書籍があるのか。ここでは私が学生として学ぶときに利用したモノや，また教師としてギリシャ語を教える時に利用してきた教材のなかで，有用と思われるものをいくつか紹介しておきましょう。

●ギリシャを知るための読書案内

　ギリシャ語学習にさきだって，必ずしもわたしたち日本人にとって身近ではない，ギリシャという国の文化と歴史を理解するために必要な書籍をいくつか紹介しておきましょう。

① 池澤夏樹『ギリシアの誘惑』書肆山田，1987 年
② 村田奈々子『物語　近現代ギリシャの歴史 ── 独立戦争からユーロ危機まで』中央公論社，2012 年
③ ロバート・リデル（茂木正敏・中井久夫訳）『カヴァフィス ── 詩と生涯』みすず書房，2008 年
④ 小川光一『知られざるギリシャ ── ギリシャ人はそんなに働かないのか』

　①は古い本ですが，ギリシャに 3 年にわたって住んだ筆者によるギリシャについてのエッセイ集です。ギリシャの家庭料理など，観光しただけではわからないギリシャの素顔が垣間見えます。②はギリシャの近現代史の概説書です。この国が 200 年来，ヨーロッパの大国の利害対立に翻弄されてきたことを鋭い筆致で描写しています。③はギリシャ文学を代表する詩人のひとりである，コンスタ

ギリシャ語

ンディノス・カヴァフィス (1863-1933) の評伝。②で触れた複雑な歴史と，ギリシャの豊かな言語表現が密接に関連していることが如実に示されます。④はギリシャに造詣の深い筆者による，ギリシャ経済危機についてのルポルタージュ。ギリシャの側からユーロ通貨危機をどうとらえるか，ということについて示唆するところの多い本です。

● 入門書，学習書

まず，ギリシャ語のイロハのイとして，以下の二冊を挙げておきます。

⑤　村田奈々子『ギリシア語のかたち』(白水社，2004年)
⑥　木戸雅子『まずはこれだけギリシャ語』(国際語学社，2004年)

⑤は，アルファベットの話題にはじまって，ギリシャ語という言語の「かたち」を手際よく紹介しています。また，⑥も，初学者向けにわかりやすくギリシャ語という言葉を説明しています。

ギリシャ語をより体系的に学びたいという人向けに，以下の書籍を紹介しておきましょう。

⑦　荒木英世『現代ギリシア語の入門』(白水社，1990年)
⑧　Marineta, D. and Papacheimona, D, $Ελληνικά\ τώρα$ (エリニカ トーラ)(『ギリシャ語の時間ですよ』Athens, Nostos, 2004), 2vols.
⑨　テサロニキ大学付属現代ギリシャ語学校編, $Τα\ νεα\ ελληνικά\ για\ ξένους$ (タ ネア エリニカ ヤ クセヌス)(『外国人のための現代ギリシャ語』Thessaoniki, 4th ed. 2007).

⑦は，2014年現在，日本で出版されたギリシャ語学習書としてはもっとも優れている教材ですが，残念なことに現在は絶版となっています。図書館での利用は可能ですので，是非探してみてください。残りの2冊はどちらもギリシャで出版されている書籍で，外国人のギリシャ語学習のために，作り込まれた完成度の高い学習書です。⑧は別売のCDを利用することで，オーラル・コミュニケーションを含めた学習が可能であるうえ，アルファベットから2〜3頁にわたる長

IV. 教材・留学情報

文読解にいたるまで，順を追ってギリシャ語を学ぶことのできる総合的な教材です。他方，⑨は，初級から上級までの文法解説を，文章読解などを交えてわずか300頁ほどで整理しているので，独習に適しているといえるでしょう。

つい近年まで，こうしたギリシャ語の著作を買うには，ギリシャを訪れるか，ギリシャ語のサイトを根気強く探さねばならず，初学者には高いハードルになっていました。しかし，こうしたギリシャ語学習教材の多くは，現在ではアメリカのアマゾンを通じて注文することができます。他には，エレフセルダキス www.books.gr やイアノス www.ianos.gr といったギリシャの大手書店のサイトにも英語ページがあります。

ギリシャ語学習の良質な教材を気軽に注文できるようになったということが，近年のギリシャ語学習についての大きな変化であると言えるでしょう。こうしたインターネットを介した情報化のポジティブな影響は，他の少数言語についても言えるのではないでしょうか。

● 辞書・補助教材について

ギリシャ語を学習する助けとなる辞書や補助教材についても挙げておきましょう。

⑩　木戸雅子『すぐにつかえる日本語‒ギリシャ語‒英語辞典』(国際語学社，2006 年)

⑪　川原拓雄『現代ギリシア語辞典』(第三版，リーベル出版，2004 年)

⑫　Stavropoulos, DN., *Oxford Greek-English Learner's Dictionary* (Oxford, 1989)

辞書については初学者向けのものとしては最初に挙げた，⑩がコンパクトで内容も十分だと思われます。上級者や，あるいは文献の講読にも耐える辞典としては，大部な⑪や⑫が便利です。とくに⑫は，例文が多く収録されており，語彙のイメージをつかむことができます。

ギリシャ語

　補助教材としては，文法においても強調した動詞変化に特化した教材をいくつか紹介しておきたいと思います。文献講読のみならず，手紙やメールなどでギリシャ語で作文する際にも，動詞変化を抑えることが必要であり，そのためのツールが，中上級の学習者にとっては必携のツールとなります。

⑬　福田千津子『現代ギリシャ語動詞変化表』(大学書林，1987年)
⑭　Iordanidou, A., *Τα ρήματα της νέας ελληνικής*, (『現代ギリシャ語の動詞』Athens, Patakis, 1991)

　⑬は650種類もの動詞変化についてまとめてあり，ギリシャ語を学ぶ者にとって貴重な著作です。⑭に所収されている動詞変化表はその増補版ともいうべきもので4500種類の動詞変化を235の類型によって把握できるようになっており，私がギリシャ語でものを書くときにはとても重宝しています。

留学のために

　ギリシャ留学にあたって必要となる，奨学金や留学プログラムについても説明しておきましょう。
　まず，奨学金及び短期の留学プログラムについて。日本からギリシャに留学するためには基本的には，ギリシャ政府奨学金とオナシス財団奨学金の二つの奨学金制度のどちらかを利用することになるかと思います。オナシス財団 (http://www.onassis.gr/en/scholarships-foreigners.php) は，20世紀最大の海運王と呼ばれたアリストテレス・オナシス (日本では，ケネディ元大統領の妻ジャクリーンの再婚相手として知られています) の莫大な遺産の一部をもとに設立された慈善団体で，事業の一環としてギリシャ研究に携わる人文学研究者に対して一年間の留学資金を提供しています。一方，政府奨学金はギリシャ政府奨学金基金 (www.iky.gr/) が留学資金を提供するものです。私が選択したのは，日本での学位論文完成のための資料収集名目の奨学金プログラムで，期間は一年，延長も

IV. 教材・留学情報

できませんでした。しかし，政府奨学金には様々なプログラムがありますので，興味のある方はサイトを見てみることをお勧めします。

　こうした短期の留学以外に，もっと長期にわたって留学を考えるケースもあるでしょう。特に，考古学や美術史のような常にモノや場に慣れ親しむ必要のある分野ほど，その必然性は高まります。また，当然のことながらギリシャの大学での学位取得をめざすケースもあるでしょう。長期留学のためにまず必要になってくるのは，ギリシャ語能力の証明です。ギリシャの大学のカリキュラムは，交換留学生用のプログラムを除いて，基本的にはギリシャ語を全く話さない人を想定していません。したがって，外国人がギリシャの高等教育機関に入学する場合には，まず，授業聴講レベルのギリシャ語能力があることを証明する試験を受けなければなりません。ギリシャの高等教育機関では，7月頃に行われる大学入学試験に先立ってギリシャ語の試験が行われますので，入学を希望する外国人はまずその試験に合格する必要があります。その後，学部や学科の求める試験を受けることとなります。

　主要言語に比べると，サポートの面で幾分劣る点は否めませんが，それでも探せば色々とあるものです。ギリシャに留学することでしか得られない感動については本文で述べた通りですので，是非皆さんもチャレンジしてみてください。

（高田良太）

英　語

　前半では，日本の大学入学試験を突破し，無事大学生になった方に向けて，われわれ執筆者の留学経験にもとづいた，留学を成功させるための英語学習のアドバイスを行います。留学を念頭に置いて記述しますが，一般的にアカデミックな英語の学習方法としても読んでいただけるはずです。後半では，英語圏の大学院に留学する際の，実際的なアドバイスを行います。なお，いずれも 2013 年 12 月時点の情報となります。

教材情報

　まず，全般的な注意点として，アウトプット能力（ライティング，スピーキング）よりもインプット能力（リーディング，リスニング）の訓練を優先させるべきだということを強調しておきます。アウトプット能力は留学してから徐々に身につけても何とか間に合いますが，インプット能力の有無は留学してすぐに死活問題になります（講義やディスカッションの内容が聞き取れないと，単位を落とします）。日本の大学入試を突破した方は，リーディングについてはある程度訓練を積んでいるでしょうが，リスニングの訓練はまだまだ不足していると思われます。後でも述べますが，リスニング能力を身につけるためには，リスニング練習の「質」とともに「量」がきわめて重要です。できるだけ早く，今日からすぐにでも，リスニングの訓練に取り掛かって下さい。

　以下では，リスニング，リーディング，スピーキング，ライティングの順で，各技能別に実際的なアドバイスを行います。

IV. 教材・留学情報

リスニング

　リスニング学習のカギは，多聴と精聴をうまく組み合わせることです。リスニング学習の初期の段階では，英語をとにかくたくさん聞いて（多聴），英語音声に慣れることが必要です。上達するにつれて，分かる単語から分からない単語を類推する，あるいは分からない単語があっても言われている内容の概要を理解することができるようになります。しかし，分からない音声・単語をスクリプトで確認しながら聞くという作業（「精聴」）をすることで，聞き取りの正確さとスピードが増し，それにつれて自分がアクティブに使える単語・表現も増えていきます。

　英語に関してはリスニングの教材は多数市販されていますが，海外のテレビ番組を利用すれば，日本に居ながらにして，ネイティブスピーカーが話している英語の標準的なアクセント，スピードや語彙・表現を知ることができます。国内で視聴することができる，中級以上から利用できるテレビ番組には次のようなものがあります。

① 　ABC News Hour
NHK BS 1　火曜〜土曜（放送時間については番組表をチェックして下さい。）
再放送：火曜〜金曜
ウェブサイト：http://www.nhk.or.jp/worldwave/abc/
　英語の字幕，日本語の字幕，字幕なし，キーワードについての日本語での解説，英語の字幕という順番でニュースの同一部分が編纂されています。ウェブ上で動画（最新のもののみ），キーワードの解説やスクリプトが公開されています。

② 　PBS Jim Lehrer News Hour
NHK BS 1　火曜〜土曜
　英語の字幕が出てくるので，聞き取れない・分からない単語をすぐに確認することができます。ニュース原稿を読みあげるだけではなく，週に1回位，番組内でディスカッションの時間があります。言いよどんだり，文法的には理想的で

はない表現もあったりして，現実の英語ディスカッションの聞き取りの練習になります。この番組を基に制作された英語教材も発売されていて，好評を博しているようです。

③ BBC 地球伝説
BS 5 朝日　月曜〜金曜
ウェブサイト：http://www.bs-asahi.co.jp/bbc/lineup.html

　世界の歴史・紀行・自然・文化について取材・解説した教養番組（2 か国語放送）です。上記ウェブサイトで,放映内容・予定を確認することができます。ベースとなる解説は，大抵，比較的ゆっくりしたイギリス英語で行われます。英語学習には，録画しておいて，英語で見て分からなかった箇所を日本語音声で確認すると良いでしょう。中上級以上の英語の語彙知識があれば，英語の音声と日本語から，分からなかった英語の単語・表現を推測することが可能です（常にうまくいくとは限りませんが）。英語音声のみで相当理解できるレベルにあるなら，BBC Radio 4：In Our Time で，もう少し高度な内容のディスカッションが配信されています。

リーディング

　日本の大学の入学試験を突破した読者なら，リーディングの勉強法は，ほとんど説明する必要がないと思います。講読・演習・読書会の機会を利用して，精読と多読の訓練をしましょう。余裕があるなら，英字新聞を講読するのも，速読の訓練にもなってよいかもしれません。日本の新聞とは違う問題を取りあげていますし，同じ問題でも違った角度から論じていることも多いです。紙での英字新聞講読はお金がかかりますが，インターネットで無料配信されている記事はたくさんあります。kindle 等の電子媒体が使えるなら，日本の新聞と同じかそれ以下の値段で定期購読することが可能です。

スピーキング

　スピーキングに関して，留学前に国内で十分な準備をするのはかなり難しいです。むしろよく言われることですが，日々の生活を通して，研究なり社会・文化・歴史について話すに足る内容を蓄積していくことが大切だと思います。英語の発音について中高で十分な教育を受けてこなかったと思うなら，基本的な発音について聞き取り，発音の訓練をしておくことは有効だと思います。最初に修正しておけば，後で語彙や表現が自然に頭に浮かんでくるようになった時に伸び悩まなくてすみます。

　発音に注意しながら英語のテキストを音読するのは，語彙・表現を憶えるのにも，英語を話すこと自体に慣れるのにも有効です。音読するテキストは何でもよいのですが，初～中級まではNHKのラジオ講座のテキスト，中級以上になってきたらTOEFLのリスニング問題として出題されているレクチャーや，The Universe of English（東京大学出版会），テーマ別英単語Academicシリーズ（Z会）のテキスト等にも挑戦するとよいでしょう。いずれも音声教材が入手可能な教材ですので，ネイティブスピーカーの発音を聴いて確認することができます。

　留学後のスピーキング上達のコツは，英語で話せる，ノン・ネイティブスピーカーの友人をもつことではないかと思います。

ライティング

　概してスピーキングが苦手な日本人にとって，ライティングは必要不可欠な技術です。特に論文を書く研究者となると，なおのこと重要となります。

　英語で書くといっても，書く内容は日本語で書く場合と大きく違うわけではありません。日本語で構造・内容上優れた論文を書くことは，英語で良い論文を書く準備として必要だと言えます。一般的な論文の書き方については，日本語で優れた入門書がいくつか出ています。しかし，英語で論文を書くにあたっては，英語で書かれた論文の書き方のマニュアルを一冊読んでみてはどうでしょうか。論文を書くまでの調査，論文の草稿，修正，最終稿提出までの一連のプロセスで注意すべき点の確認になります。

英　語

　TOEFL や IELTS のライティングセクションの準備として，過去問や模擬問題を或る程度やる必要はあるかもしれません．しかし，できるだけ自分の研究と重なる仕方で，ライティングの訓練をすると効率的です．英語論文の書き方を一通り学んだ後は，実際に論文の英文要旨，英語論文そのもの，あるいは英語発表原稿を書いてみましょう．書いたものはネイティブに見てもらい，英文の構造や文法・語法の不具合を指摘してもらいましょう．そしてネイティブチェックの後，全体をもう一度自分の目と頭で確かめる，とくに指摘された修正点と同様のミスが他に残っていないかを確認しましょう．そして修正してもらった箇所についてはノートにとり，ときどき見直すと，文法的な正確さが増していきます．

　分野を問わず凝った文体の持ち主はいますが，ノンネイティブが最初にマスターすべきなのは「なるべくシンプルな文体で，文法的に正確な文章を書くこと」だと思います．表現に変化をつけるために，動詞だけで言えることを動詞＋名詞，動詞＋副詞で言い換えるといったことは有効ですが，一般的に日本人（中級者）の英作文は，不必要な言葉が多すぎる傾向にあります．英語らしいシンプルな文章を書くためには，なるべく日本語から英語に訳すことをやめ，最初から英語で考えることが必要です．自分の専門分野の英語論文を読み，お手本となるような英語表現の仕方を少しずつ蓄積していきましょう．

大学院留学のために

大学院留学

　まず，北米とイギリスの大学院システムの違いについて説明しておきます．北米の大学院では修士課程と博士課程が厳密に区別されておらず，とりあえず博士課程学生として入学し，コースワーク（授業に出て，レポート・試験などをクリアして単位をとるという日本でもおなじみのプロセス）を行うことになります．コースワークを1年程度やったところで，博士号ではなく修士号で修了することを選ぶこともできます．博士号取得を目指す場合はそのままコースワークを続

け，博士課程の前半（2〜3年）はコースワークに費やされることになります。一方，イギリスの大学院では，修士課程と博士課程が厳密に区別されています。修士課程には Taught Course と Research Course の二種類が用意されていることが多く，前者はコースワークをメインとする課程，後者は指導教官による個別指導をメインとする課程です。イギリスの博士課程には，基本的にコースワークはありません。もっぱら指導教官による個人指導を受けながら研究をつづけ，博士論文の提出を目指すことになります。

　いずれにしても，英語圏の博士課程を修了するには5年はかかると考えてよさそうです。海外で博士課程を修了すると，専門分野の海外での動向が見え，自分の研究の見通しも立ってくるというメリットがあります。そして一冊の本にあたる分量の博士論文を全て英語で書くわけですから，英語で論文を書くことに心理的な抵抗はなくなります。博士論文の内容が優れていれば，一部を英語論文として，あるいは全体を英文単著として出版することもでき，当該の研究分野で国際的な貢献をすることが射程に入ってきます。そして能力・適性・運によりますが，望めば海外での就職も不可能ではありません。したがって，博士課程への留学は，成功すれば，研究者を目ざす人にとっては非常に価値があります。ただし，リスクもあります。海外での博士号がアカデミックなキャリア（大学をはじめとする研究機関）に就職するための必要十分条件であるような分野も存在するようですが，海外と国内で，研究・就職の動向がまったく違うような分野も存在します。海外では，博士号を取得してから時間をあけて論文・著書を出版するケースが多く，この場合，博士課程の勉強・研究に集中していると，少なくとも3〜4年間論文を出せないということになります。その一方で，日本国内の多くの分野では，アカデミック・ポストへの就職の基準として業績の「質」とともに「数」が求められています。ここにギャップがあるわけです。

　つまり，博士課程での留学は，博士課程修了後の国内外でのキャリアをどういうものにしたいのか検討した上でするべきです。また，相当の時間とお金を費やすことになりますので，長いつきあいになるはずの指導教官は前もって慎重に検討されることを勧めます。指導教官の学問や人柄については，他人の評価は或る

程度参考になりますが,評価が二分されるような人も存在します。一度直接会い,学問的なアドバイスを求めたりしてみて,自分が快くつきあえる相手かどうかを見極めましょう。国内で会うチャンスがなければ,現地や国外で開催される学会に行くことになりますが,うまくいかなくて指導教官を変えるのに費やす時間,精神的エネルギーとお金(授業料・滞在費)を思えば,安いものです。

では,より具体的に,留学の様子を描いてみたいと思います。英語圏へ留学,と言っても,大学によって,国によって,その状況はずいぶん異なります。筆者たちの留学体験に基づきながら,いくつかサンプルをご紹介できればと思います。

(1) 北米の博士課程

まずは北米の事例から見てみましょう。論理学のような科目をのぞき,北米では大学院レベルでコースワークに最終筆記試験がともなうことは稀です。代わりに,コースワークとは別に comprehensive exam と呼ばれる試験が行われ,哲学や哲学史について基本的な知識が身についているかが試されます。comprehensive exam は筆記・口頭のいずれか(あるいは両方)で行われます。

私(周藤)が留学したセントルイス大学では筆記・口頭の comprehensive exam に合格した後,prospectus と呼ばれる博士論文の計画書を書き,この計画書について博士論文審査員(3名)の前で質問に答える審査('prospectus exam')を経て,Ph.D. candidate(博士候補生)になります。

大学によって制度は異なるものの,このように,北米の大学では Ph.D. candidate になるまでは,語学や専門学科の試験を数多く受けなければならないのが普通です。いったん Ph.D. candidate になれば,あとは基本的に博士論文を書くだけになります。

セントルイス大学の場合,毎年博士課程延長願さえ提出すれば,博士論文提出までの年数制限は実質的にはありませんでした —— 卒業前に授業料を追徴されましたが。博士論文の審査は原則一般公開で,博士論文審査員を中心に行われま

す。日本の大学・大学院と同様，審査は口頭試問で，審査に合格すると，博士号(Ph.D.)を与えられます。

(2) イギリスの博士課程

　イギリスの大学院では修士課程と博士課程が厳密に分かれており，博士課程に入学する学生は，修士課程ですでにある程度専門的な教育を受けています（この点で北米の大学院とは事情が異なり，むしろ日本の大学院の博士後期課程に近いと言えそうです）。博士課程に入学した学生は，指導教官の個別指導を定期的に受けながら研究を進め，最終的に博士論文を書き上げることを目指します。

　個別指導の形式は指導教官によってまちまちですが，私（海田）の留学したダーラム大学哲学科の場合，事前に提出した short paper にもとづいて指導教官とディスカッションするということを2〜3週間に一度の頻度で繰り返しました。指導教官の個別指導以外では，所属学部のセミナー（教官発表用のものと大学院生発表用のものがそれぞれ週1回ずつ）に定期的に出席することが求められました。このあたりも日本の研究室での論文指導と比較的似通っているかもしれません。

　こうした指導を受けた後，博士論文計画書および博士論文の中核となる中程度の長さの論文を提出します（だいたい入学してから3〜4年後に提出する人が多い）。これが Department Committee に受理された時点で Ph.D. candidate になります。Ph.D. candidate になると，原則として1年以内に博士論文を提出しなければなりません。ただし，「延長願い」を提出することにより，最大で3年まで延長することができます（ダーラム大学の場合）。

　博士論文の審査は，博士論文審査員を中心に行われます。博士論文審査員には，学内審査員 (internal examiner) と学外審査員 (external examiner) が一名ずつ含まれます。最後の口頭試問 (oral defense) には指導教官も同席することができますが，指導教官に発言権はありません（したがって，指導学生をサポートすることもできません…）。審査に合格すると，博士号 (Ph.D.) が与えられます。

英　語

　以上，北米および英国における大学院課程について述べましたが，細かいカリキュラム等は各大学によってかなり異なります（同じ北米内，イギリス内であっても）。実際に留学する場合は，自分の入学したい大学院のカリキュラムを必ずチェックして下さい。

（海田大輔・周藤多紀）

中国語

教材情報

　日本人には親しみやすい要素をもつ中国語。しかし本気で勉強しようとすると，他の外国語と同じく長い長い道のりに足を踏み入れることになります。そこでは，目的を明確に持って進むこと，時に寄り道をして辺りを見回してみること，いずれも大切なのだと思います。以下は，そんな「中国語の道」の道しるべとなる先達の書籍と，留学関連のサイトなどの紹介です。

書籍
(1) 概説書
　まずは，中国語を始めて間もない方，またはこれから中国語を始めようかな，という方に，手軽に手に取れる，読みもの風の概説書を何冊か挙げます。

①　相原茂『はじめての中国語』(講談社現代新書，1990)
②　相原茂『謎解き中国語文法』(講談社現代新書，1997)

　いずれも，中国語教育といえば，必ず名前が挙がる有名な著者によるもの。この著者による同趣旨の書は他にも沢山有りますが，ここではこの二冊を挙げておきます。①の方は，著者の中国語修業時代にも言及。②は文法をある程度勉強した方に。

③　木村英樹『中国語はじめの一歩』(ちくま新書，1996)
　中国語学の研究者である著者が，初心者のために書いた概説書。……なのです

が，長年中国語をやっていても，久々にめくると新たな発見がある，さすがの味わい深さをもつ書です。

④　池田巧『中国語のしくみ』(白水社，2007)

例文にピンインと共にカタカナ音も振るなど，全くの初心者という方にもお勧めできる，読みやすい作りになっています。CDがついていますし，「ちょっと興味はあるんだけど…」くらいの軽い気持ちで手に取ってみても。

さらに，上記の書籍では物足りない！　という方には，以下の3冊があります。

⑤　相原茂・杉村博文・木村英樹・中川正之『新版　中国語入門Q&A101』(大修館書店，2003)
⑥　相原茂・杉村博文・木村英樹・中川正之『中国語学習Q&A101』(大修館書店，1991)
⑦　相原茂『中国語教室Q&A101』(大修館書店，2000)

中国語を学習する過程で出会う様々な問題を，一問一答の形で取り上げたシリーズ。質問の範囲は語学のみに限定されず，中国の文化風俗に渉る幅広いものとなっています。「入門」→「学習」→「教室」の順で読み進めていくと良いでしょう。

(2) 文法書

⑧　守谷宏則『やさしくくわしい中国語文法の基礎』(東方書店，1995)

初級〜中級まで対応の文法書。見やすい版面，簡にして要を得た解説。例文には全て日本語訳とピンインが示されています。巻末には丁寧な日本語インデックス・中国語インデックスあり。一冊読むと文法の大枠が押さえられる点でも，初級者におすすめです。

⑨　相原茂・石田知子・戸沼市子『Why? にこたえるはじめての中国語の文法書』(同学社，1996)

初学者の自学自習用に書かれた文法書。各課に相当量の問題集が付いていて，ドリルのように使えます。ほとんどの単語や文章には意味・ピンインが書いてあり，索引を完備，また親しみやすいイラストがあちこちに配置されるなど，初級学習者のための工夫が凝らされています（ただし，CD は付いていません）。分厚い本ですが，一冊仕上げると，文法にはかなり習熟することができます。

もう少し進んだ文法書もほしい…という方には，以下の特徴ある二冊もお薦めです。

⑩　杉村博文『中国語文法教室』（大修館書店，1994）
⑪　荒川清秀『一歩すすんだ中国語文法』（大修館書店，2003）

中上級者にとっても十分に読み応えがあり，長い付き合いができる文法書です。

(3) 発音

　発音に関しては，既に述べたように初歩の段階でできるだけ丁寧にさらうことが重要です。独習用の教材は CD 付きのものが色々と出ており，自分にあったものを購入するのも良いでしょう。また，「サイト」の部分で挙げる発音教材は，無料で誰でも使えるものですので，活用してみて下さい。

(4) リスニング

　3章で述べたように，中級以上の方は HSK 用教材にチャレンジしてみて下さい。東方書店・書虫などの書店で多数取り扱っています。HSK は 2011 年頃から新 HSK として制度が新しくなりました。教材には「新 HSK」と表記されています。また，リスニング練習のための雑誌として，以下の2冊があります。

⑫　「聴く中国語」（日中通信社）月刊誌。
⑬　「別冊聴く中国語シリーズ」（日中通信社）

⑬は，検定試験・会話・「華流」など様々なテーマを特集。現在シリーズは百

冊を越えています。

(5) リーディング

　中国語の自習用のリーディング教科書はいまだに少ないですが，比較的最近出版されたものの中で，細かい配慮が行き届いているものを挙げておきます。

　⑭　佐藤晴彦・毛丹青『珠玉の中国語エッセイで学ぶ長文読解の"秘訣"──中級から上級への橋渡し』(アルク，2009)

初級を終えた段階の学習者が，中級～上級レベルの読解力を育成するための自習用テキスト。文章それぞれに丁寧な解説がついており，テキスト音読のCDもついています。

　また，変わり種として，

　⑮　三潴正道『論説体中国語読解力養成講座──新聞・雑誌からインターネットまで』(東方書店，2010)

「論説体」とは，新聞・雑誌や学術論文に使われる書き言葉。本書はなによりもまず，話し言葉と書き言葉の違いに注目した点で，中国語教材としては画期的なものと言えます。中級以上向けですが，新聞を読みこなしたい，翻訳の技術を学びたいなど，目的がはっきりしている方は，本書を手に取ってみても良いかもしれません。例文や問題はすべて『人民日報』から抽出されたものであり，練習問題を解きつつ，現代中国の社会情勢に触れることもできます。

(6) ライティング

　⑯　竹島金吾・賈鳳池『中国語作文　その基本と上達法』(金星堂，1975)

　中級者向けの作文の独習用教科書。四十年前に編纂された本書ですが，いまだにその価値を失っていません。精選された日本語の短文を訳すに当たって，「このような表現もできるが，こちらの方がより中国語として自然である」，あるい

IV. 教材・留学情報

は「中国語のニュアンスとしてはこちらの方が近い」と言ったコメントは，独習者にとって何より貴重なものでしょう※。

⑰　郭春貴『誤用から学ぶ中国語—基礎から応用まで—』(白帝社，2001)

　日本人学生が初中級の段階でよく犯す誤用例を100例選び，解説した文法書。初級者にこそ読んで欲しい項目もありますが，基本的には，初級文法をほぼ終え，中級段階の作文に悩む方にお薦めします。文法のみならず，表現上の問題を取り上げるため，作文の参考になるはずです。

(6) スピーキング

⑱　邱質朴著，平田昌司編訳『说什么和怎么说—意図と場面による中国語表現上級編—(改訂版)』(朋友書店，1993)

　様々な場面に相応しい自然な中国語を身につけるための，スピーキングの教科書。初級文法はしっかり終え，一定の語彙を使いこなせる上級者向け。本来は教室で学ぶために編纂されているため，独習用教科書を求めている方は使い方に注意が必要ですが，句法を暗記するだけでも，会話・ヒアリングの勉強になります。例文にやや古さが見えますが，内容や例文の豊富さ，会話を正式な場・ふつうの場・くだけた場に区別して示してある点，言語を「反対」「同意」などの機能別に分類して提示する点は，類似書にない特徴と言えるでしょう。なお，2014年2月現在，入手困難となっています。大学図書館で探すことは可能。

　さて最後に，中国で「対外漢語」(外国人のための中国語教育)用に開発された教科書が，最近では日本でも簡単に手に入るようになってきました(「書虫」や「東方書店」にて)。興味のある方は取り寄せてみても良いかとは思いますが，種類が多すぎて選ぶのが難しく，また，恐らく教室内で用いることを想定して作

※ 2014年2月現在，新書は手に入りにくくなっています。

られていると思いますので，独習用として使えるかどうか，筆者は把握しきれていません。

インターネット・サイト

インターネット上にも便利な学習用サイトが多数あります（以下のサイトの情報は，2014 年 2 月確認）。

(1) 大学発信のサイト

⑲　大阪大学世界言語研究センターの公開教材：http://el.minoh.osaka-u.ac.jp/flit/

さまざまなメニューが準備されていますが，特に「ウェブカメラで学ぶ中国語発音入門」は，自分の口の動きを確認しながら練習が出来，「発音の基礎　トレーニング」はネイティブの口の動きを見ながらピンイン一つ一つの確認が出来ます。初学者の発音練習に非常に適しています。

⑳　TUFS 言語モジュール（東京外国語大学 21 世紀 COE プログラム「言語
　　運用を基盤とする言語情報学拠点」）：http://www.coelang.tufs.ac.jp/
　　modules/zh/

「発音モジュール」「会話モジュール」「文法モジュール」「語彙モジュール」の 4 つに分かれています。「会話モジュール」には，「北京・蘇州・台湾の普通語」が用意されており，現地に行った時に耳にする，やや癖のある普通語を体感することが出来ます。

ちなみに，以上の大阪外大・東外大いずれのサイトも，同様のメニューが多言語で準備されています。興味のある方は調べてみて下さい。

㉑　大阪大学大学院（言語文化研究科）・杉村博文氏のホームページ内にある
　　「閲読教材」：http://lang.osaka-u.ac.jp/~sugimura/index_etexts.htm

中上級の講読教材を，詳細な注・朗読・訳付きで公開しています。

IV. 教材・留学情報

(2) 中国関係書店

㉒　東方書店：http://www.toho-shoten.co.jp

教材情報も豊富です。『新華字典』もこのサイトで買えます。東方書店のサイトは，書店が出版している小冊子「東方」の記事の一部を読むことが出来，出版関連の情報を得るのにも有用です。

㉓　書虫：http://www.frelax.com/sc/
初心者でも購入しやすい輸入書のサイト。

㉔　内山書店：http://www.uchiyama-shoten.co.jp
魯迅ゆかりの東京・神田神保町にある中国書専門店。教材も多数扱っています。

留学のために

留学に関して，必要な情報を知るためのサイトをご紹介します。

①　独立行政法人日本学生支援機構
海外留学の奨学金情報：http://www.jasso.go.jp/study_a/scholarships.html
中国語圏留学の情報や，学校選択のポイントなども書かれた「中国語研修の手引き」なども公開されています。

②　「霞山会」：http://www.kazankai.org/c_abroad_1.html
日中交流を旨とする一般財団法人です。中国への研究留学支援も積極的に行っています。

中国語

③ 「孔子学院」による奨学金

孔子学院は，中国政府が中国語，中国文化理解を捉すため，各国の大学等に設置する教育機関です。また，スピーチコンテストを開催し，優秀者には奨学金の提供を行うこともあります。大学によってプログラムは異なりますので，詳細は各大学内のサイトを参照して下さい（立命館大学，桜美林大学など国内に十数ヶ所）。

その他にも中国語圏への留学奨学金を提供する団体はありますので，色々と調べてみて下さい。各大学のホームページにも留学情報は掲載されています。

（二宮美奈子）

韓国語

教材情報

● 初心者のために

　まず韓国語を勉強したいがどの本がよいのか迷っている人のために，日本で出版されているものの中からいくつかの教材を紹介します。

　① 　河村光雅・田星姫『しっかり身につく韓国語トレーニングブック』(2002年，ベレ出版)

　初級の文法事項についてかなり網羅的に丁寧に扱ったトレーニングブックです。各課ごとに簡単な文法の説明と新出単語リストがあり，その後でそれらを使った問題が多数並ぶという形式となっています。付属のCDには韓国語音声も収録されており，聞きとりの基本的な部分もおさえられます。

　初学者は，繰り返しこの本で学習し，初級文法項目を定着させるとよいでしょう。ただ文字については別の本で併せて学習すればさらに効果が上がると考えられます。CDについては必ず聞き，文字の読みを確認すること。

　② 　増田忠幸『韓国語のしくみ』(2005年，白水社)

　「言葉のしくみ」シリーズの1冊で，細かな文法事項よりもまず言葉全体の「しくみ」を提示し，練習問題を積み上げていくのではなく，通読することで「しくみ」を感得してもらおうという本です。したがって，どちらかと言えば「韓国語入門への扉」といった内容の本です。日本語と韓国語のかなりの文法的・語彙的類似をこの本を読んで知ることにより，以後の韓国語学習の見通しを得やすくできます。また「しくみ」を通読することにより，以後の韓国語学習の「地図」を

手に入れることも（そして何度もここに戻ってくることも）できるようになります。

韓国語をひとつの言語として捉えたり，既習事項を辞書的に使用したりしたいなら次の本がよいでしょう。

③　白峰子（大井秀明訳）『韓国語文法辞典』(2004年，三修社)

あくまでも辞書で，「学習書」として使いやすいものではないですが，豊富な例文とともに，母語話者でも説明が難しいような項目も多数設けられており，非常に参考になる本の一つです。とくに，日本語の助動詞や助詞のような「ちょっとした」，でも非常に重要な表現が詳しく説明されており，韓国語を読み書きする際には常にそばにおいておきたい書物のひとつです。

④　李翊燮ほか著（梅田博之監修）『韓国語概説』(2004年，大修館書店)

アメリカ人の学習者向けのテキストの邦訳です。韓国語の知識のない読者でも十分に理解できる（ただし十分な理解力と探究心が必要）ようになっています。内容は韓国語の歴史からハングル制定，正書法の試行錯誤などから音韻・形態・統語にいたる韓国語の全貌が収められており，誰でも広く深く，韓国語について知ることのできる教養書であると同時に，研究を志す人の利用にも耐えるものです。第4章で述べたようなことに興味を持った人は是非手に取ってみてください。

⑤　『韓国語ジャーナル』（アルク）

韓国の芸能情報，文化情報，最近のニュース，古今の文学，今の韓国の街並みなど幅広い情報を毎号届けてくれると同時に，韓国語学習の要点などについて連載企画などでじっくりとフォローアップしてくれます。掲載されたインタビュー記事などをおさめたCDがついていたり，インターネットサイトやツイッターなどとも連動していたりと，いろんな活用の仕方が楽しめる雑誌です。

●中・上級者のために

研究や論文執筆のための教材はかなり限られます。現代の韓国社会に対する理

Ⅳ. 教材・留学情報

解を深めるニュースなどを題材にしている教材などが主流で，アカデミック版のライティングやリーディング教材はほとんどありません。

　しかしそれは日本での話，韓国側の大学は留学生向けの語学教育に大変積極的です。多くの韓国の大学が韓国語教育機関を併設し，留学生向けの教材を学校別に開発しています。また，国立国語院をはじめとする韓国語教育関連学会刊行の教材も多く見られます。これらは日本国内でも比較的容易に入手することができます。

　ここでは，いくつかの教材を例にし，現地で語学留学する場合どのような教材で勉強するのか，その教材を利用した学習法を紹介します。

⑥　연세대학교 한국어학당 교재편찬위원회 (2010)『연세 한국어 읽기 1』연세대학교출판부

　比較的初級段階向けのリーディングブックです。韓国の延世大学校の教科書として開発されたこの本は，初級段階でおろそかになりやすい読解能力向上と子音・母音の正確な習得を目標としています。CDを聞きながら，正しい発音規則とともに，文章の構造を理解するのに適しています。身近な場面を設定しており，よく使われる単語が紹介されているため，語彙と本文を丸ごと覚えてしまうと日常生活で何かと役に立ちます。

⑦　연세대학교언어연구교육원한국어학당 (2009)『즐거운 한국어 읽기 (3급)』연세대학교출판부

　本書は，中級段階向けのリーディングブックです。韓国の延世大学校の教科書として開発されたシリーズ (全4巻) の一部です。手紙，職場生活など日常生活の話題だけでなく，古典や韓国の偉人などの多様な内容を取り扱い，韓国文化と韓国人に対する全般的な理解を促しています。引用の仕方，文章の仕組み，慣用句，内容の理解に提示されている質問を学習することで，口語と文語の違いとともに，議論の際によく使われる文型や質問の仕方なども自然に習得することができます。

⑧　이화여자대학교언어교육원『유학생을 위한 대학한국어 – 읽기・쓰기』(2008)

梨花女子大学校言語教育院によって開発された，留学生向けの韓国語教材です。なお，梨花女子大学校は，国内最初で意思疎通中心の語学教材である『말이 트이는 한국어 (Pathfinder in Korean)』シリーズを開発した学校でもあり，これほど徹底した研究とテストを経て完成された教材はほとんどなく，学問分野に対する知識も得ることができます。

⑨　서강대학교한국어교육원『New 서강 한국어 Student's Book』シリーズ (2008)

初級から上級学習者に至るまで，学習者の能力に合わせて選べるリーディング・トーキング教材です。共通した主題のもとでリーディング・トーキングの学習ができると同時にテーマと関連した語彙と表現，文法を勉強する事ができます。大衆文化，伝来童話，科学常識，文化，社会，芸術など，韓国の社会・文化を掘り下げた高度な内容までも扱われています。特に日本語版 (2011，2012) の文法・単語解説書も刊行されているのでとても便利です。

● **インターネット教材**

すでに 2010 年度から NHK の語学学習サイト (http://www.nhk.or.jp/gogaku/) では，番組についての詳細情報が掲載されているだけではなく，番組によっては前週の放送のストリーミング配信も開始されました。

またアルク出版の韓国語サイト (http://www.alc.co.jp/korea/index.html) も充実しており，辞書に載っていない最新の韓国語表現をはじめ，韓国・韓国語に関するエッセイや留学についての記事など，豊富なコンテンツを含んでおり，興味を持ちながら韓国語にふれることができるサイトであります。

他にも韓国放送公社 (KBS) のサイトや外国語大学のサイト，さらには韓国語を研究している研究者・大学の先生のサイトにも韓国語学習のコンテンツが用意されているところも多くあり，教材以外にもぜひこれらのサイトを積極的に活用

Ⅳ. 教材・留学情報

していきたいです。

●**教材リスト**

ここからは，学習量を増やすための教材リストです。面白そうなものが一つでもあれば，是非手に取ってみてください。

(1) リーディング教材

 ⑩ MBC 放送報道局『MBC 韓国語ニュース 2000—2009 年』（アルク，2010）

 MBC 放送の過去 10 年のニュースから年別主要ニュースを厳選したもの。全50 本のニュース（2009 年は「歴史の中へ巨星墜つ」「政治分裂と不通」「事件・事故衝撃，涙，傷」「経済「生存と回復」」── 何のニュースか想像してみてください）を収録し，韓国語の時事用語が広く学べる。

 ⑪ 市吉則浩『韓国の新聞で学ぶハングルリーディング』（DHC，2009）

 ウェブサイトに掲載された新聞記事を掲載し，本文，ボキャブラリー，ポイント（読解のポイントとなる文型，表現を解説），フレーズチック，トピックス（記事に関連した文化的・社会的事柄の解説），日本語訳で構成されている。

 ⑫ イ・ヘヨン，キム・ジョンファ，パク・ナリ（著），韓国国立国語院，韓国語世界化財団企画，徐周煥（訳）『韓国語の第一歩リーディング』（三修社，2009）

 日常生活で出会う文章を通して韓国語を学ぶ，初学者向けのテキスト。標識，広告，カード，手紙そして新聞などの日常生活に必要な文章表現が盛り込まれ，話し言葉と書き言葉の違いもよく分かる内容。同様のコンセプトでライティング教材も準備されている。

 ⑬ 長渡陽一『国語の発音と抑揚トレーニング』（アルク，2009）

 発音に特化した教材。平音・激音・濃音，韓国語の抑揚，パッチム，韓国語の

母音，韓国語の発音変化のトレーニングで構成され，附録として発音変化までまとめられている。

⑭　김낭예，조현용『유학생을 위한 한국어 읽기』(하우출판사，2008)

こちらはぐっと大学（院）生向けのリーディング教材。人文学，社会科学，自然科学，韓国語学に分かれ，学問に関わる語彙はもちろん，韓国語身体関連の慣用表現目録，韓国語教材の中の主要ことわざ目録も収録されており，留学生の語彙理解のためには非常に良い。

⑮　HANA 韓国語教育研究会『1 日 1 文，短い文章を読みこなす韓国語リーディング』(2008)

「ハングル誕生物語り」，「食事に命を懸ける」，「韓国人が愛する 4 人の作家」，「分断の象徴　板門店」，「整形中毒」など 35 のテーマをピックアップ。標準的な発音で録音された CD を聞きながら，リーディングの練習とともに，韓国社会の幅広いジャンルに触れることができる。

⑯　市吉則浩『韓国の小学校教科書で学ぶハングルリーディング』(ディーエイチシー，2006)

初級学習者のためのリーディング教材。やさしい読解能力の向上はもちろん，字母と発音の正確な習得を目標としている。

⑰　연세대학교 한국어학당『한국어 읽기』シリーズ (1999)

初級段階のリーディング教材。カード，日記，広告，新聞記事など日常生活に関する内容で構成されており，子音，母音などの文字と音・練習方法をはじめとする文章のリーディングと挨拶法を紹介，韓国での日常のさまざまな場面，例えば，図書館，昼食，誕生日パーティ，空港，バスの中などで有用に使える韓国語表現が整理されている。全 4 巻と非常に充実している。

(2) ライティング

⑱　HANA 韓国語教育研究会『韓国語ライティングの文例集』(アルク，

2010)

メールから手紙，ビジネス文書まで，見てすぐまねできる文例を掲載したもの。日本語にない分かち書きのルールなどの解説がありがたい。

⑲　장향실『외국인 대학생을 위한 사고와 표현　글쓰기의 기초』(고려대학교 출판부, 2010)

作文の理解，作文課程，単位別作文（語彙・表現，文章，文段），ジャンル別作文（説明文，報告書，論説文，感想文，自己紹介書）など，韓国語作文に特化した教材。

⑳　최윤곤『외국인을 위한 한국어 시리즈　외국인 유학생을 위한 리포트 작성법 (Handbook of Writing a Report for International Students)』(2009)

東国大学校グルスギセンターで行っている「外国人留学生のためのレポート作成法特講」で使用した資料集に基づいて刊行されたテキスト。前半部は基礎編として作文の理論を中心に，後半部は大学（院）生活に欠かせないレポート作成法について書かれており，作文のノウハウからレポート作成方法，参考文献の作り方，論文の構成方法まで，アカデミック・ライティングにも耐え得る内容となっている。

㉑　연세대학교 한국어학당『한국어 중급 1 쓰기 (한달완성)』,『한국어 중급 2 쓰기 (한달완성)』(연세대학교출판부, 2008)

「必ず手を洗って食べること」，「この機会を見逃さないでください」，「送ってくださったメールを拝受いたしました」，「この歌を聞かせてください」など，初級過程を終わった韓国語学習者が，実生活でよく接するようなライティングテキストを通じて，ライティングを向上させることができる。

㉒　韓国語教授法研究トンアリ『韓国語ライティングマスター』(アルク，2004)

韓国語の書き言葉と話し言葉,韓国語の「です・ます」体と「だ・である」体,

尊敬をこめた文体，助詞，変則用言のつくり方，連体形のつくり方，間接話法，まちがえやすい表現の説明など，つまずきやすいポイントに絞った解説がなされている。

留学のために

　韓国の大学は国際協力及び交流を拡大し，大学の国際競争力を強化するために外国人留学生を積極的に誘致しています。それに合わせて教育科学技術部は外国人留学生誘致拡大総合方案 (Study Korea Project, 2004) を作り，2012 年までに 10 万人の外国人留学生を誘致するという目標を立てています。その目標の実現のために政府招請奨学生の拡大，外国人留学生修学および生活環境改善，効率的な行政支援体制構築などの事業を推進しています。外国人留学生統計によれば，2010 年 4 月現在，328 大学で世界 171 カ国からきた 83,842 人の留学生が修学しており，以下に挙げるように，教育プログラムもさまざまです。

・正規学期プログラム
　春，秋の正規学期に国内の学生とともに一般講座を受講する課程。
　韓国語で進行する一般教科と外国語で進行される一般教科がある。
・交換留学プログラム
　大半の韓国大学は外国の姉妹大学との交流協定に基づいて学生を相互交換する制度を運営。志願する学生は一定水準以上の学科成績と外国語能力が必要。
・季節学期プログラム
　夏・冬休みの間，正規教科や韓国語を含む科目を受講。
・英語専用講座
　現在，大学教育の国際化に関心のある大学は全体講座のなかで 30％ほどを英語で講義している。大学院の英語専用講座比率は学部より高い。
・韓国語研修課程
　多くの大学が語学院を付設して外国人のための韓国語講座を開設している。3

IV. 教材・留学情報

〜4週の短期課程は短期間集中的に口語の意思疎通能力向上を目標に運営。10〜40週の長期集中過程は実生活関連課題活動を通して意思疎通能力を向上させて，文化授業を並行し韓国文化に対する理解を広げることで学習効果の向上を図っている。

韓国留学を考えている人は，韓国の国立国際教育院のホームページ (http://www.niied.go.kr/) からその情報を得ることができます。国立国際教育院は教育科学技術部（日本の文部科学省に該当）所属の国家機関で，国際教育交流・協力，外国人留学生誘致業務，国費留学生指導・管理などを行っている機関です。

在外同胞教育，政府招請外国人奨学生，外国政府招請奨学生，韓国政府国費留学生，外国人留学生誘致事業を行う一方で，韓国留学案内システム (http://studyinkorea.go.kr/) や，韓国語学習 (http://www.kosnet.go.kr/) などのサイトも運営しています。

韓国留学案内システムは，英語，日本語，中国語などで閲覧することができます。韓国の紹介，韓国の教育，留学案内，大学情報，留学フェア，就職，コミュニティーが開設されており，大学情報（語学堂）の検索が可能です。

また，教育科学技術部のみならず外交通商部の傘下機関である韓国国際交流財団 (http://www.kf.or.kr/kor/main/index.asp) もさまざまな支援を行っており，そのフェローシップに応募することも一つの道です。この財団は，海外の韓国学関連研究者に包括的な支援を行っている機関です。財団の事業としては，韓国語を韓国国内で体系的に学べるよう，韓国内の大学で語学研修を支援する韓国語フェローシップがあるほか，韓国専攻大学院生フェローシップ，ポスドクフェローシップ，訪韓研究フェローシップなどもあります。

そもそも国際交流財団の韓国語研究フェローシップの目的は，人文・社会科学・文化・芸術の韓国学関連の研究及び業務に従事している人間を支援しようとするもので，対象は大学教員，大学院生のみならず学部生もふくまれています。支援内容は，語学研修をうける際の学費，生活費として修士学位所持者以下は，月100万ウォン，博士課程在籍者は，月120万ウォンというものです。支援期間としては，6か月となっているようですが，3か月から6か月の延長が可能と

韓国語

なっています。

　申請のために必要な書類は，申請書，履歴書，推薦書2通，韓国語能力検証資料（韓国語能力試験の成績等）などです。申請書では，計画書の執筆を求められており，韓国語を学習する動機，目的，学業及び職業上の必要性などについて書かなければなりません。また，事業内容が韓国語研修フェローシップとなっているにもかかわらず，韓国語能力検証資料の提出が求められるのは，採用にあたって，ある程度の語学能力を前提としているためです。大学院在学中に応募し1年間語学研修を受けた知人に聞いたところ，1年間で各語学研修機関のプログラムを修了できる程度の語学力が必要とのこと，あくまでも目安ですが，韓国語能力試験（TOPIK: http://www.kref.or.jp/ を参照）で3級程度の能力が最低限必要ではないかと推測されます。

　最近は短期語学留学に関する紹介サイトも多いです。独立行政法人日本学生支援機構の海外留学情報ページの中にも韓国留学情報が公開されており，留学までの主な流れや目的による学校選び，手続き，留学生活，体験談や学校情報が提供されており，留学資料集の取り寄せもできます。

　韓国語学堂の正規課程は3か月以上韓国語を体系的に勉強し，韓国の大学や大学院に進学しようとする学生，ビジネスや就職を希望する人，そしてさまざまな理由で韓国語を向上させたい外国人などのために開設されたプログラムです。正規課程は6段階過程と8段階過程に分かれており，全過程修了には約1年半から2年がかかります。8段階の方は韓国に全く慣れていない西洋圏の学生，韓国語の基礎や文法が全く分からない学生を対象にするもので，文法よりもコミュニケーション重視の授業が受けられます。一般的に，1学期は10週（200時間）で，毎日9時から13時まで1日4時間，週5日の授業が行われていますが，多くの大学が語学堂（国立国際教育院のサイトでは147か所が搭載）を運営しており，そのプログラム内容はさまざまです。午後の時間は観光，歴史講義，料理実習，文化体験などを行い，主に韓国文化の理解の時間としています。宿所もホームステイ，寮，下宿など自由に選択することができます。また，最近は夏や冬休みの間に，3〜4週間程度の短期課程で語学研修を体験する場合も多いで

IV. 教材・留学情報

す。重要なのは，多様なプログラムを比較してみて，自分の目標や条件に合うプログラムを選択することです。

研究のために

　韓国に関する研究を目指しているなら，国立中央図書館のサイトを利用するのがお勧めです。国立中央図書館は，韓国で発刊されたすべての資料を所蔵しており，韓国で最も大きい図書館で 2009 年 11 月現在 748 万余冊の書籍を所蔵しています。また，RISS では 1999 年以降の学位論文，学術誌，単行本，公開講義の検索ができです。なお，京都大学朝鮮・韓国学教育研究ネットワーク（KSNet – Kyodai）も一つの手掛かりを提供してくれると思います。KSNet – Kyodai は京都大学における朝鮮・韓国学に関わる教員・研究員・院生などのネットワークを構築し，教育と研究の両面で改善を図ることを目的に 2004 年秋に発足しました。朝鮮・韓国学関連授業や講演会・研究会，研究資源などに関する情報をホームページ（http://www.zinbun.kyoto-u.ac.jp/~ksnet/j/j01.html）で公開するほか，京都大学で研究経験をもつ国外研究者，京大所蔵資料を利用している研究者を招請して国際シンポジウムなども開催しています。

　各分野の研究会，例えば歴史であれば朝鮮史研究会のサイトで日本における韓国研究だけでなく，韓国の研究動向も確認することができます。まずは関心のある分野について，日韓両国における研究動向を把握してみることが第一歩だと思います。

（金京愛，鄭賢珠）

フランス語

教材情報と使い方

●フランスを知るための本

　語学が苦労の連続であることはすでに述べたとおりです。その傍ら，時には肩の力を抜いて，フランス人の生態を調査してみるのも面白いでしょう。以下がお勧めの調査資料です。

① 　ティエリ・マントゥ『フランス上流階級 BCBG』(光文社，1990 年)
② 　フレデリック・オッフェ『パリ人論』(未知谷，2009 年)
③ 　小田中直樹『フランス 7 つの謎』(文春新書，2005 年)
④ 　飛幡祐規『つばめが一羽でプランタン？』(白水社，2002 年)
⑤ 　かわかみじゅんこ『パリパリ伝説』(祥伝社，2006 年〜)

　①はフランスでブランド品を持ち歩くような人々，そのような人々の属する階級が現に存在することについて胸を躍らせながら学ぶことができるものです。②はアルザス人がパリ人を「精神分析」にかけるもので，フランスといえばそのままパリを指してしまうような「パリ神話」〔「パリ的独裁制」〕——「フランスとは？　それはパリのためにあることにしか存在理由のない魂なき巨像なのである。外国とは？　パリに来るまで待っている人間の集積所だ。パリの外では何も意味がなく，何も存在しないのだ。」(p. 194) —— を解体せんとする試みです。③は経済史研究者が現代フランス社会の文化的由緒を尋ねるものです。教育的配慮に満ち溢れており，読書案内だけでも一読の価値があるでしょう。④の筆者は在パリ歴 30 年以上の女性エッセイストで，新聞・雑誌等，パリ発のコラムを多

Ⅳ．教材・留学情報

く手掛けています。ウェブ上で閲覧できる社会派レポートも多くあります。⑤はパリに移住した女性漫画家によるコミックエッセイです。

　くわえて，フランス語を学ぶ上で励みになると思われる映像情報を紹介しておきましょう。『パリ 20 区 —— 僕たちのクラス』(第 61 回カンヌ国際映画祭パルムドール受賞) がコレージュでのフランス語の授業風景を生々しく描いてくれています。フランス人とて，それなりに苦労しながら標準フランス語を学んでいるわけです。

（沢﨑壮宏）

● インターネットでフランス語にひたる

　フランス語の上達，ひいていえば一般に外国語の上達について，いえるのはただ一言，その言語に触れる時間をふやすこと，です。方法は様々，人それぞれ。ここではフランス語にかかわるインターネットのサイトを集めてみました。ご活用ください。

(1) 時事問題を知るために
まずは新聞・雑誌から。

　⑥　Le Monde : http://www.lemonde.fr/
　ル・モンド紙。中道左派の新聞社。しかし，近年は右寄りになっているととるか，あるいはまだまだ左ととるか，それは読者の判断にお任せします。いずれにせよ，時事フランス語を知るのには，最も適したサイトといえるでしょう。広告が多くなったのが難点。時事問題だけでなく，新刊書の書評，封切映画情報，観光について，などなどあります。インタビュー記事も豊富。一週間以上前のバックナンバーは無料にて一部公開。

　⑦　Libération : http://www.liberation.fr/　（リベラシオン）
　　　　　　　　　http://next.liberation.fr/　（リベラシオン・Next)

フランス語

リベラシオン紙。Next とは，文化欄ばかり集めた姉妹編です。中道左派，若者に人気，といわれています。音楽情報ならロックが多い，といったように。60 年代反体制の時代精神をまだまだ継承している，ともいわれます。キャプションに語呂合わせの多いのが特徴。例えば，« Marx mon amour »（「マルクス，我が愛」の意）。これは，El estudiante というアルゼンチン映画につけられたキャプションです。主人公は左翼大学生，同じく政治運動にかかわる女性教師と恋に落ちます。だから「マルクス，我が愛」となるのですが，もともとは大島渚の映画『マックス，モン・アムール』（「マックス，我が愛」の意）をもじったものです。つまり，大島作品を知っていることが前提として書かれたキャプションということになります。ちなみに大島渚の映画は，人妻がオラウータンに恋するという話でした。このようにリベラシオン紙はフランス的地口を知るのに適しているといえるでしょう。

⑧　Le Figaro：http://www.lefigaro.fr/
中道右派と言われています。ハイソサエティの良識を知るのに便利。

テレビやラジオも，語学学習にうってつけです。

⑨　France 2：http://www.france2.fr/
もっとも一般的なニュースサイト。国営放送です。ニュースは 1 日 3 回，8 時と 13 時と 20 時ですが，時差があるので，8 時間（夏時間，つまり 3 月最終の日曜日から 10 月の最終日曜日までは 7 時間）時計の針を巻き戻してください。時事フランス語を学べます。

⑩　Arte：http://videos.arte.tv/fr/videos/toutesLesVideos#
教養番組の多いテレビ局で，いわば NHK 教育みたいな雰囲気。ドイツのテレビ局と共同運営。よって，ドイツ語標記とフランス語標記が並列したりします。ドキュメンタリーと映画番組が豊富。動画が充実。パリでのコンサートの録音・同時進行放映も多いので（クラシック，ロック，ポップスが中心），ライブに行

IV. 教材・留学情報

けなかった人はここでどうぞ。

⑪　France culture：http://sites.radiofrance.fr/chaines/france-culture2/sommaire/

　もっとも一般的な文化番組局。文学，哲学，歴史，時事などの討論番組の多くは，サイト上で公開しており，ポッドキャスト配信もあり。フランスの新刊情報，封切映画情報，哲学談義，社会問題討議などなど，水準は下がったという一部の批判があるにしても，その豊富なプログラムはまだまだ楽しめます。あの哲学者はこんな声をしていたのか！　といった驚きがあります。その他出演者たちがひたすら喋っています。

⑫　RFI Langue française：http://www.rfi.fr/lffr/statiques/accueil_apprendre.asp

　フランス学習者・教育者向けのページ。「やさしいフランス語ニュース Le journal en français facile」なるものがあり，ニュースのスクリプトも公開している。教師用には「授業用資料 (Dossiers pour la classe)」として，「子供の人権 (Droits de l'enfant)」，「エコロジー (Le français de l'éco)」，「映画は吹き替えで見るか，字幕で見るか (Doublage ou sous-titrage?)」，「世界人権宣言 (La Déclaration universelle des droits de l'homme)」なんてのもあります。レポートや発表のテーマにするのに便利。

(2) 電子図書館

　図書館の電子化は世界的な動向，家にいながらにして貴重本が読めたりします。

⑬　ABU：http://abu.cnam.fr/

　Association des Bibliophiles Universels の略。訳すと，世界愛書家協会。その名のとおり，ボランティア・グループによる電子図書館です。

⑭　Athena：http://un2sg4.unige.ch/athena/html/francaut.html

　フランス，スイスの文学作品を中心とした電子図書館。

230

⑮　Project Gutenberg：http://www.promo.net/pg/
著作権切れの作品をボランティアで電子化。英訳版も多数あります。

⑯　Gallica：http://gallica.bnf.fr/
フランス国立図書館の主宰する電子図書館，ガリカ。研究者必携です。

(3) フランス語学習サイト

⑰　BBC Frenchhttp://www.bbc.co.uk/languages/french/
BBCの主宰するフランス語学習サイト。英語とフランス語を併用したい人へ。

⑱　Polar FLE：http://www.polarfle.com/index.html
推理小説をもとにフランス語を学ぶというサイト。ロジェ・デュフレール刑事と共に推理する。「犯罪」「登場人物」「尋問」「逮捕」といったテーマから選びます。

(4) オンライン辞書

⑲　Larousse：http://www.larousse.fr/dictionnaires
辞書で有名な出版社が主宰する各国語のオンライン辞書。仏仏，英仏，仏英，独仏，仏独，西仏，仏西，伊仏，仏伊辞書だけでなく，伊独，英西といった組合せもあります。

⑳　ARTFL French-English Dictionary：http://machaut.uchicago.edu/?resource=frengdict
ARTFL（シカゴ大学の主宰するオンライン・サーチエンジン）による仏英・英仏オンライン辞書。

(5) 文化一般

㉑ Fabula：http://www.centrepompidou.fr/
フランス文学研究関連のサイト。新刊案内，講演会情報が充実。いまフランス

で話題の文学研究がよくわかります。

㉒ Magister：http://www.site-magister.com/
　フランスでは高校卒業時にバカロレアという試験を受けます。そのとき課される小論文を書くためのサイト。これでフランス文学史のおさらいができます。今年度の題目も載っています。他にも，作家別解説，用語解説，哲学の諸テーマ（「英雄的行為」「友情」「平和」「動物と人間」「幸福の追求」など）についての解説もあります。つまりは，参考書です。

　詩人ボードレールはかつて，狂酔の不思議を喩えて，光沢をもった塗料があらゆる生の上に広がるようなもの，思ってもみなかった新しい輝きが眼前に立ちはだかるようなものと形容し，そしてこう言いました。「文法，無味乾燥な文法そのものが，何かしら降霊会の魔術のようになる。(『人口楽園』)」(" La grammaire, l'aride grammaire elle-même, devient quelque chose comme une sorcellerie évocatoire." *Les Paradis artificiels*.) みなさんも，フランス語を学ぶことで，あらたな世界の広がりを体感し，酩酊にみる霊と交わるかのごとく，ことばと自由に戯れてみましょう。

（橋本知子）

ドイツ語

教材情報

●初級・中級教材

　ドイツ語学習に役立ちそうな初級・中級向けの教材を，よく知られているものを中心に，いくつか紹介しておきます。なお★印は，新正書法に対応しています。

①　E-com オンラインドイツ語 Videocast
http://www.youtube.com/user/ecomgerman
　オンラインドイツ語の Ecom ドイツ語ネットの YouTube チャンネル。ドイツ人ネイティブがドイツの月ごとの話題を紹介する 10 分以内のリスニング教材を提供。ドイツ語字幕を出すこともできる。文章は簡潔で聞き取りやすい。ドイツ語発音講座もあり。無料。

②　Ja Ja 初級ドイツ語 CD 版（リンガフォン・ジャパン，c1993）
　語学教材で有名なリンガフォンのドイツ語初級版。教本は日常会話のスキットを中心に，キーセンテンスを使って文法を解説。CD はスキットを速度を変えながら何度も繰り返してくれる。絶版だが大学図書館などにはあるかもしれない。

③　関口存男著・関口一郎改訂『関口・新ドイツ語の基礎』CD 付復刻版（三修社，2008）
　ドイツ語初級文法の古典中の古典の復刻版。実に細かい発音の解説から始めて，ドイツ語文法をわかりやすく丁寧に説明。例題の文章は短いが高度で訳注付き。巻末に動詞の変化表と索引があり，索引は文法事項，日本語表現，ドイツ語の三

Ⅳ．教材・留学情報

種類と大変充実している。

④　小塩節著『CD エクスプレスドイツ語』（白水社，1999）

　ドイツ語初級教本。日常会話のスキットを中心に文法を解説。スキットは単語集と日本語訳付き。練習問題と解答あり。CD は速度を変えて二回読んでくれるし，単語集や練習問題さえ発音してくれるほどに親切。

⑤　岡田公夫・清野智昭著『基礎ドイツ語文法ハンドブック』（三修社，2004）★

　ドイツ語初級文法解説書。文法事項ごとの解説は，専門用語を駆使しつつも体系的でわかりやすく，詳細である上に，初級をやや超えるレベルまでカバーしている。各章の最後にまとめがついているのも親切。

⑥　中島悠爾・朝倉巧・平尾浩三著『必携ドイツ文法総まとめ』（白水社，2003）★

　ドイツ語初級文法解説書。文法事項ごとの解説はよくまとまっており，調べたい事項を見つけやすい。動詞変化表と索引も充実。常に手元に置いて文法事項の確認に使いたい。

⑦　清野智昭著『ドイツ語のしくみ』（白水社，2005）★

　ドイツ語初級文法解説書。表などはなく，解説も組織的ではないが，例文は短く，読み物として読めるのが特徴。コラムも充実。CD は例文を速度を変えて二度読んでくれる。

⑧　森泉著『しっかり身につくドイツ語トレーニングブック』（ベレ出版，2006）★

　ドイツ語初級教本。文法を事項ごとに解説した後，ひたすらドイツ語を書く練習問題が豊富に挙げてある。発音練習も多い。

⑨　大岩信太郎著『ハイブリッドはじめてのドイツ語』（三修社，2002）

　ドイツ語初級教本。事項ごとの解説は簡潔だが要を得ている。和訳と独訳の練

習問題付きだが，答えがすぐ次に書いてあるのが残念。CD は通常速度で一回発音するだけだが，和訳の練習問題も含めほとんどのドイツ語を読んでくれる。別 CD にドイツ単語検索ソフトが付いているが，Windows XP までしか対応していない。

⑩ 佐藤清昭著『ドイツ語の小説を読む〈1〉ベル：きまぐれな客たち』（三修社，2005）

ドイツ語中級文法と読解の教本。ハインリッヒ・ベルの短編小説『気まぐれな客たち』を一課ごとに少しずつ区切って読みながら，注釈形式で文法事項を説明していく。文章はかなり高度だが，まとまった文法は大きめのコラムで解説されており，日本語訳も付いている。

● **留学を見すえた教材**

ここからはかなり高度な教材になりますが，中級者・上級者向けの情報は意外とまとまっていないものですので，将来の見通しを示す意味でも紹介しておきます。

⑪ 関口存男著作集『ドイツ語学篇4　和文独訳の実際』（三修社，1994）

文法を基本とした独作文教科書。全39課。言葉遣いや漢字表記など，若干古さも見られるが，高度な文型，文例，言い換えが豊富で例題も充実している。

⑫ 阿部賀隆　『独文解釈の研究』（郁文堂，1961）

文構造に注目した独文読解教科書で全120課。別売りカセットあり。比較的初級者向けで，文法的に複雑なパラグラフが豊富。用語に関連語，派生語が付いているので単語の幅が広がる。練習問題のレベルも高く，直訳以上に補足を加えた解釈も充実している。

⑬ 東京大学教養学部ドイツ語部会編『東京大学ドイツ語教材　Horizonte』（東京大学出版会，2006）

中級者向けの長文読解教材。全テキストではないが朗読CDが2枚付いている。

IV. 教材・留学情報

32の長文は十分な長さをもち，古典，現代文を交えて高度。グリム，ケストナー，ヘッセ，ゲーテ，シラー，ホフマンスタール，カフカ，マン，カント，ニーチェ，ハーバーマス等，アカデミックな，あるいは哲学的な内容も含まれている。注も豊富で充実。解説は出典，著者紹介，内容中心。CDの朗読は適当な速さ。注の文法解説は簡略なので，ある程度慣れた人向けだろう。

⑭ Jostein Gaarder: *Sofies Welt. Roman über die Geschichte der Philosophie*, Carl Hanser Verlag., 1993

おなじみ『ソフィーの世界』のドイツ語訳である。翻訳なので使われているドイツ語は簡単でわかりやすく，敢えてドイツ語訳の小説を読むと言う方法は意外とお薦めできる。哲学的な表現にも慣れるし，会話体なのでスピーキングの文例としても使える。しかも邦訳もあるので，チャレンジするにはちょうど良いだろう。オーディオCDもあるので，併せてリスニングにも使える。

⑮ Bärbel Gutzat, Gabriele Kniffka: *Training TestDaF*. Trainingsbuch mit 2 CD's（テストダフ演習：教本，CD二枚付き）Langenscheidt Kg.2006

大学留学希望者へのドイツ語試験 TestDaF 教本。リーディング，リスニング，ライティング，スピーキングをすべてカバー。TestDaF の情報も充実。リスニングとスピーキング用のCD2枚付き，CD全文のスクリプトもあり，まさしく決定版と言うべきだろう。留学を考える際は是非利用したい。

⑯ 日本科学技術英語研究会編『実用科学ドイツ語　HANDBUCH—SERIE Nr. 2　科学技術論文・報告書に必要なドイツ語の決まり文句集』(日本科学技術英語研究会，1971)

かなり高度であるが，こういうものも紹介しておこう。論文等，アカデミックな文献用のドイツ語文例集。本文はもちろん，タイトルのつけ方から，文献表記，謝辞，要旨まで，文例が実に豊富である。論文作成上の手順，概念ごとの分類詳細など，内容面まで踏み込んであり，理系的文例中心も文系的文献にも十分応用

ドイツ語

可能。

⑰ Krämer, Walter: *Wie schreibe ich eine Seminar- oder Examens- und Diplomarbeit: eine Anleitung zum wissenschaftlichen Arbeiten für Studierende aller Fächer an Universitäten, Fachhochschulen und Berufsakademien*, Fischer, UTB1633, 1994

ドイツ語でのアカデミック・ライティング・マニュアルである。アカデミック・ライティングとは何か，という根源的なポイントから，テーマ選択，資料収集といった研究手法に関わる内容，さらには論文書式，表現上の注意，引用の仕方，推敲と清書まで，アカデミックライティングの全てが盛り込まれており，レファレンスと実例も豊富である。ドイツ語ネイティブを対象とした書であるが，それだけに大変実践的である。

⑱ Yomb May: *Wissenschaftliches Arbeiten. Eine Einführung zu Techniken und Schriftform*, Phillip Reclam Jun, 2010

⑰と同様，ドイツ語アカデミック・ライティング・マニュアル。図表が多く，コラム形式で要点をまとめてあるなど，より読みやすいものになっている。文庫サイズなのも非常に使いやすい。

留学のために

ここでは，実際にドイツへ留学する際に有益な情報を記載します。まず，ドイツ留学情報のインターネット・サイト。

① DAAD
http://tokyo.daad.de/wp/category/ja_news/
これは日本語でも読める。留学オンライン・パンフレットと留学FAQは必見。

② ゲーテ・インスティテュートのサイト

http://www.goethe.de/ins/jp/tok/jaindex.htm?wt_sc=tokyo
　東京・京都・大阪のうち，東京のものを掲載した。関連リンクも充実しているので便利。ドイツ語講座とドイツ語試験の情報が貴重。
　③　日本学生支援機構のサイトのドイツ大学留学の手引き
http://www.jasso.go.jp/study_a/oversea_info_12.html
　情報の充実度と関連リンクの豊富さはたいしたもの。事務的な手続きを知るのにいいです。
　④　留学を希望する各大学のサイト
　特に外国人向けのページをしっかりチェック。入学手続きから学生寮の紹介，講義内容まで至れり尽くせりで載っている。学位取得希望者はその規則 Ordnung も見ておくとよい。

　続いて，ドイツの大学留学の基礎知識について。
　入学許可申請の締め切りは，夏学期が１月 15 日，冬学期が７月 15 日。必要書類は，まず高校・大学の卒業・成績証明書。日本語と英語のもの。在学中の場合は在学証明書。博士課程に留学したい場合は，指導教授 Doktorvater に事前に連絡を取り，受け入れ承諾の手紙をもらっておいて，それを同封します。あればゲーテ・インスティトゥートで受けた試験の成績証明。奨学金が得られる場合は，その証明書も。そして，記入した入学願書。願書は郵送で取り寄せるか，大学のサイトからダウンロードします。ドイツの書類には本人のサインが必要なので，名前のローマ字表記や頭文字などを崩して，簡単なサインを作っておくとよいでしょう。
　留学も海外旅行ですから当然パスポートも必要。長期留学の場合は，留学期間を余裕をもってカバーできる有効期間のものを。それに，大学留学専用の学生ビザ。パスポートに派手なシールを貼ってもらい，印章を打ってもらいます。現地申請は不可。留学先では外人局 Ausländeramt へ行って一年ごとに更新。この申請に必要な書類は，入学許可証と，5cm×6.5cm の写真二枚。写真の条件は細かいので注意が必要です。加えて滞在費の保証書が必要です。奨学金証明書

や口座残高証明書，経費負担誓約書など。最後に，ドイツでも有効な疾病保険の証書と学生ビザ申請書ですね。申請書はドイツ大使館，総領事館のサイトからダウン・ロード可。三ヶ月くらいかかることもあるので余裕を見て申請してください。

続いて留学手段のあれこれ。一番手軽なのは，ドイツの大学と提携している日本の大学からの交換留学です。そういう大学は割と多いので，学生課に問い合わせてみてください。個人留学の場合，先立つものは留学資金。個人的に資力に余裕があれば別ですが，そうでない場合は留学奨学金を探すことになります。これにまず挙げられるのが，上記①のDAAD奨学金。さまざまな種類があり，長期で3年間までで，学部卒なら月額750EURO，博士課程なら1000EURO，健康保険料や往復の旅費，7か月以上の滞在ならば研究費も出ると，大盤振る舞いと言えるでしょう。その代わり，審査は厳しく，要求されるドイツ語水準も高いです。研究計画の提出も求められます。

日本学術振興会の海外特別研究員制度。ドイツなら年間525万円出ますが，2年間のみなのがネックです。

手軽なのが，国際ロータリー財団奨学金です。私自身もロータリーの奨学生でした。かつては3年間のものまであったんですが，不況による資金不足のため，現在は1年間のみ。ロータリー・クラブからの推薦という形になりますので，この奨学金を受けるには地元のロータリアンのコネが重要です。要求されるドイツ語レベルはそれほど高くありません。奨学生に決まってから出発まで一年以上かかり，その間にオリエンテーションを受けます。その場でOBのアドバイスを聞けるので，情報収集にも便利。

ロータリーの奨学金の特徴として，カウンセラー制度があります。地元と留学先のロータリー・クラブのメンバーが個人顧問としてつき，いろいろ面倒を見てくれるんです。大学留学なら，たいていは留学先の大学教授でロータリアンである人を付けてくれます。ロータリーの奨学生には，日本の地元ロータリー・クラブと留学先のロータリー・クラブにおける講演義務があり，年に何回か報告書を提出しなければなりません。ロータリーの行事にも可能な限り参加を求められ，

Ⅳ. 教材・留学情報

　近隣のクラブから講演や行事参加の依頼が来ることもあります。ドイツ人との交流にもなり，いろいろおいしいものも食べられたりするので，積極的に参加しましょう。ただし，ロータリー財団の奨学金は近年，制度の変更が行われる予定ですので，どうなるかはロータリー・クラブで確認してください。

　ドイツ留学に直接かかる費用ですが，ドイツまでの旅費が格安航空券だとフランクフルトへ片道10万円弱。往復でもほぼ同じです。そして学費 Studienbeitrag が学期につき 500EURO ほど。生活費は月 700EURO くらいが平均ですが，その気になればさらに節約できます。楽ではありませんが，それでもやはり，留学のサポートが比較的充実していると言えるでしょう。

（山下和也）

イタリア語

教材情報

●**初学者のために**

① 長神悟『イタリア語の ABC (CD 付・新装版)』(白水社，2003 年)

全ての単語と例文にカタカナ表記のルビが振られており，初学者でも安心して勉強できる。文法解説はやや詳しく，網羅的なので，語学の得意な人が大まかに言語の全体像を把握するのに役立つ。

② 菊池正和『イタリア語のきほんドリル』(国際語学社，2011 年)

発音と文法の一覧表が付いており，効率良く学ぶことができる。「ドリル」という名の通り，書き込むための練習問題が多い。最初で挫折したくない人に適している。

③ 坂本鉄男『現代イタリア文法 (新装版)』(白水社，2009 年)

初級から上級までの学習者を対象とする現代イタリア語の文法書。解説は日本人向けで，用例が豊富にある。巻末には便利な「動詞変化表」，「和文索引」，「欧文索引」が付いている。

④ 郡史郎『はじめてのイタリア語』(講談社現代新書，1998 年)

様々なエピソードを交えながら，初級文法を解説する新書 (一般的な語学書ではない)。イタリア語がどのような言語か，まず知りたい人に適している。また，既習者が復習用教材として用いることもできる。

⑤ 蔵本浩美・塩川由美 (著)，塩川徹 (監修)『現場からの調理イタリア語』(調

理栄養教育公社，2012年)

クチーナ(＝料理)も語学の教材になる。イタリアンの店でメニューが読めるようになりたい人に。

⑥　堤康徳，アルダ・ナンニーニ『サッカーファンのためのイタリア語(CD付)』(白水社，2002年)

カルチョ(＝サッカー)も語学の教材になる。イタリアでセリエAの試合を観戦したい人に。

⑦　森田学『オペラでイタリア語』(三修社，2009年)

オペラも語学の教材になる。旅行や劇場の情報も載っており，イタリアでオペラを鑑賞したい人に。

⑧　イタリア語検定協会(編)『実用イタリア語検定2013，3・4・5級，試験問題・解説(リスニングCD付)』(丸善出版，2013年)

過去問題集で，毎年，新しいものが出版されている。検定合格という目標があると，勉強の励みになる。

⑨　クラウディオ・マネッラ，白崎容子(監修)，倉科岳志・金子玲(訳)『Ecco! イタリア語文法―要点解説と練習問題―』(Progetto Lingua, 2010)

簡潔な文法解説と豊富な練習問題によって構成されている。日本にいながらイタリアで勉強するような効果が得られる。

● 中・上級者のために

⑩　イタリア語検定協会(編)『実用イタリア語検定2013，1・2・準2級，試験問題・解説(リスニングCD付)』(丸善出版，2013年)

日本で手に入る中・上級の教材は数が限られているので，毎年出版されるこの問題集は貴重である。

⑪　奥野拓哉，鈴木信吾『書くイタリア語』(大学書林，1985年)

イタリア語

　イタリア語で考え，正しく表現するという発信型の語学力を養うための教材。幅広い文法事項を簡潔に纏めているので，初級の文法を学んだ人が，総復習の教材として用いることもできる。

　⑫　竹下・ルッジェリ・アンナ，堂浦律子『E メールのイタリア語』(白水社，2012 年)

　様々な場面のメールの例が 100 以上も載っており，実用的である。一通り文法の学習を終えた人が，書く力を伸ばしたい時に利用すると良い。

　⑬　小林惺『イタリア文解読法』(大学書林，2001 年)

　イタリア語で書かれた文章の構造を，現代作家の文例を用いながら，網羅的に解説する参考書。目次だけで 30 頁あり，8 章に分かれた本文は 600 頁近い。日本人にとって理解が困難な「法と時制」に関する詳細な解説は注目に値する。

　⑭　東京大学イタリア語教材編集委員会 (編)『Piazza (テキスト＋ CD3 枚)』(東京大学出版会，2004 年)

　現代社会，文学，映画，食文化など幅広い分野にわたるテクストのアンソロジーで，文法解説と語彙説明が充実している。各章の冒頭にはテーマに関するエッセーが置かれ，それぞれのテクストには難易度の表示がある。

●イタリアの芸術に親しむために

　⑮　「語学文庫」(大学書林)

　原文に訳と註を付したオーソドックスな教材である。

・E. デ・アミーチス，赤沢寛 (訳註)『クオレ』(1960 年)

　19 世紀後半に活躍した作家による，愛国心と道徳がテーマの世界的名作。

・G. ボッカッチォ，高橋久 (訳註)『デカメロン』(Ⅰ)・(Ⅱ) (1968 年)

　100 話の短編から成る 14 世紀の作品。中世後期の社会を大胆に活写する。

・L. ピランデッロ，小林勝 (訳註)『エンリーコ四世』(1989 年)

　1934 年にノーベル賞を受けた作家の戯曲。徹底した人格の分析を行い，真偽

IV. 教材・留学情報

の曖昧さや個人の孤独を描き出した。

・G. ヴァザーリ，亀崎勝（訳註）『ジオット / ブルネッレスキ』，『ドナテッロ / レオナルド・ダ・ヴィンチ』(1998 年)

16 世紀の画家・建築家でもあった作家による『芸術家列伝』の一部。当時のイタリア，特にフィレンツェの芸術の世界を知るうえで貴重な資料である。

⑯　「オペラ対訳ライブラリー」(音楽之友社)

視聴覚資料を探して，リスニングの教材として利用できる。

・ヴェルディ，小瀬村幸子（訳）『アイーダ』(2007 年)

19 世紀のオペラ作曲家の代表作。有名な行進曲は，サッカーの応援に使われている。

・プッチーニ，戸口幸策（訳）『蝶々夫人』(2003 年)

19 世紀末から 20 世紀初頭にかけて活躍したオペラ作曲家による，日本を舞台とする作品。

・ロッシーニ，坂本鉄男（訳）『セビリャの理髪師』(2005 年)

19 世紀前半に活躍した早熟の天才で，美食家としても知られるオペラ作曲家の作品。

⑰　M. T. Dinale, E. M. Duso, *Storie per imparare. Brevi racconti con esercizi per stranieri che studiano l'italiano* (『イタリア語を学ぶ外国人のための短編集（問題付き）』), Carocci, 2004.

イタリアに来たヨーロッパの大学生を対象とする語学クラスの経験から生まれた教材。1950 年以降に書かれた数ページの短い文学作品を，敢えて教材用に修正することなく収録している。取り上げられた作家は，クラシックな I. カルヴィーノ，D. ブッツァーティ，P. レーヴィや，同時代の S. ベンニ，D. マライーニ，A. カミッレーリ，C. ルカレッリなど，計 20 名。

⑱　F. R. Andreotti, V. Russi (a cura di), *Il senso narrante. Pagine di narrativa italiana 1900-2006, annotate per lettori stranieri* (『イタリ

ア小説選集 1900-2006（外国人読者用解説付き）』), Guerra, 2008.

20世紀初頭から今日までの小説家88人の作品が発表年順に並ぶ。時代背景の解説も充実している。L. ピランデッロ，I. ズヴェーヴォ，D. ブッツァーティ，P. レーヴィ，E. モランテ，C. E. ガッダ，I. カルヴィーノなどのクラシックな作品はもちろん，5人の新進作家が2006年から2008年の間に出版したものも収録されている。

⑲ P. E. Balboni, A. Biguzzi, *Letteratura italiana per stranieri*（『外国人のためのイタリア文学』), Guerra, 2009.

約80編のテクストが，時代順に掲載されている。作品をより深く理解できるように，美術，建築，政治，思想などの歴史的背景の解説にも多くの頁が費やされている。また，各章末には批評家の文章が，巻末には文学の専門用語の小辞典が収められている。2009年の新版では「文学を学ぶ方法と理由」と題する約50頁の導入部が追加された。

●**アカデミック・ライティングのために**

⑳ M. Cerruti, M. Cini, *Introduzione elementare alla scrittura accademica*（『アカデミック・ライティング入門』), Laterza, 2007.

トリノ大学情報学科の作文ラボラトリーにおける経験をもとにして書かれた，卒業論文作成のための手引書。例を豊富に取り入れた実践的な内容で，文系の諸分野に幅広く対応している。

㉑ M. Giovagnoli, *Come si fa una tesi di laurea con Internet e il Web*（『インターネットとウェブを使って卒業論文を書く方法』), Tecniche Nuove, 2009.

今日，あらゆる領域の学術研究において電子形態の資料が積極的に利用されている。その有益で効率の良い使い方を，この本は数多くの実例を交えながら提示する。例えば，インターネットで関連サイト検索し，有用性に応じて分類する方法や，オンライン・カタログ，データベース，検索エンジンの便利な使い方など

IV. 教材・留学情報

である。最後は，論文をウェブ上に公開する方法の紹介で締め括られる。

㉒　C. Dell'Aversano, A. Grilli, *La scrittura argomentativa. Dal saggio breve alla tesi di dottorato*（『論述法―小論文から博士論文まで―』），Mondadori Education, 2005.

ピサ大学で 1997 年から始まった，全学部の学生を対象とする論述法セミナーの経験に基づく解説書。900 頁に及ぶ大著で，書誌や引用などに関する形式的な問題よりも，むしろ「書く意義のあることを思い付くにはどうすれば良いか」という内容的な問題を主に扱う。

● イタリア人文学研究のために

㉓　G. Bárberi Squarotti, *L'italianistica. Introduzione allo studio della letteratura e della lingua italiana*（『イタリア文学・語学研究入門』），UTET Università, 1992.

錚々たる顔ぶれの研究者たちが筆を執ったイタリア人文学の入門書。多方面の学問領域に関する基礎的な情報を提供する。

㉔　V. Roda (a cura di), *Manuale di italianistica*（『イタリア人文学研究マニュアル』），Bononia University Press, 2005.

ベルリングエル・モラッティ改革によって修学期間が 3 年に短縮された大学のカリキュラムに合わせて，ボローニャ大学の教員陣が作成した教材。前半は主に研究方法の紹介，後半は起源から現代までのテクストのアンソロジー。

㉕　ジュゼッペ・パトータ，岩倉具忠（監修），橋本勝雄（訳）『イタリア語の起源―歴史文法入門―』（京都大学学術出版会，2007 年）。

イタリア語がラテン語から分化する過程を，ラテン語を知らない読者を想定して解説する歴史文法の入門書。「文法より実践」のコーナーでは，ボッカッチョ『デカメロン』の一節を引用して具体的な分析を行う。また，中世イタリア語の「全体像」を，ミラノ，ヴェネツィア，ローマ，ナポリ，シチリアの古い方言の

イタリア語

実例を挙げることによって示す。

(内田健一)

ロシア語

教材情報

はじめてロシア語を学ぶ人に役立つ教材と文献

藤沼貴『ロシア語ハンドブック』東洋書店，2007 年.

黒田龍之助『ニューエクスプレス　ロシア語』白水社，2007 年.

オルドジフ・レシュカ，ヨゼフ・ベセリー著 / 千野栄一，金指久美子編訳『必携ロシア語変化総まとめ』白水社，1993 年.

中村健之介『自習ロシア語問題集』白水社，1982 年.

Pulkina, Ilza and Ekaterina Zakhava-Nekrasova. *Russian: A Practical Grammar with Exercises.* Russky Yazyk Publishers, 1988.

Vasilenko, Elena and Ėmma Lamm. *Russian on Your Own.* Russky Yazyk Publishers, 1978.

専門的にロシア語を知るための文献

藤代節 (1998)「【書評・紹介】В.П.Нерознак 編，Красная книга языков народов России, Москва, "Academia", 1994, 119pp.」『言語研究』113: 129–136.

Levontina, Irina and Anna Zalizniak (2001) Human emotions viewed through the Russian language. In Harkins, Jean and Anna Wierzbicka (eds.) *Emotions in Crosslinguistic Perspective*, Mouton de Gruyter, pp. 291–333.

Mustajoki, Arto (2006) The Integrum database as a powerful tool in research on contemporary Russian. In Никипорец-Такигава, Галина (ed.) *Integrum: точные методы и гуманитарные науки*. Летний сад, pp. 50–75.

中澤英彦 (1998)「ロシア語とは」ユーラシア研究所編『情報総覧現代のロシア』大空社, pp. 473–474.

佐藤純一 (1992)「ロシア語」亀井孝・河野六郎・千野栄一編著『言語学大辞典 第4巻』三省堂, pp. 1032–1044.

Wierzbicka, Anna (1992) *Semantics, Culture and Cognition: Universal Human Concepts in Culture-specific Configurations*. Oxford University Press.

(エブセエバ・エレナ, 前田広幸)

おわりに

　京都大学大学院文学研究科が 2011 年に新入生に配布するために編纂した小冊子『外国語を学ぼう！言語・文化・留学』を大幅に書き改めて，一般読者の方々にも役立つ本にしようという企画は，様々な困難に直面した。

　この小冊子の執筆にあたって，執筆者の皆さんには，言語と文化の両方の解説と学習・留学情報とを盛り込んでほしいという要望を伝えた以外は自由に書いてもらっていたので，一般書としてどう統一を持たせるかが最も苦心した点だった。執筆メンバーと京都大学学術出版会の渕上皓一朗さん，時には鈴木哲也編集長も交えて，何度も話し合った。第一稿が出てからも大幅な修正が必要となり，執筆者の苦悩は深まるばかりだった。

　また，国際共通語としての英語をどのようにあつかい分けるか，ということも頭を悩ませた問題で，英語担当の海田大輔さん，周藤多紀さん，早瀬篤さんには，大変なご苦労をおかけした。

　最後まで辛抱強く本書の実現に協力して下さった執筆者の皆さんには，心から感謝申し上げたい。

　この企画は無理なのではないかと思うことも一度ではなかった。一冊の書物としてここに刊行に至ったのは，この企画の新しさとおもしろさを信じて，常に前向きに方向を一緒に探って下さった渕上さんのおかげだと思う。ここに心からの感謝の意を表したい。

　今改めて通読してみると，外国語・外国文化についての紹介という表の顔の裏に，執筆者達それぞれの青春の希望と苦難のほろ苦い物語が透けて見えることに気がつく。学問を志した若い学徒達の冒険に耳を傾けていただきたい。

2015 年 3 月

田口紀子

執筆者一覧
(五十音順)

【編者】

田口　紀子 (たぐち　のりこ)
京都大学大学院文学研究科教授（フランス語学フランス文学）。Ph.D.（パリ・ソルボンヌ大学）。専門はテクスト言語学，小説の形態論。主著に『文学作品が生まれるとき　生成のフランス文学』（京都大学学術出版会，2010年，吉川一義と共編），『身体のフランス文学　ラブレーからプルーストまで』（京都大学学術出版会，2006年，吉田城と共編）がある。

【著者】

内田　健一 (うちだ　けんいち)
京都産業大学外国語学部助教。京都大学大学院文学研究科博士後期課程修了。専門はイタリア文学。最近の論文に「ダンヌンツィオのカリカチュア」（展覧会「ダンヌンツィオに夢中だった頃」論集）など。

エブセエバ・エレナ (EVSEEVA, Elena)
神戸市外国語大学外国語学部准教授。京都大学大学院文学研究科修了，文学博士（京都大学）。ロシア語統語論意味論。専攻はアスペクト・否定・極性表現等にかかわるロシア語学研究。主著に『ロシア語不定代名詞の分布―否定が関わった環境を中心に―』（京都大学大学院文学研究科博士論文，2011年）などがある。

海田　大輔 (かいだ　だいすけ)
京都大学大学院文学研究科講師。京都大学大学院文学研究科博士後期課程研究指導認定退学。Ph.D（ダーラム大学）。専門は英語圏の現代哲学（とくに分析形而上学）。物理的世界の中にどのようにしてわれわれの心を位置づけることができるのか，という問題に一貫して取り組んでいる。

執筆者一覧

金　京愛（キム・キョンエ）
藤女子大学非常勤講師。京都大学大学院文学研究科博士後期課程修了，文学博士（京都大学）。専門は言語学（現代韓国語の時間関係形式の体系の研究）。研究活動と並行して，北海道にある藤女子大学で韓国語を教えている。日本語の「～ている」にあたる韓国語は3つほどあり，その使い分けは難所のひとつなので，学生にも分かるような「真実の説明」をめざしさまざまな方面からのアプローチを行っている。

沢﨑　壮宏（さわざき　たけひろ）
文学博士（京都大学），DEA de philosophie（カーン大学）。専攻はフランス古典期（17世紀＆18世紀）の哲学。「テクストの説明」（本文参照）の手法に訴えながら，哲学教育におけるアクティヴ・ラーニングの実質化を目論んでいる。

鄭　賢珠（ジョン・ヒョンジュ）
ソウル大学校歴史研究所客員研究員。京都大学大学院文学研究科博士課程修了（歴史文化学専攻），文学博士（京都大学）。主な研究は，日本近代教育政策をめぐる権力構造，文部省廃止論，高等教育史。現在は，文部官僚や文部省直轄学校関係者の日記やエッセイなどから，近代日本の高等教育政策をめぐる人的ネットワークと活動を研究している。

周藤　多紀（すとう　たき）
京都大学大学院文学研究科准教授。文学博士（京都大学），Ph.D（セントルイス大学）。専門は西洋中世哲学史。主著にBoethius on Mind, Grammar and Logic（E.J. Brill, 2012）がある。

高田　良太（たかだ　りょうた）
駒澤大学講師。京都大学文学研究科博士後期課程修了。中世の地中海におけるヴェネツィアやギリシャ人の活動を研究している。大学での研究や授業は歴史に関わることが中心だが，学生とギリシャ語を勉強することも。

二宮　美那子 (にのみや　みなこ)
滋賀大学教育学部准教授。京都大学大学院博士後期課程研究指導認定退学，文学博士（京都大学）。中国古典文学専攻。庭園を描いた古典詩文を読み，士太夫の「隠逸」と「閑適」をめぐる表現について考察している。勤務先の大学では，教職を志す学生に，漢文を教えている。

橋本　知子 (はしもと　ともこ)
京都女子大学非常勤講師。京都大学文学研究科卒。文学博士（パリ第八大学）。専攻はフランス19世紀文学。リアリズム小説の美学について研究している。

早瀬　篤 (はやせ　あつし)
京都大学大学院文学研究科非常勤講師。文学博士（京都大学），Ph.D（ダーラム大学）。専攻は西洋古代哲学史。プラトンの哲学的問答法を中心として研究を行っており，またその影響下で成立した西洋古代の学的方法全般に関心をもっている。

前田　広幸 (まえだ　ひろゆき)
奈良教育大学教育学部教授。専攻は音韻論。アクセント・イントネーションを中心とした韻律音韻論研究を行っている。主要論文に「『和魯通言比考』序言（全訳）」大阪女子大学国文学科紀要『女子大文学（国文篇）』43号（1992年）などがある。

山下　和也 (やました　かずや)
愛知大学法学部准教授。京都大学文学部文学研究科博士後期課程単位取得退学。ボン大学哲学科修了。哲学博士（ボン大学）。専攻はカント哲学，オートポイエーシス論。カント哲学の研究およびオートポイエーシス論の哲学への応用研究に取り組んでいる。

大学からの外国語
―― 多文化世界を生きるための複言語学習　　ⓒ Noriko Taguchi 2015

2015年4月10日　初版第一刷発行

　　　　　　　　　　　編　者　　田　口　紀　子
　　　　　　　　　　　発行人　　檜　山　爲次郎
　　　　　　発行所　　京都大学学術出版会
　　　　　　　　　　　京都市左京区吉田近衛町69番地
　　　　　　　　　　　京都大学吉田南構内（〒606-8315）
　　　　　　　　　　　電　話（075）761-6182
　　　　　　　　　　　ＦＡＸ（075）761-6190
　　　　　　　　　　　ＵＲＬ　http://www.kyoto-up.or.jp
　　　　　　　　　　　振　替　01000-8-64677

ISBN 978-4-87698-493-0　　　　印刷・製本　㈱クイックス
Printed in Japan　　　　　　　定価はカバーに表示してあります

本書のコピー，スキャン，デジタル化等の無断複製は著作権法上での例外を除き禁じられています。本書を代行業者等の第三者に依頼してスキャンやデジタル化することは，たとえ個人や家庭内での利用でも著作権法違反です。